Exzellenz

Dr. phil. Doris Märtin begleitet Unternehmen und Persönlichkeiten auf ihr nächstes Level. Als Beraterin, Autorin und Coach gibt sie Orientierung für neue Horizonte in einer Welt des Wandels. Wenn es um die Themen Habitus und Exzellenz geht, zählt sie zu den bekanntesten Expertinnen im deutschsprachigen Raum. Ihre Bücher wurden in mehrere Sprachen übersetzt und haben unter anderem in Stern, Focus, Hamburger Abendblatt und bei Deutschlandfunk Kultur Beachtung gefunden.

Doris Märtin

Exzellenz

Wissen Sie eigentlich, was in Ihnen steckt?

Campus Verlag
Frankfurt/New York

ISBN 978-3-593-51378-2 Print
ISBN 978-3-593-44746-9 E-Book (PDF)
ISBN 978-3-593-44745-2 E-Book (EPUB)

Umschlaggestaltung: *zeichenpool, München
Umschlagmotiv: © shutterstock/Victoria Novak
Layout und Satz: Oliver Schmitt, Mainz
Gesetzt aus: Din Next und Minion
Druck und Bindung: Beltz Grafische Betriebe, Bad Langensalza
Printed in Germany
Konvertierung in EPUB: le-tex publishing services GmbH, Leipzig

www.campus.de

Inhalt

1

Exzellenz ist ein Lebensstil

Warum sich jeder von uns selbst übertreffen kann

They weren't striving for perfect,
but managed somehow to be always excellent.

Michelle Obama

Exzellenz. Ein großes Wort. Ich denke bewundernd an Bill Gates, Anne-Sophie Mutter, Barack und Michelle Obama, Supreme-Court-Richterin Ruth Bader Ginsburg, Greta Thunberg oder die erst 34-jährige Nürnberger Generalmusikdirektorin Joana Mallwitz – Ausnahmepersönlichkeiten, die Großes leisten und für Millionen von Menschen ein Vorbild sind. Sehr wahrscheinlich haben Sie andere Namen im Kopf. Vielleicht denken Sie an Nobelpreisträger, Elitesportler, Jahrhundertpolitiker, Kultstars, an eine mittelständische Spitzenunternehmerin in Ihrer Region oder Menschen, deren humanitäres Engagement Sie beeindruckt. Eines allerdings ist ziemlich sicher: Ihr eigener Name ist auf Ihrer mentalen Liste nicht dabei.

Die wenigsten Menschen bringen den Begriff Exzellenz mit sich selbst in Verbindung, nicht einmal insgeheim. Man bemüht sich um ein gelingendes Leben, das ja. Aber Exzellenz? Dieser Anspruch erscheint einem als sehr beliebter Lehrer, als durchaus geschätzte Ärztin, als händeringend gesuchter Bauunternehmer, erfahrene IT-Spezialistin, viel gelesene Autorin oder innovativ denkender Scrum-Master dann doch zu verstiegen.

Mir geht es nicht anders. In der Welt, in der Boomer älter und Zoomer erwachsen wurden, war der Begriff Exzellenz (lat. *excellentia* = Erhabenheit, Herrlichkeit) einer schmalen Elite außergewöhnlich talentierter, öffentlich sichtbarer oder besonders ehrgeiziger Menschen vorbehalten. Normal begabte Menschen schien er nichts anzugehen. Doch wir erleben dynamische Jahre. Es ist an der Zeit, dass wir noch mehr von dem entfalten, was in uns steckt.

Wie die VUKA-Welt die Psyche fordert

Überall auf der Welt verändern die Megatrends Digitalisierung, Globalisierung und Klimawandel die Gesellschaft, die Wirtschaft und damit auch uns. Unsere Welt wird VUKA und das bedeutet: volatil, ungewiss, komplex und ambivalent. Das erste Viertel des 21. Jahrhunderts ist gekennzeichnet durch hohe Schwankungsbreiten nach oben und unten, schwer abschätzbare Wahrscheinlichkeiten, unübersichtliche Zusammenhänge und widersprüchliche Sachverhalte. Bereits vor der Corona-Pandemie zeichnete sich ab: Mit einer Vehemenz, die alle Lebensbereiche erfasst, stößt das vertraute Leben an Grenzen. Über Jahrzehnte geltende Werte, Abläufe und Wissensschätze verlieren an Gültigkeit. Allenthalben entstehen neue Perspektiven und Möglichkeiten. Das Leben wird immer weiter technologisiert. Zunehmend leistungsfähige Computer machen realisierbar, was vor kurzem noch utopisch schien.

Noch liegt im Nebulösen, welche Veränderungen die Megatrends mit sich bringen. Eines allerdings ist so sicher wie Quantenkryptografie: Die vierte und größte Transformation der Industriegeschichte wird die Spielregeln des Lebens verändern. Die Extrameile von heute wird der Standard von morgen sein. Der Keynote-Speaker Hermann Scherer hat den Satz geprägt. Er beleuchtet schlaglichtartig:

Die Vergangenheit liefert nicht mehr die Maßstäbe für die Zukunft.

Dafür wechseln die Rahmenbedingungen zu schnell, lassen sich Konsequenzen zu schlecht abschätzen, wissen wir zu wenig, was uns hinter der nächsten Biegung erwartet. Traditionelle Denk- und Handlungsweisen wie steile Hierarchien, Effizienzoptimierung oder standardisierte Kundenlösungen haben ihre große Zeit hinter sich. Für uns alle bedeutet das: Wir müssen uns auf neue und teilweise fundamental veränderte Verhältnisse einstellen, uns anpassen, wandeln und übertreffen. Je mehr uns die künstliche Intelligenz abnimmt, desto mehr müssen und können wir unsere ureigenen menschlichen Fähigkeiten ins Spiel bringen:

unsere Gefühle, unser Sozialverhalten, unser ethisches Urteilsvermögen, das Miteinander. Mehr Menschen auf allen Ebenen brauchen mehr von dem, was wir bisher nur wenigen Auserwählten zuerkannten: persönliche Exzellenz.

Alles zurück auf Los

Februar 2020. Bis hierher und gut 50 Seiten weiter hatte ich dieses Buch im Rohtext geschrieben. Es sollte davon handeln, welche emotionalen Kompetenzen uns befähigen, mit der digitalen Transformation auch persönlich zur Höchstform aufzulaufen. Ich wollte Sie davon überzeugen, dass die Digitalisierung uns unendliche Chancen eröffnet, sofern wir die Entschlossenheit aufbringen, unsere eigene Exzellenz zu entfalten. Denn es war abzusehen: Die künstliche Intelligenz würde nicht nur unsere menschliche Intelligenz in neuer Weise fordern. Die anstehenden Veränderungen würden uns auch faszinierende Möglichkeiten zuspielen. Sie würden uns die Freiräume auftun, über bisherige Perspektiven hinauszuwachsen und neue Ideen und Pläne für das eigene Leben zu entwickeln.

Dann kam Covid-19. Wir saßen in Meetings, im Flieger, im Zug, schlängelten uns am Skilift vor, die Jecken waren los. Gefühlt einen Atemzug später stand unsere Welt Kopf. Kein noch so groß angelegtes Change-Management-Programm hätte Vergleichbares bewirken können. Ein paar Tage vergehen, in denen ich tue, was die meisten tun: Kühlschrank füllen, Vorräte einfrieren, Seminartermine verschieben, Auftragsausfälle weglächeln, möglichst viel Frischluft tanken. Es liegt in der Luft: Lange währt die gewohnte Freiheit nicht mehr.

Während das öffentliche Leben herunterfährt und der Graph mit den Fallzahlen nach oben schießt, sehe ich meinen Buchentwurf mit neuen Augen. Besitzt das, was ich schreibe, inmitten von alldem überhaupt noch Relevanz? Ich kann es nicht sagen. Noch sehe ich nicht ab, ob das, was ich gerade erlebe, eine Zeitenwende einleiten wird. Trotzdem kann ich nicht fortfahren, als gäbe es keine Pandemie. Niemand weiß zu diesem Zeitpunkt, was Covid-19 mit uns machen wird. Gesundheitlich. Wirtschaftlich. Als Solidargemeinschaft. Ich kann allenfalls ahnen, welche Themen und Fragen Sie beschäftigen werden, wenn Sie dieses Buch lesen. Nur eine Größe steht so unverrückbar fest wie vor der Virusplage: der Tag, an dem das Manuskript in Druck geht, damit es pünktlich zur Leipziger Buchmesse erscheinen kann. Von der im Lockdown-Frühjahr auch noch niemand weiß, ob sie stattfinden wird. Wie ich es auch drehe und wende:

Irgendwie muss ich es hinbekommen, ins Blaue zu schreiben und am Ende ins Schwarze zu treffen.

Eine andere Strategie sehe ich nicht. Trotzdem fühlt sich mein Plan wie Kaffeesatzleserei an. Nie vorher habe ich ein Buch für eine so uneindeutige Zukunft geschrieben. Kann ich das? Ist das machbar? Kann ein solches Unterfangen überhaupt auf seriöse Art gelingen? »Prophezeiungen sollte man nur vorsichtig aussprechen«, lese ich bei Umberto Eco, »denn die Zukunft kann sich schnell ändern. Es braucht nur in sechs Monaten ein Meteorit ins Mittelmeer zu fallen, und Ligurien würde zu einem Unterwasserparadies, während sich Basel in den schönsten Strand der Schweiz verwandelt.«

Andererseits: Geht es nicht genau darum? Bedeutet Exzellenz heute nicht vor allem das: Entscheiden trotz hoher Unsicherheit? Agil auf Veränderungen reagieren? Souverän handeln, auch wenn die Informationen unvollständig sind und das Umfeld sich dauernd verändert? Lehrt uns die Corona-Krise nicht gerade im Zeitraffer, wie VUKA geht: Nicht-Wissen zugeben, Lösungen mutig erarbeiten, hochdynamisch, auf Zuruf, jederzeit bereit, Projekte noch einmal neu zu denken, um neue Entwicklungen zu integrieren?

Wie Corona die Digitalisierung pusht

Eines immerhin zeichnet sich schon im ersten Lockdown mit großer Eindeutigkeit ab: Binnen Tagen erlebt die Digitalisierung einen Extremschub. Jede*r Zweite arbeitet von zu Hause aus. Teams organisieren sich remote und mit Tools, die soeben noch im Pilotstadium waren, sich aber nun als erfolgskritisch erweisen. Niemand, der in einem nicht systemrelevanten Beruf arbeitet, reist, fliegt, pendelt mehr. Lernen findet online statt. Konzerte, Lesungen und Kunst gibt es nur noch als Stream, dafür aber direkt im Wohnzimmer und völlig umsonst. Die seltenen Besuche im Supermarkt und beim Arzt zeigen uns, wie unersetzbar der Dienst am Menschen ist.

Zugleich erleben wir live: Die Errungenschaften des digitalen Zeitalters gleichen vieles von dem aus, was nicht mehr läuft wie gewohnt. Soeben haben wir noch besorgt die Gefahren der Digitalisierung diskutiert, vom Datenschutz bis zur Spaltung der Gesellschaft in Onliner und Nonliner. Nun holen wir zu Hause am Esstisch aus den digitalen Möglichkeiten heraus, was geht. Ohne Vorbereitung, ohne Anleitung und oft ohne Gigabit-Anschluss. Wie im Schleudersitz, so scheint es mir, beschleunigt Covid-19 die Veränderung der Arbeitswelt. Wozu ich mit diesem Buch beitragen wollte, erledigt ein kleines Virus im ganz großen Stil:

Wie Aerosole lösen sich die digitalen Berührungsängste auf, die ein paar Wochen zuvor noch als schwer abzubauendes Hemmnis galten.

Schon wenige Tage nach dem Lockdown wirken soeben noch gültige Einschätzungen wie aus der Welt gefallen: »Digitalisierung bietet Möglichkeiten für alle. Allerdings müssen alle vorbereitet und mitgenommen werden.«[1] Dank Corona haben wir solche Bedenken abgeworfen wie die SpaceX Falcon-9 ihre Raketenstufen. Der Pandemieausbruch lehrte uns: Nur wenn wir für neue Abläufe, digitale Technologien, veränderte Werte und Verhaltensweisen offen sind, können wir das private und berufliche Leben zusammenhalten. Wenn wir Covid-19 eines

Tages losgeworden sind, muss niemand mehr behutsam vom Nutzen der Digitalisierung überzeugt werden. Dafür hat sie uns im Notstand zu erfolgreich die Haut gerettet.

Wenn Mitarbeiter zu Mitdenkern werden

Bis vor ziemlich kurzer Zeit erforderte es nicht viel, ein guter Mitarbeiter zu sein. Man erlernte einen Beruf, übte ihn bis zum Ruhestand aus, erfüllte bestmöglich die Vorgaben, arbeitete sich die Karriereleiter hoch, bildete sich weiter, eckte nicht an und akzeptierte, dass acht Stunden Arbeit nicht immer genügten, um zu erledigen, was anstand. Wer mit überraschenden Ideen kam, Veränderung einforderte, Gewissheiten infrage stellte, galt eher als querulant denn als kreativ. Disruptiv klang verdächtig ähnlich wie destruktiv, und bei dem Wort agil dachten wir eher an wendige Verkäufertypen als an hochqualifizierte Persönlichkeiten, die in eigener Verantwortung Visionen entwickeln und verwirklichen.

Die vierte industrielle Revolution macht Schluss mit allem, was ganze Generationen so und nicht anders kannten. Der Wandel von analog zu digital stellt tief eingegrabene Denk- und Handlungsmuster auf den Kopf. IT und KI durchdringen alle Arbeitsprozesse und Lebensbereiche. Die Digitalisierung verändert die Geschäftsmodelle, die Kundenerwartungen, das urbane Leben, die Medizin, ja selbst die Art, wie wir kommunizieren, lernen, leben und uns unterhalten. Ob im Weltkonzern oder KMU, ob im beruflichen oder privaten Umfeld: »Business as usual« funktioniert immer seltener, und wenn ich nicht gerade mit der Datenschutzgrundverordnung, Mental Overload oder dem ewig lahmen Internet kämpfe, dann finde ich: zum Glück. Wenn es gut läuft, eröffnet das Leben in der VUKA-Welt nämlich nicht nur Gründern, Unternehmern und der obersten Leitungsebene spannende Chancen. Die Corona-Krise zeigt uns: Auch Mittelmanager, Mitarbeiter und Soloselbstständige können ihre Kreativität auf einem neuen Niveau einbringen und entfalten.

Denn VUKA beantwortet man am besten mit VUKA.

Die Idee stammt von dem Harvard-Business-School-Professor Bill George. Er hat die vier Buchstaben des VUKA-Akronyms mit neuen Begriffen belegt. Nach seiner Auffassung begegnet man den Anforderungen unserer *v*olatilen, *u*nsicheren, *k*omplexen, *a*mbivalenten Welt am erfolgreichsten mit *V*ision, *U*msicht, *K*ühnheit und *A*npassungsfähigkeit. Gefragt sind also eine klare Vorstellung, was man erreichen will, ein tiefes Verständnis der einzelnen Einflussfaktoren, der Mut, auch bei noch unvollständiger Faktenlage zu entscheiden, und die Agilität, produktiv mit überraschenden Entwicklungen umzugehen.

Der Pforzheimer Professor für Neue Medien Wolfgang Henseler bringt in knappest möglicher Form auf den Punkt, welche Möglichkeiten sich Menschen auf allen Ebenen eröffnen: »Der Mitarbeiter wird zum Mitdenker.« Schon ein banales Diensthandy verbunden mit agilem Denken verändert die Arbeitsabläufe und Kundenerlebnisse.

Seit ein paar Monaten habe ich einen neuen Elektriker. Im Gegensatz zu seinen Vorgängern versteht er mehr als sein Handwerk. Natürlich zieht er Elektroleitungen ein und schließt Steckdosen an. Aber zugleich bestimmt er auch seine Arbeitsabläufe selbst. Für mich als Kundin bedeutet das: Flehte ich früher morgens vor sieben beim Chef um einen Termin, kommuniziere ich jetzt per WhatsApp mit dem Mitarbeiter, wir regeln direkt, was wann erledigt wird, und sollte es trotzdem später werden als geplant, kann ich sicher sein: Zumindest bekomme ich beizeiten eine Nachricht aufs iPhone.

Natürlich gibt es aufregendere Geschichten, wie neue Technologien die Welt verändern. Doch wenn ein Smartphone genügt, um über Generationen hinweg tradierte Gepflogenheiten im Handwerk aufzubrechen, dann gibt es keinen Zweifel mehr: Die Veränderungswelle geht uns alle an, nicht nur Wissenschaftler, IT-Leute, Start-ups und Technologiekonzerne. Sie hat das Zeug, unseren Arbeits- und Lebensstil zu revolutionieren.

Die Möglichkeiten sind da. Die Frage ist nur, was wir daraus machen.

Jagt die Transformation uns Angst ein, zwingt sie uns nieder? Beäugen wir sie aus sicherer Entfernung? Oder surfen wir gekonnt und begeistert auf dem Wellenkamm? Die Corona-Krise offenbart: Wer irgendwie kann, springt auf die Welle auf. Ohne Traute geht das nicht: Das Reiten auf der Riesenwelle erfordert andere Fähigkeiten als das Paddeln im Badesee mit wohliger Wassertemperatur und Kopfsprung-verboten-Schild. Welche das sind, hat das Forschungsinstitut der Unternehmensberatung Capgemini in einer augenöffnenden Studie herausgefunden.

Künstliche Intelligenz braucht emotionale Exzellenz

Für die Studie wurden über 2000 Mitarbeiter und Manager in elf Ländern und sechs Branchen befragt. Herausgekommen ist eine Erkenntnis, die ich in dieser Deutlichkeit nicht erwartet hätte. Drei Viertel der befragten Manager und über die Hälfte der teilnehmenden Mitarbeiter nennen als wichtigste Erfolgseigenschaft im digitalen Zeitalter unsere menschlichen Qualitäten: Beziehungskompetenz, Empathie, Ethik, Selbstregulation, Kommunikation, Resilienz.[2] Die größte Relevanz wird also den persönlichen, menschlichen Fähigkeiten zugeschrieben, die über alle Branchen und Funktionen hinweg anwendbar sind.

Kann das tatsächlich sein? Täglich schießen neue technologische Lösungen aus dem Boden. Big Data stellen auch noch so großes menschliches Wissen in den Schatten. Bei Zalando erstellt eine KI Outfit-Vorschläge, die regelmäßig besser ankommen als die ausgefalleneren Vorschläge menschlicher Stylisten. Ausgerechnet vor diesem Hintergrund soll die emotionale Intelligenz mehr zählen als das digitale Know-how? Im Moment sieht alles danach aus. Die Erhebungen bei Capgemini ergeben:

Die Nachfrage nach Mitarbeitern mit hoher emotionaler Intelligenz wird in den nächsten fünf Jahren um das Sechsfache steigen.[3]

In allen Branchen und Ländern gilt: Je gewandter Menschen mit Menschen umgehen, je mehr sie sich neuen Erfahrungen öffnen, je besser sie ethische Grauzonen ausleuchten, je empathischer sie zwischen unterschiedlichen Charakteren und gleichermaßen wünschenswerten Interessenlagen vermitteln können, desto schwerer sind sie durch Maschinen zu ersetzen, egal, wie intelligent diese sein mögen. Desto erfolgreicher nehmen sie es mit den Umwälzungen der Digital-Ära und Nach-Corona-Zeit auf. Unsere emotionale Intelligenz hilft uns, unser privates und berufliches Leben zu managen, bessere Entscheidungen zu treffen, unsere Beziehungen zu anderen Menschen auf hohem Niveau zu steuern, Produkte und Services aus Nutzersicht zu denken, agil auf Veränderungen zu reagieren oder KIs so zu trainieren, dass eine Bildersuche nie mehr eine nicht-weiße Person als Gorilla kategorisiert oder ein Bewerbungsroboter Frauen oder ethnische Minderheiten herausfiltert.

Allerdings braucht unsere emotionale Intelligenz dafür ein Upgrade. In meinem ersten Buch *EQ* bin ich schon einmal der Frage nachgegangen, welche Rolle der emotionale Quotient in unserem Leben spielt.[4] Damals, kurz vor der Jahrtausendwende, wurde die emotionale Intelligenz hauptsächlich im Zusammenhang mit dem privaten Alltag betrachtet. Sie galt als Faktor, der bei Kindern den Lernerfolg steigert. Erwachsene sollte das Wissen um die eigenen Gefühle befähigen, Emotionen besser zu steuern und sich in Menschen hineinzuversetzen. Im Geschäftsleben hingegen blieb weiter der IQ das Maß der Dinge. So erlebte es auch Microsoft-Gründer Bill Gates: »Ich dachte, wenn jemand einen hohen IQ hat, kann er in allem gut sein«, erinnert er sich an sein dreißig Jahre jüngeres Ich. »Diese Vorstellung, dass es nur diese eine simple Art von Schlauheit gibt, die alles lösen kann – ich wollte, ich hätte es besser gewusst.«[5]

Nachfolgende Generationen starteten aufgeklärter ins Berufsleben: Im Lauf der Jahre werteten die Curricula der Hochschulen und Weiterbildungsabteilungen der Unternehmen die weichen Fähigkeiten zu Schlüsselkompetenzen auf. Entsprechende Trainings wandten sich allerdings bevorzugt an Führungskräfte und Hoffnungsträger. Erst jetzt, im Zeitalter der künstlichen Intelligenz, wird emotionale Intelligenz als Must-have für alle erkannt.[6]

Dahinter steht die Erkenntnis: Automatisierung und Digitalisierung nehmen uns zwar zunehmend mehr Arbeit ab. Ersetzt werden aber vor allem wiederkehrende, standardisierbare Tätigkeiten. Für uns Menschen bleibt die Kür: Aufgaben, die sich nicht so leicht digitalisieren lassen. Was wir von jetzt an Arbeit nennen sollten, erläutert der Journalist und Autor Wolf Lotter im Wirtschaftsmagazins *brand eins*:

»Das Innovative und Originelle, das Problemlösen, Nachdenken und Verbessern.«[7]

Das klingt nach einer schöneren Welt. Unsere Chance auf mehr Wachstum und Entfaltung können wir aber nur ergreifen, wenn wir alle, von der Topmanagerin bis zum Auszubildenden, ein Niveau an emotionaler Intelligenz entwickeln, das bisher nur von Leadern erwartet wurde: persönliche Exzellenz.

Noch muss diese Erkenntnis bei uns allerdings reifen. Andere Länder sind darin schon erheblich weiter. In Indien, China und den USA sehen fast alle befragten Manager und drei Viertel der Mitarbeiter eine hohe emotionale Intelligenz und die tägliche persönliche Weiterentwicklung als Grundvoraussetzung für digitalen Erfolg. Von den deutschen Managern teilen diese Einschätzung nur 53 Prozent, bei den Mitarbeiterinnen und Mitarbeitern sogar nur 44 Prozent.[8] Von allen elf untersuchten Ländern liegt Deutschland damit auf dem letzten Platz. Wie kann das sein?

Zu perfekt, zu starr, zu Ingenieur

Die Tageszeitung *Die Welt* sagt es in aller Deutlichkeit: Unser Problem ist der deutsche Ingenieur. Ein ganzes Jahrhundert lang war er eine Kultfigur, »ein für sich selbst stehendes Versprechen von Perfektion und Technologieführerschaft.«[9] Deutsche Ingenieursdenke konstruierte die ersten Verbrennungsmotoren, baute das erste Telefon, das erste Auto, das erste Gleitflugzeug. Deutschland meisterte technische Herausforderungen, indem man Schwierigkeiten auf den Grund ging und fachlich nichts dem Zufall überließ. Gründlichkeit, Sachlichkeit und ein extrem hohes Streben nach Planung und Perfektion machten uns zu Exportweltmeistern und die Marke »Made in Germany« zum Versprechen höchster Qualität. Das dafür benötigte Mindset wurde per Standards und ISO-Normen in alle Ebenen der Unternehmen transportiert. Auch das Studium ist vielfach von Qualitätssicherung, Vergleichbarkeit und traditionellen ökonomischen Ansätzen getrieben. Im Hamsterrad von Teilmodulen und Credit Points wird effektives Punktesammeln bis heute mehr belohnt als der Blick über den Horizont.

Doch die alten Erfolgsrezepte haben ihre große Zeit hinter sich. Unsicherheit vermeiden, Kosten einsparen, Technik maximal ausreizen, nach Kaufprämien rufen, bloß keine Fehler zugeben – noch ist dieses Denken in vielen Köpfen verankert. Die Wirtschaftsjournalistin Lea Hampel benennt präzise, warum es inzwischen mehr schadet als nützt: »Im Geschäft der Zukunft geht es um Daten, Kundenorientierung, Nachhaltigkeit und vor allem: dauernde Veränderung. Für all das ist in der deutschen Haltung zu Arbeit und Wirtschaft wenig Raum.«[10]

In den amerikanischen, chinesischen und indischen Tech-Hochburgen etabliert sich einstweilen eine Kultur, die sich von unserer unterscheidet wie die Stadtbilder von Wuhan und Wuppertal. Verwegenes Denken treibt den Wandel voran. Die erfolgreichsten Innovationsansätze polarisieren und sprengen unsere Vorstellungen von Seriosität und Machbarkeit. Airbnb ist ein typisches Beispiel dafür. In nur zehn Jahren hat sich die Reiseplattform vom Start-up zum Musterbeispiel für kulturverändernden Megaerfolg entwickelt. 2019 checkten alle halbe Sekunde drei Gäste in von Airbnb angebotene Unterkünfte ein, und es deutet sich an: Das Unternehmen wird auch gut durch Corona kommen.[11] Für die digitalen Abläufe sorgen über tausend Programmierer – Experten für Algorithmen, Daten, Maschinelles Lernen, Virtual Reality, künstliche Intelligenz.[12] Doch die Magie von Airbnb rührt nicht aus überlegener Technologie. Sie wird durch ein Denken hervorgebracht, das in geradezu irrwitziger Weise auf Exzellenz ausgelegt ist.

»Wenn Sie etwas Virales entwickeln wollen, müssen Sie eine Erfahrung kreiern, die Ihren Kunden das Hirn wegbläst«, lautet das Credo von Airbnb-CEO Brian Chesky. Unter diesem Gesichtspunkt nahm Airbnb sich das Einchecken in einer Unterkunft vor. Bei einer 5-Sterne-Erfahrung begrüßt der Gastgeber den Gast persönlich. Das ist nett, aber nicht prickelnd. Was wäre also eine 6-Sterne-Erfahrung? Der Gastgeber öffnet dem Gast die Tür, auf dem Tisch stehen Wein, Wasser, Süßigkeiten. Schon besser. Sieben Sterne: Der Gastgeber weiß, dass der Gast mit Leidenschaft surft. Er überlässt ihm sein Board, bucht ihm einen Privatlehrer, reserviert einen Tisch im angesagtesten Restaurant. Das Team dreht das Rad weiter. Acht Sterne. Neun. Zehn. Dann kommt's: Was wäre eine 11-Sterne-Erfahrung? Der Gastgeber erwartet den Gast am Flughafen, neben sich Elon Musk, und der Gast erhält das Angebot: »Wir fliegen dich in den Weltraum.«

Wenn Sie sich jetzt fragen, was die Gedankenspiele bei Airbnb mit Digitalisierung zu tun haben, könnte das andeuten: Sie sitzen dem verbreiteten Missverständnis auf, Digitalisierung gehe vor allem IT-Abteilungen und Computerleute etwas an. Der Gedanke liegt nahe. Schließlich bedeutet das englische Wort *digit* Ziffer, und die digitale Transformation fußt auf hochtechnologischen Tools. Entsprechend technisch wird Digitalisierung in Deutschland verstanden.[13] Man baut eine App, führt ein Social Intranet ein, die IT-Abteilung wird optimiert, und jeder bekommt ein Tablet. Die technischen Errungenschaften allein sind aber nur das Mittel zum Zweck. Entscheidend ist, zu welchen Höhenflügen uns die Technik inspiriert.

Wenn Brian Chesky erklärt, wie man die Grenzen des Machbaren ausreizt, spielt Technologie dabei nur die Mittlerrolle: »Wenn du immer verrücktere Ideen spinnst, gibt es einen idealen Punkt zwischen ›Der Gastgeber hat mir die Tür geöffnet‹ und dem Angebot, ins All zu fliegen. Du musst eine Wahnsinnserfahrung designen und dann von dort aus zurückrechnen. Plötzlich erscheint es völlig logisch, wenn der Gastgeber deine Hobbies kennt und dir sein Surfboard leiht. Klar, der logistische Aufwand ist absurd, aber genau so werden großartige Erfahrungen geschaffen.«[14] Diesen Unterschied gilt es zu verstehen. Neue Technologien sind nicht nur ein paar raffinierte Tools. Sie geben uns die Möglichkeit, die Dinge völlig neu zu denken.

Die Corona-Krise brachte es an den Tag. Homeschooling bedeutete für Tausende von Schülern: Lehrer scannten Arbeitsblätter ein und verschickten sie per E-Mail, einige Vorreiter richteten Skype-Sprechstunden ein oder experimentierten mit Videokonferenzsystemen. Ein Anfang war gemacht. Doch Digitalisierung bedeutet viel mehr, als vorhandene analoge Inhalte online verfügbar zu machen. Die neuen Technologien ermöglichen ungeahnte, individuelle Formate, die es zu kreieren gilt – von fächerübergreifenden Lernprojekten über die hybride Schule als Mischung von Analog- und Digitalunterricht bis hin zum Flipped Classroom, wo die Grundlagen zu Hause gelernt und in der Schule vertieft und geübt werden.

Ohne Ideen ist alles nichts

Im Grunde verhält es sich mit digitalen Technologien wie mit den gerade so beliebten Saatbomben. Die Kugeln treiben nur Blüten, wenn sie am passenden Standort landen. Analog dazu entfalten innovative Technologien ihre Wucht am beeindruckendsten dort, wo Menschen die Vorstellungskraft entfalten, was sich dank der digitalen Technik verwirklichen lässt. Das spielerische, vor keiner vermeintlichen Blödheit haltmachende Denken bei Airbnb vermittelt eine Ahnung, wie Digitalisierung, Globalisierung & Co. vieles von dem alt aussehen lässt, was in Unternehmen bisher als richtig und wichtig verankert war: zweckgerichtetes Denken, gehortetes Wissen, nüchterne Wertschöpfung, absoluter Perfektionismus.

Der digitale Wandel ist also auch und vor allem ein kulturelles Phänomen, und zwar in ganz großem Stil.

Software und Technologie machen nur 20, vielleicht sogar nur 10 Prozent des digitalen Wandels aus, lautet eine immer wieder gehörte Faustregel. Alles andere wird durch Menschen, deren Verhalten und Denkgewohnheiten getrieben. Auch das Philosophie-Magazin *Hohe Luft* unterstreicht: »Im digitalen Wandel geht es nicht primär um das Digitale. Es geht um den Menschen und die Rolle, die wir in einer zunehmend digitalisierten Welt spielen wollen.«[15]

Bereits heute sind die Gewinner des digitalen Zeitalters Unternehmen, die Abteilungs- und Hierarchiedenken überwinden, Raum für Schnelligkeit und Irrtum schaffen, fantastische Kundenerlebnisse bieten und es sich zur Aufgabe machen, das technisch Machbare mit dem menschlich Wünschenswerten in Einklang zu bringen. Der Mensch rückt bei diesem Kulturwandel immer mehr ins Zentrum. Digitale Talente verwandeln Daten und Technologien in Lebensqualität, denken, was vorher nie so gedacht wurde, und stellen die Frage »Geht das auch digital?« mit der gleichen Selbstverständlichkeit, wie sie den Wochenendeinkauf in Körben und Mehrwegnetzen nach Hause transportieren. Manche von ihnen sind Computernerds. Andere haben von IT kaum einen Schimmer. Ihre Exzellenz liegt auf anderem Gebiet. Sie haben die Fantasie und Vision, was sich mit den neuen Möglichkeiten anfangen lässt.

Delia Lachance schrieb nach dem Studium als Redakteurin für das Wohnmagazin *Elle Decoration*. Dabei fiel ihr auf: Es gab keine attraktiven Online-Shops für Möbel und Einrichtungsaccessoires. Mit dieser Erkenntnis entwickelte Lachance die Idee für Westwing: ein Online-Möbelhaus mit täglich neuen Sales und dem Look & Feel eines Interior-Magazins. Die junge Gründerin konnte ihr Vorhaben nur verwirklichen, weil es die Technologien dafür gab. Die digitale Innovation liegt aber in der Idee: der neuartigen Mischform aus Shopping und Content.

Sackt Ingenieurskunst also zum Wert von gestern ab? Natürlich nicht. Selbstverständlich lebt die sich rasant digitalisierende Welt von Spezialisten mit einem breiten Spektrum an technologischen Kompetenzen.

Die Innovationen der Zukunft setzen auf Cloud-basierten Diensten auf, mobilen Internettechnologien, Videokonferenzsystemen und anderen Collaboration Tools, Big Data, dem Internet der Dinge, auf künstlicher Intelligenz, Robotik, Blockchain und Augmented Reality. Ohne technologisches Verständnis, geht künftig weniger denn je. »Technologie braucht, ja fordert, einen Platz am Tisch«, schreibt der US-Technologiedenker John Nosta, der das Erfolgsgeheimnis unserer Tage in der Kombination aus IQ + EQ + TQ sieht.[16] Trotzdem hat sich die Ingenieursdenke von ehedem überlebt:

In der digitalen Ära entwickeln sich Eigenbrötler und Tüftler mit Tunnelblick zum Auslaufmodell wie Dienstreisen und Diesel-SUVs.

In der Nach-Corona-Ära wird Innovation rasanter, pragmatischer und lebensnäher verlaufen, in gemischten Teams, über Abteilungs- und Branchengrenzen hinweg und viel öfter als bisher remote. Entscheidungen fallen in Abstimmung mit Team-Kollegen und oberstes Ziel aller Anstrengungen sind Kunden, die rundum zufrieden sind. Mehr als alles andere braucht es dafür Fantasie. Aus ihr folgt alles weitere. Oder wie es der österreichische Gitarrist und Komponist Peter Horton formuliert hat: »Fantasie ist der Botenengel einer Vision, die nach Realität greift.« Dem technologischen Fortschritt verdanken wir, dass wir immer mehr Fantasien immer schneller in die Tat umsetzen können.

Jenseits von Mittelmaß

Für Millionen von Menschen bringt die Entwicklung Vorteile. Mindestens jene 30 Prozent der Bevölkerung, die der amerikanische Ökonom Richard Florida der Klasse der Wissensarbeiter zurechnet, werden in ihren Rollen aufgewertet. Statt nach Anweisung zu arbeiten, können sie ihre Klugheit und Kreativität in anspruchsvollen Bereichen wie Technik und Management, Gesundheit, Bildung, Design oder Rechtswesen verwirklichen.[17] Bis weit in die Mitte der Gesellschaft hinein wird das

Arbeitsklima attraktiver, Arbeit selbstbestimmter und sinnvoller. Langsam, aber sicher zählt Expertise mehr als Hierarchie. Mehr Entfaltung für viele bedeutet aber auch: Sehr viel mehr Mitarbeiter stehen vor der Aufgabe, sich für das große Ganze verantwortlich zu fühlen, nicht nur für den eigenen kleinen Anteil daran. Am besten gelingt dies Menschen mit einem starken Wunsch, bei dem, was sie tun, Exzellenz zu erreichen.

Der hochdekorierte, tief gefallene und wiederauferstandene Golf-Weltstar Tiger Woods beschreibt diese innere Haltung so: »So etwas wie Perfektion gibt es nicht. Wir sind unperfekte Menschen, wie sollen wir also jemals dahin kommen, perfekt zu sein? Aber ich habe immer an professionelle Exzellenz geglaubt. Sie versuche ich zu verwirklichen. Ich weiß, ich werde nie an den Punkt gelangen, immer perfekte Schläge zu produzieren. Ich will einfach das Bestmögliche aus mir herausholen. Das ist für mich professionelle Exzellenz.«[18]

Entgegen verbreiteter Meinung bedeutet, exzellent zu sein, also nicht, vollkommen oder im ganz großen Stil erfolgreich zu sein. Vielmehr geht es darum, dass wir die Anstrengung unternehmen, über den Stand von heute hinauszuwachsen. In anderen Worten:

Exzellenz ist ein Streben, kein Status.

Sie entsteht aus der Bereitschaft heraus, zu wachsen, sich selbst zu übertreffen und der Spitze der persönlichen Möglichkeiten und Lebensqualität immer näher zu kommen. Persönliche Exzellenz steht nach dieser Definition jedem von uns offen, egal, ob wir schon immens erfolgreich sind oder mit unseren Anstrengungen ganz am Anfang stehen.

Natürlich zeugt es von Exzellenz, wenn Bill Gates als einer der reichsten Menschen der Welt zugleich auch der spendenwilligste Mensch der Welt ist. Es zeugt aber ebenso von Exzellenz, wenn eine Studierendengeneration ein Semester komplett online absolviert, Lehrerinnen kurz vor der Pensionierungsgrenze den Unterricht für Neunjährige innerhalb von einer Woche auf Zoom umstellen, wenn in einem Arzthaushalt alle, von der Oma bis zum Zweitklässler, Gesichtsmasken nähen oder wenn eine alleinerziehende Mutter das Geld, das ihre Kinder zur Kommunion geschenkt bekommen haben, in zwei Tablets investiert.

Exzellenz verwirklicht sich also nicht nur im Großen. Wir kommen ihr auch im Kleinen nahe oder wenn wir »nur« in einzelnen Bereichen unseres Lebens oder in besonderen Situationen über unser persönliches Normalmaß hinauswachsen. Ohnehin sollten wir von Exzellenz nicht erwarten, sagt der Philosoph Wilhelm Schmid, dass sie »in allen Dingen im gleichen Maße zu erreichen ist«[19]. Um Exzellenz zu beweisen, muss uns also nicht alles herausragend gelingen, von der preiswürdigen Forschungsarbeit bis zu den streifenfreien Fensterscheiben. Beispielsweise können Sie im Job auf höchstem Niveau agieren, als Mutter oder Vater aber mit Ihrer Geduld an Grenzen stoßen. Oder: Sie sind ein exzellenter Analytiker, aber ein mittelmäßiger Taktiker. Oder: Sie leben vorbildlich nachhaltig, haben aber Ihre persönlichen Finanzen nur unzureichend im Griff. In diesem Fall ist es gut zu wissen:

»Excellence in anything increases your potential in everything.«

Das sagt Joe Rogan, der erfolgreichste Podcast-Moderator der Welt, der Menschen wie Elon Musk und Bernie Sanders interviewt und Millionen Fans erreicht. Exzellenz in etwas erhöht Ihr Potenzial in allem. Warum das so ist? Wer auf einem Gebiet exzellent ist, im Job, im Sport, in der Elternrolle, im Ehrenamt, weiß, wie Exzellenz geht, und legt unwillkürlich auch in anderen Bereichen die Messlatte höher. In diesem Streben zeigt sich eine große Sehnsucht und Möglichkeit unserer Zeit: Nie zuvor hatten so viele Menschen, Frauen wie Männer, die Bildung, Sicherheit und Freiheit, ihr Bedürfnis nach Bedeutung, Wachstum und Sinn zu erfüllen. Nie zuvor wurden die damit verbundenen Leistungs- und Persönlichkeitssprünge aber auch in so breitem Rahmen benötigt.

Warum Exzellenz plötzlich zum Thema für viele wird

Von der Lyrikerin Nora Gomringer stammt der wunderbare Satz: »Das Digitale schenkt uns eine ganze Welt.«[20] Genauso empfinde ich es auch. Die Digitalisierung und der damit verbundene gesellschaftliche Wandel machen beruflich wie privat einen weiten Horizont auf. Zwar ging der Corona-Einbruch an niemandem spurlos vorüber. Trotzdem gilt: Wann, wenn nicht jetzt, hat ein so großer Prozentsatz von Menschen so selbstbestimmt, so umfassend informiert, so weltweit vernetzt, so erstklassig unterhalten gelebt? Wann in der Geschichte der Menschheit waren so viele von uns so überall dabei, so frei, unsere Ideen zu verwirklichen und unsere Anliegen in die Welt zu tragen? Mit einem Mausklick erfüllen wir uns Wünsche, mit einem Wischen treten wir in Kontakt, in Sekunden holen wir uns komplexes Wissen und kreative Impulse. Big Data ermöglichen eine personalisierte Onkologie, Fahrassistenten senken die Zahl der Unfälle, Videokonferenzen sparen im doppelten Sinn Energie, zu Hause im Smart Home richtet sich die Beschattung je nach Sonnenstand automatisch ein und über die Videofunktion von WhatsApp treffen wir uns mit Mama zu Kaffee und Bienenstich.

Stimmt, das alles ist auch mit Gefahren erkauft. Die Vielzahl der visuellen und akustischen Signale überflutet unsere Wahrnehmung, wir geben unbewusst sensible Daten preis, das Lebenstempo beschleunigt sich, die Instagram-Bilder vom perfekten Leben lösen Selbstzweifel aus, von der Freiheit im Homeoffice haben am meisten die, die ohnehin schon privilegiert sind, und die Angst, wir werden digital überwacht, ist nicht paranoid. Wir fallen auf Clickbaiting, Pop-up-Werbung und Fake News herein. Statt uns Hals über Kopf zu verlieben, gieren wir nach dem noch besseren Match. Das Gefühl, mit Trends nicht Schritt halten zu können, verunsichert und stresst. Und während frühere Generationen nur damit zurechtkommen mussten, dass das Wissen veraltet, spüren wir: Auch das Denken und die Art, miteinander umzugehen, überlebt sich in rasanten Zyklen.

Aus genau diesem Grund arbeiten Topkonzerne wie Apple, Google oder BMW seit langem daran, neben der fachlichen auch die emotionale Intelligenz ihrer Mitarbeiter zu steigern. Dahinter steht das Verstehen: Die Veränderungen der VUKA-Welt stellen höchste Anforderungen an die Persönlichkeit. Herausragende Produkte, Prozesse und Geschäftsmodelle entstehen nur, wenn Mitarbeiter sich zuversichtlich auf die Veränderungen in der Arbeitswelt einlassen. Die menschlichen Fähigkeiten haben daher die fachlichen Kompetenzen als Erfolgstreiber überholt. Die gleiche Erkenntnis existiert zwar auch in weniger prominenten Firmen. Es hapert jedoch an der Umsetzung. In den 2019 von Capgemini befragten Unternehmen erhalten 50 Prozent der Topmanager Impulse zur Entwicklung der Persönlichkeit, aber nur 30 Prozent der Mittelmanager und 20 Prozent der Mitarbeiter.[21]

Wie macht man das, Exzellenz?

Natürlich ist es ideal, wenn Ihr Unternehmen Ihnen beim Umgang mit den emotionalen Herausforderungen der VUKA-Welt zur Seite steht. Doch in letzter Konsequenz entfalten Sie Ihre persönliche Exzellenz in Eigenregie. Denn Exzellenz ist eine Form der Aktivität. Es gibt kein Exzellenz-Gen, und niemand kommt exzellent auf die Welt, bei allen Talenten und etwaigen Vorzügen eines Elternhauses nicht. Wie setzt man also am besten an? In der Digitalisierungs-VUKA-nach-Corona-Ära haben sich die Strategien dafür nicht völlig verändert. Aber zum Teil verschiebt sich die Bedeutung emotionaler Kompetenzen. Zeitlose Werte wie Empathie und Willenskraft bleiben, neue Prioritäten wie Offenheit, Agilität oder Leadership schieben sich nach vorn. Neun dieser alten und neuen Treiber für persönliche Exzellenz habe ich für Sie in diesem Buch herausgearbeitet. Jede für sich und alle zusammen liefern Ihnen die mentale Ausrüstung, größer zu denken, mehr zu wagen und neue Wege zu probieren.

Offenheit. Die wenigsten Menschen sind Abenteurer. Die meisten haben es gerne so wie immer. Doch Digitalisierung bedeutet einen Aufbruch ins Ungewisse. Sie gibt uns das Zeug dazu, Dinge völlig anders anzugehen und zu organisieren als gewohnt. Dafür brauchen wir einen offenen Geist.

Selbstreflexion. Doch, auch in der Digitalära bleiben Macher gefragt. Vieles wird sogar noch schneller angepackt und umgesetzt als in der alten Arbeitswelt. Das geht nur, wenn wir uns und unsere Aufgaben gut verstehen. Phasen der Reflexion gehören deshalb genauso zum Geschäft wie Phasen des Tuns. Alles andere wäre Aktionismus.

Willenskraft. Wir sehen den Glamour, die Ehrungen, den Karrieresprung. Die Anstrengung dahinter sehen wir nicht. Die Musikerin, die noch im Urlaub übt. Der Lebensretter, der seine Kenntnisse über Reanimation regelmäßig auffrischt. Die Vorständin, die seit der Schulzeit ihr Äußerstes gibt … Exzellenzsucher wissen: Ohne Ausdauer und kontinuierliche Arbeit bleibt die größte Begabung im Mittelmaß stecken.

Wohlbefinden. Höchstleistung braucht Energie. Je besser wir körperlich und mental für uns sorgen, desto mehr können wir privat und beruflich auf die Beine stellen. Wohlbefinden ist deshalb nicht die Belohnung für exzellente Leistungen. Es ist ihre Vorbedingung.

Souveränität. Emotionen stehen hoch im Kurs. Allerdings nicht alle. Stress, Ungeduld und zu viel Ego bringen uns in keinem Lebensbereich voran. Wollen wir Menschen mitnehmen und befähigen, müssen wir die eigenen Gefühle kontrollieren. Und bevorzugt die auszuleben, die der Zusammenarbeit und dem Zusammenleben förderlich sind: Wohlwollen, Großzügigkeit, Freude, Mitgefühl.

Empathie. Nie war es so wichtig wie heute: Auf andere eingehen. Gedanken des Gegenübers erkennen. Abschätzen können, wie jemand reagieren wird. Nur wer die Bedürfnisse und Themen anderer wahrnimmt, kann produktive Beziehungen aufbauen, personalisierte Lösungen finden und Follower überzeugen.

Agilität. Das erfordert die neue Welt: In unbekannten Gewässern navigieren. Sich schnell orientieren. Einen kühlen Kopf bewahren, wenn sich Anforderungen oder Verhältnisse ändern. Dinge ohne Perfektionsanspruch auf die Beine stellen. Dazu lernen, sich anpassen, verfeinern. Von allen Exzellenzkompetenzen ist Agilität diejenige, in der wir noch am wenigsten geübt sind.

Resonanz. Intensive, inspirierende Begegnungen potenzieren die Kreativität und Innovationskraft. Ob Fußballmannschaft oder Kammerorchester, Familie oder Projektteam – es verleiht Menschen Schwingen, Impulse zu geben und aufzunehmen, sie zu wandeln und weiterzuentwickeln. Am meisten bewegt Resonanz, wenn die anderen im Raum ganz andere Fähigkeiten und Erfahrungen an den Tisch bringen als man selbst.

Leadership. »Bevor du ein Leader bist, bedeutet Erfolg, dass du über dich selbst hinauswächst«, sagte Management-Legende Jack Welch. »Wenn du ein Leader wirst, bedeutet Erfolg, dass du andere zum Wachsen bringst.« Exzellenzsucher kreisen nicht um die eigene Person. Sie regen mit ihren Themen und Werten auch andere an. Mehr als auf einer Machtposition beruht ihre Autorität auf Visionskraft, positiver Kommunikation und persönlicher Integrität.

Sie können den nachfolgenden Wertekatalog systematisch durcharbeiten oder nach Lust und Laune querlesen und dort beginnen, wo es für Sie am meisten bringt. In jedem Fall werden Ihnen die neun Exzellenzkompetenzen eine spannende Welt voller Strategien und Möglichkeiten erschließen. Denn das Zeug für Exzellenz trägt jeder in sich. Jedes Mal, wenn wir die Extrameile gehen, uns übertreffen oder eine beste Version unserer selbst zum Vorschein bringen, erleben wir: Das Leben kann so außergewöhnlich sein. Wir müssen dafür nicht CEO, Top-100-Unternehmer, Fin-Tech-Gründer oder Managerin des Jahres sein.

2

Offenheit

Weil die Lust auf Neues Superkräfte freisetzt

Du möchtest etwas bewegen, bist ›open minded‹ und möchtest die Transformation eines der größten IT-Konzerne vorantreiben.« Wer bei Microsoft durchstarten will, muss die Scheuklappen abwerfen. Das größte Softwareunternehmen der Welt wünscht sich von Bewerberinnen und Bewerbern die Erfolgskompetenz, die Psychologen als die Nummer 1 für die digitale Transformation bezeichnen: Aufgeschlossenheit für neue Denkweisen und Technologien. Ein wacher Blick für das, was anderen verborgen bleibt. Die intellektuelle Bescheidenheit, die eigene Meinung nicht für die einzig wahre zu halten.

Wenn Unternehmen Offenheit zum Must-have für den Karriereeinstieg erheben, ist dies von der Erkenntnis getragen: Fortschritt lebt von Neugier. Neues entsteht dort, wo Menschen aus der Weiter-so-Denke ausscheren. Innovationskraft und Kreativität keimen auf der Freude, sich an ungelösten Rätseln die Zähne auszubeißen. Die Zeit ist reif für den *homo curiositas*.[1] So nennt das Zukunftsinstitut Menschen, die es wissen wollen und für unverhoffte Entdeckungen empfänglich sind. Für die meisten Erwachsenen ist so viel Offenheit leichter gesagt als getan. Häufig erschöpft sich unser Hunger nach Neuem in der Lust auf das neueste iPhone-Modell, den jüngsten Promi-Klatsch oder auf die Wildlife-Safari mit Sichtungsgarantie. Wer sich auf die Suche nach Exzellenz begibt, muss sich deshalb als Erstes von eingefahrenen Glaubenssätzen und Routinen verabschieden. An ihre Stelle tritt das Interesse am Neuen und Komplexen, die Lust auf Entdeckungen und das elektrisierende Gefühl, die Welt neu zu denken.

OK, Boomer

Drehen wir die Zeit um 25 Jahre zurück. Kurz vor der Jahrtausendwende teilten Wissenschaftler in einem Experiment eine Gruppe von Ärzten in drei Teams auf. Jedes Team bekam je zwei Videos über einen

Patienten zu sehen.[2] Das erste Video wurde allen drei Gruppen zur Verfügung gestellt. Vom zweiten Video gab es drei Varianten. Ohne es zu wissen, erhielt jedes Ärzteteam andere, aber einander ergänzende Informationen. Anschließend sollten die Mediziner eine gemeinsame Therapieempfehlung abgeben. Das Experiment floppte. Jedes Team hütete sein Spezialwissen so eifersüchtig wie der Zwerg Alberich den Nibelungenschatz. Die Folge: Weder allein noch zusammen stellten die Teams die richtige Diagnose.

Die Ärzte von damals befinden sich heute deutlich in der zweiten Lebenshälfte. Wie ich sind sie ohne Smartphone, Streaming, Skype und soziale Medien groß geworden. In vielen Jobs zählte Pünktlichkeit mehr als Kreativität, und Anwesenheit brachte ein höheres Ansehen ein als eine erfolgreiche Performance. Das Berufs- und Privatleben funktionierte nach Gesetzmäßigkeiten, die uns nicht immer gefielen. Wir fanden Hierarchien normal und stiegen nicht ungern darin auf. Kunden standen öfter im Weg als im Mittelpunkt, Veränderungen verliefen langsam und inkrementell, und ja, wir dachten in Silos. Statt Wissen im Sinne des bestmöglichen Ergebnisses zu teilen, behielten wir es für uns. Diese Erfahrung hat unser Denken geprägt, und ich bin sicher: Spuren davon haften uns bis heute an.

Wenn Sie einer der deutlich jüngeren Generationen angehören, fühlen Sie sich jetzt vermutlich ziemlich bestätigt und denken augenrollend: OK, Boomer! Mit diesen Worten stoppte die neuseeländische Parlamentarierin Chlöe Swarbrick den Zwischenruf eines älteren Kollegen. Der Spruch verbreitete sich rasant im Netz, schließlich kann man den Protest gegen überholte Denkweisen und starre Strukturen kaum zugespitzter zum Ausdruck bringen. Er hat nur einen Fehler: Nicht nur die älteste der vier im Arbeitsleben stehenden Generationen (Baby Boomer, Generation X, Generation Y, Generation Z) schätzt das Bewährte ein bisschen zu sehr. Auch die Offenheitswerte der jüngsten Generation lassen Luft nach oben.

Sorry, you too, zoomer

Die ab 1985 Geborenen gelten als so exzellent ausgebildet, international aufgestellt und aufgeschlossen für neue Lebens- und Arbeitsformen wie keine Generation davor. Die größte Offenheit für neue Apps und Technologien, so das Gottfried Duttweiler Institut, besitzen sie obendrein.[3] Das war es dann aber schon. Geht es nämlich um Neugier und Innovationsgeist, weisen Zoomer ähnlich große Defizite auf wie Boomer. Dieses Ergebnis erbrachte die Neugier-Studie, die der Merck-Konzern in Zusammenarbeit mit einer multidisziplinären Forschungsgruppe durchgeführt hat. Von allen vier aktuellen Arbeitnehmergenerationen belegen die neu ins Berufsleben nachrückenden Zoomer beim Neugier-Gesamtwert den letzten Platz und schneiden damit schlechter ab als die ergrauenden Boomer. Noch düsterer ist es um ihre Offenheit für die Ideen anderer bestellt. Auch in dieser Wertung landen die jüngsten Arbeitnehmer auf dem letzten Platz. Boomer zeigen ein deutlich offeneres Ohr für die Vorschläge anderer und übertreffen in diesem Punkt sogar alle anderen Generationen.[4]

Mit einem solchen Ergebnis hatte ich nicht gerechnet. Es widerlegte alle meine vorgefassten Meinungen über alt und jung. Neugierig geworden ging ich der Sache nach und wurde schneller fündig als gedacht. Die jüngste Generation hat viele Vorzüge. Ihre Offenheit wird aber durch eine Reihe von Gründen ausgebremst:

Erstens: Die jüngste Generation hat genaue Vorstellungen vom guten Leben. Die Personalexpertin Prof. Dr. Susanne Böhlich von der IUBH Internationalen Hochschule bringt sie auf einen Nenner: Jobsicherheit, Geborgenheit, eine klare Trennung von Arbeits- und Privatleben, feste Strukturen und möglichst keine direkte Konfrontation.[5] Damit lässt sich gut leben. Doch Offenheit klingt anders.

Zweitens: Millennials und Zoomer denken deutlich pessimistischer als die breite Masse der Bevölkerung. Das geht aus dem Deloitte Millennial Survey 2019 hervor.[6] Mehr als alle anderen Generationen sorgt sich die jüngste um Klimawandel und Terrorismus, kämpft mit psychischen Problemen[7] und fürchtet, von KIs und Robotern ersetzt zu werden.

Drittens: In Deutschland knüpft die Generation Z an die Lebensziele ihrer Eltern an. Der große Traum sind Familiengründung und Reisen. Ambitionen wie Wohlstand, Immobilienerwerb und positive Einflussnahme auf die Gesellschaft spielen im Vergleich mit Altersgenossen in anderen Ländern eine nachrangige Rolle.[8]

Und viertens: Zoomer schätzen den moralischen Konsens. Zur Selbstdarstellung gehört es, medialen und sozialen Erwartungen zu entsprechen. Auch selbst will man sich keinen paternalistischen, sexistischen oder rassistischen Denkmustern mehr ausgesetzt sehen. In anderen Worten:

Alte-weiße-Männer-Ansichten passen so wenig ins Zoomer-Weltbild wie Zigarrenwolken ins vegane Restaurant.

Mit ihrer »wokeness«, ihrem wachen Bewusstsein dafür, was akzeptabel ist und was nicht, schieben Zoomer eine Entwicklung an, von der ich finde: Sie ist seit langem überfällig. Die Frage ist nur: Wo zieht man die Grenze? Empfindet man andere Denk- und Verhaltensweisen als die eigenen als unzumutbar, fördert dies eher die geistige Enge als den weiten Horizont.[9] Innovation braucht das Interesse am Fremden und Befremdlichen. Erst recht, wenn sich die Zukunft nicht mehr aus der Vergangenheit hochrechnen lässt. Der dänisch-isländische Künstler Olafur Eliasson bringt es auf den Punkt: »Die Reibung zur Welt ist das, was Kreativität ausmacht.«

Offenheit: Eine mentale Aufgabe, die es in sich hat

Seit Uber-Fahrer den Taxi-Unternehmern den Umsatz verhageln und Airbnb-Gastgeber den Hoteliers das Wasser abgraben, zeichnet sich ab: In der VUKA-Welt verändert der Wandel seine Wucht. Er verläuft seltener Schritt für Schritt. Stattdessen regiert das Prinzip: »The winner takes it all«. Längst vor der Corona-Krise überschlugen sich die Geschäftsmodelle und Technologien. Subtil oder rasant, je nach Umfeld, stellten sie die Art, wie Menschen arbeiten, leben, lernen und kommunizieren, auf den Kopf. Hippe Unternehmen auf Wachstumskurs fordern etablierte Player nicht nur mit dreisten, verblüffenden Lösungen heraus. Sie lassen sie selbst in ihrem angestammten Habitat alt aussehen: dem DAX. Und auch wenn der eigene Arbeitgeber vielleicht erst an der Oberfläche der Transformation kratzt, ahnen wir: Elektrisierende Innovationen wie das Bezahlen per Handbewegung oder das Google Driverless Car entstehen nicht von ungefähr. Sie werden von Menschen ersonnen, die um die Ecke denken und ausprobieren, was bisher im Bereich der Science-Fiction lag.

Vor diesem Hintergrund begreifen immer mehr Unternehmen: Die exzellentesten Manager und Mitarbeiter bringen neben technischem Gespür oder Marketing-Know-how vor allem Offenheit für neue Perspektiven und unorthodoxe Ansätze mit. Genau in diesem Punkt aber können wir alle, ältere, mittlere und auch die ganz junge Generation deutlich zulegen. Den meisten Menschen fällt es schwer, umzudenken und ihr Verhalten von heute auf morgen zu justieren.

Die Schulen und Unis blieben geschlossen. Umso voller waren die Parks und Cafés. Zwei Meter Abstand halten? Nicht so wichtig. Plötzlich war Frühling, und den wollten wir auskosten. Die ersten Tage der Corona-Krise führten uns vor Augen: Menschen zum Umsteuern zu bringen, ist so schwer, wie die Kursrichtung eines Tankers zu ändern. Selbst im Angesicht einer ernsten Bedrohung liefen Appelle an die Vernunft bei vielen ins Leere. Erst Ausgangsbeschränkungen schafften es, dass wir Abstand hielten, zu Hause blieben und möglichst wenige Menschen trafen.

Der Mangel an Offenheit bleibt uns häufig verborgen. Das zeigt sich daran, dass 95 Prozent aller Menschen sich für überdurchschnittlich aufgeschlossen halten.[10] Man muss kein Mathematikgenie sein, um auszurechnen: Hier stimmt was nicht. Wir überschätzen uns. Und zwar in großem Stil. Wenn sich fast jeder für extra zukunftsorientiert hält, bedeutet das: Mindestens die Hälfte der Menschheit klebt mehr an traditionellen Denkweisen, als sie wahrhaben möchte. Diese Engstirnigkeit liegt in der menschlichen Natur. Wir sind auf Kontinuität eingestellt. Am effizientesten verarbeiten wir Informationen, die das ergänzen oder erweitern, was wir schon immer zu wissen glaubten.

Deshalb verstehen wir zwar kognitiv, warum in Corona-Zeiten die Hochzeitsfeier mit neunzig Gästen ein Wahnsinn ist. Doch wenn man das Fest seit einem Jahr geplant hat, greift das Ökonomieprinzip des Gehirns. Ein Rückzieher erscheint dann unvorstellbar, und mag er noch so notwendig sein. Dieses Energiesparprogramm des Gehirns leistet im Normalfall durchaus gute Dienste. Wie ein Stadtführer lotst es uns durch eine komplexe Welt. Das hat den Vorteil, dass wir uns nicht verlieren und verzetteln. Doch wo Licht ist, ist auch Schatten: Statt selbstständig neue Wege zu erkunden, folgen wir lieber den ausgetretenen Pfaden.

Selbst sehr kreative Menschen fallen in ein Loch, wenn eine Veränderung den gewohnten Rahmen sprengt. Diese Erfahrung machte der Theaterintendant Christian Stückl, als die von ihm geleiteten Passionsspiele in Oberammergau 2020 zum ersten Mal in ihrer Geschichte um zwei Jahre verschoben werden mussten: »Das Verrückte ist, ich hab's realisiert und nicht realisiert. Plötzlich sitzt man da und fragt sich: Was mach ich denn eigentlich jetzt?«[11]

Sprengt man unsere vorhandenen Bezugssysteme, verstehen wir die Welt nicht mehr. Bei aller geistigen Aufgeschlossenheit haben wir eine unwillkürliche Sperre gegen neuartige Gedanken, Vorschläge und Ansinnen eingebaut. Schon der Kauf einer anderen Joghurtsorte löst Irritation aus. Der Umstieg auf eine inklusive Ansprache der Leser*innen schleift die Vorstellungen von Sprachästhetik. Im Alter von 33 Jahren hören wir in der Regel auf, neue Musik zu entdecken.[12] Und wenn wir mit der dritten Staffel von *This Is Us* oder dem vierten Band der neapolitanischen Saga durch sind, empfinden wir Verlustgefühle. Dass es Dutzende anderer toller Serien und lohnender Bücher gibt, tröstet da kaum. Fällt der Karneval aus oder das Oktoberfest, steht für weite

Kreise der Bevölkerung die Welt Kopf. Warum halten wir eigentlich im 21. Jahrhundert noch immer so hartnäckig am Vertrauten fest? Warum stürzen wir uns nicht enthusiastisch in die immer größere Fülle des Lebens? Der Grund dafür ist gut erforscht:

Vertrautes wird leicht assimiliert. Um Neues zu akkommodieren, müssen wir unsere Denkstrukturen umformen.

Diesen Zusammenhang hat der Schweizer Pionier der kognitiven Entwicklungspsychologie Jean Piaget beschrieben. Wenn wir Informationen *assimilieren* können, bauen wir mühelos und ohne Widerstände immer mehr Wissen auf. Stufenweise ergänzt und erweitert es den liebgewordenen Kosmos. Deutlich schwerer fällt es uns, Informationen zu *akkommodieren*. Meinungen, Einstellungen und Verhaltensweisen, die uns fremd erscheinen, fügen sich so wenig in unsere Denkstrukturen ein wie ein Puzzlestück aus der falschen Schachtel. Deshalb gehen sie uns schwer in den Kopf. Wir müssen uns geistig mit ihnen auseinandersetzen: ihre Relevanz beurteilen, Vorbehalte überwinden und vielleicht sogar vorhandene Denkstrukturen aufgeben, weil sie sich als überholt oder der aktuellen Situation nicht angemessen erweisen. Alles zusammen strengt an, verunsichert das Selbstbild und kränkt das Ego. »Menschen beziehen Standpunkte, physisch wie psychisch«, schreibt Friedemann Karig in der *Süddeutschen Zeitung*. »Wer einmal einen Platz in einem Raum als ›seinen‹ definiert und eingenommen hat, fühlt sich zu ihm hingezogen.«[13] Um unsere Deutungshoheit zu verteidigen, wehren wir neue Gedanken ab, als bedrohten sie unsere Welt: Ja, aber. Wer braucht das denn? Schluss mit dem Unfug!

Das Glück im Winkel können wir uns mit einem engen Mindset vielleicht erhalten. Doch in der großen weiten Welt behindert geistige Enge den Fortschritt. »Es sind schlechte Entdecker, die denken, es gäbe kein Land, wenn sie nichts als das Meer sehen können«, sagte der englische Philosoph Francis Bacon (1561–1626). Für Innovatoren gilt das Gleiche: Nur wer die Mühe auf sich nimmt, Neues zu akkommodieren, steuert neue Ufer an. Denn anders als beim Assimilieren erweitern wir beim Akkomodieren unsere kognitiven Strukturen. Das Neue reibt sich am alten, unser Horizont weitet sich, wir ziehen neue Sichtweisen und Verhaltensmuster in Betracht, mehr Rollenvielfalt wird möglich, die persönliche Entwicklung schreitet stärker voran, Kreativität entsteht. Das klingt vielversprechend. Nur wie gesagt: Unser Gehirn bevorzugt von Natur aus Informationen, mit denen es sofort etwas anfangen kann. Fordert etwas unsere vorgefassten Meinungen heraus, empfinden wir es als befremdlich oder sogar falsch. Das sieht man sogar den revolutionärsten Autos der Welt an.

Tesla setzt Maßstäbe in der Elektromobilität. Trotzdem präsentieren sich auch Tesla-Fahrzeuge optisch als Weiterentwicklung der Pferdekutsche. An den Bauteilen liegt es nicht. Elektroautos haben keinen Tank, ihre Motoren sind ungefähr so groß wie eine Dose Würstchen, ihr Akku wiegt weniger als ein Pfund. Das lässt viel Raum für nie zuvor gedachte Designs. Auf den Laptops der Entwickler und Designer existieren diese aufregenden Entwürfe auch. Warum also setzen Tesla wie auch VW und BMW beim Styling auf die alte, tausendmal gesehene Optik? Den Grund offenbart der italienische Autodesigner Andrea Zagato: »Ich erfreue den Elektroauto-Interessenten mit einer Form, die er bereits kennt. Denn ich muss den Konsumenten an die Innovation heranführen. Wenn man ihn überfordert, wird er das Neue, Andere ablehnen.«[14]

Der unwiderstehliche Reiz des Weiter-so

Ähnliches spielt sich in anderen Branchen ab. Die Technologien sind schon da. Doch der Fortschritt wird ausgebremst, weil Kunden, Mitarbeiter und Stakeholder ihn als Zumutung empfinden könnten. Vor Covid-19 waren die meisten von uns zu saturiert, als dass wir eine Disruption unseres Lebens einfach so hingenommen hätten. Wir wollten mitgenommen und abgeholt werden. Noch lieber war es uns, man ließ uns ganz in Ruhe. Wir waren mental noch nicht so weit. Wie sollten wir auch?

Schließlich gab es in der Lebens- und Arbeitswelt von gestern wenig Motivation, Bestehendes infrage zu stellen. In Gesellschaften des materiellen Überflusses, konstatiert das Schweizer Gottlieb Duttweiler Institut, ist das Neue typischerweise weniger attraktiv.[15] Produkte werden in Nuancen verbessert, noch gemächlicher schreitet die Servicekultur voran. Bis vor kurzem kamen nicht nur Mitarbeiter, sondern auch Unternehmen am liebsten voran, ohne sich ständig neu entdecken oder infrage stellen zu müssen. Dieses Mindset steckt uns tief in den Knochen. Es prägt die DNA. Übrigens nicht nur die der Mitarbeiter. Selbst Topmanagerinnen und Topmanager sind nicht frei davon. Zwar fordern Konzerne von ihren Managern und Mitarbeitern immer öfter Offenheit als Exzellenzkompetenz ein. Paradoxerweise führen aber Vorstände weiterhin gern das K-Wort im Mund: Kontinuität. Ob beim Abgang von Apple-Design-Legende Jony Ive, beim Führungswechsel bei SAP oder bei der Berufung von Ola Källenius an die Daimler-Spitze – nie fehlt das Versprechen von Verlässlichkeit und Fortbestand.

Im Herbst 2019 trat Christian Klein gemeinsam mit Jennifer Morgan die Führung von SAP an. Im Fernsehsender n-tv umriss der neue CEO den Kurs: »Wir werden Kontinuität walten lassen, was unsere Strategie und die Ausrichtung der SAP angeht. Die eingeschlagenen Programme zeigen bereits Wirkung. Und wir werden diese Programme weiter fortführen, um weiterhin gute Ergebnisse zu liefern.«[16]

Ich erinnere mich: Das Interview hat mich damals befremdet. Bietet ein Führungswechsel nicht den Anlass, Mitarbeiter und Kunden einzustimmen, gemeinsam das nächste Level anzustreben? Warum lässt sich ein Leader die Gelegenheit entgehen, die so notwendige Veränderung in Richtung geistige Offenheit vorzuleben? Warum beschwört er das Alles-wie-bisher? Vielleicht aus Höflichkeit gegenüber dem Vorgänger? Oder soll Mitarbeitern und Stakeholdern ein Placebo verabreicht werden, damit der Faktor Mensch die Ruhe bewahrt? Ich vermute: Hier treten unreflektierte Automatismen zutage.

Ein offenes, akkommodierendes Denken passt zwar in unsere Zeit wie Avocadotoast. Trotzdem steht uns das Vertraute näher als das Unbekannte.

Ohne bewusste Auseinandersetzung mit dem eigenen Verhalten kann sich dem niemand entziehen. Nicht einmal die Führungsspitze.

Microsoft-Chef Satya Nadella ist der wohl erste CEO, der die Unlust zur Veränderung in ihrer ganzen Tragweite versteht. »Jede Veränderung ist schwer«, sagt er. »Ich meine, lassen Sie uns das Unternehmen vergessen, denken wir an den einzelnen Menschen. Wenn jemand sagt: ›Hey, heute musst du dich verändern‹, ist das das Letzte, was jemand möchte. Es ist einfach zu unangenehm. Aber wir alle wissen, wenn wir es nicht tun, lassen wir die menschlichste aller Fähigkeiten ungenutzt: uns anzupassen. Wenn ein Unternehmen sich nicht verändert, ist es irgendwann nicht mehr vorhanden.«[17]

Veränderung macht Angst. Ich wette, jeder von uns hat mit den Ohren geschlackert, als Corona auf uns zurollte. Für die meisten war die größte Herausforderung nicht die Angst, selbst zu erkranken. Sondern dass das Vieldeutige, Ungewisse, Komplexe nicht sorgsam abgefedert stattfand. Von heute auf morgen drang VUKA ins eigene Zuhause vor. Von Tag zu Tag änderte sich die Lage. Quasi über Nacht und ohne Change-Management sahen wir uns gefordert, auf Homeoffice umzustellen, Kunden online zu betreuen, Webkonferenzen durchzuführen, Redaktionspläne zu aktualisieren, neue Formate und Produkte zu entwickeln. Zeitgleich rutschten die Aktiendepots in den Keller, in den Supermarktregalen klafften Lücken, wie die meisten sie nie vorher gesehen hatten, die Schulen machten dicht, und niemand wusste, ob, wann und wie wenigstens das Abitur würde stattfinden können. Wir gingen mit einem Ereignis mit offenem Ausgang um. Unsere Gedanken kreisten um die geschlossenen Betriebe und Geschäfte. Angst um die wirtschaftliche Existenz keimte auf. Nur langsam entwickelten wir einen Blick für die Möglichkeitsräume, die sich inmitten von Bedrohung und Belastung eröffnen: Innehalten. Zu sich kommen. Wesentlich werden. Neue Arbeits- und Lebensformen ausprobieren. Neue Geschäftschancen entdecken. Diese Anpassungsschwierigkeiten waren menschlich und völlig normal: Offenheit gehört zu den Exzellenzkompetenzen, um die wir uns aktiv bemühen müssen.

Das Gehirn auf Wachstum einstellen

Manchen Menschen, auch das war im Frühjahr 2020 deutlich zu sehen, fällt es leichter als anderen, offen mit Neuem und Ungewissheit umzugehen. Denn die Ressource Offenheit ist nicht gleich verteilt. Unsere Gene bestimmen, in welchem Ausmaß wir nach neuen Erfahrungen und Ideen suchen. Jeder von uns bringt von Haus aus seine persönliche Mischung aus Konventionalität und Aufgeschlossenheit mit:

Menschen mit niedrigen Offenheitswerten ...	*Menschen mit hohen Offenheitswerten ...*
... handeln nach bewährten Erfolgsmustern. Sie sind in ihren Ansichten gefestigt, gehen lieber in die Tiefe als in die Breite, bevorzugen klare Ziele und arbeiten gestellte Aufgaben zuverlässig ab. Krisen betrachten sie als Problem, das es zu lösen gilt, um möglichst schnell zum Status quo zurückzukehren.	... verstehen sich als Gestalter. Sie denken und handeln bevorzugt unabhängig. Reflektiert und vielseitig interessiert probieren sie mehr aus, interessieren sich für das Leben und Tun anderer und forschen nach Zusammenhängen. Krisen fassen sie als Katalysator für Veränderung und Verbesserung auf.

Wie die meisten Persönlichkeitseigenschaften ist der Grad der Offenheit nicht in Stein gemeißelt. Wenn wir offener für neue Erfahrungen werden möchten, können wir die Fähigkeit dazu durch Selbstreflexion und gute Gewohnheiten steigern. Exzellente Persönlichkeiten arbeiten daran Tag für Tag, ein Leben lang.

2014 galt Microsoft in der Branche als abgehängt. Dann übernahm Satya Nadella den Vorstandsvorsitz, und das Blatt begann sich zu wenden. Ein Grund dafür ist die von Nadella inspirierte Unternehmenskultur. Nadella begreift geistige Offenheit als Grundlage für Erfolg. Sie zu entwickeln, verlangt er jedem bei Microsoft ab: den Softwareprofis, dem Topmanagement und allen voran sich selbst: »Ich muss heute Abend hier rausgehen können und mich fragen: ›Wo war ich zu engstirnig, oder wo habe ich selbst zu wenig eine Haltung des Wachstums gezeigt?‹«[18]

Die entscheidende Idee für den Kulturwandel bei Microsoft verdankt Nadella weder einer geniehaften Eingebung noch einem elitären Beratungsunternehmen. Er fand sie in einem Buch der Standford-Psychologin Carol Dweck, das ihm seine Frau ans Herz gelegt hatte. Dwecks Bestseller handelt von den Vorzügen eines »growth mindset«, also eines auf Wachstum ausgerichteten Denkens. Demnach können Menschen ihre Talente immer weiter entfalten – sofern ihr Geist dafür offen ist und sie nicht am Bestehenden kleben.[19] Diese Vorstellung traf bei Nadella einen Nerv. Mit dem einfachen psychologischen Prinzip der Wachstumsmentalität hatte er den Kern seines Führungsansatzes gefunden: Die Alles-Wisser von Microsoft mussten sich zu Alles-Lernern entwickeln. Microsoft, so sah er es, konnte nur neu durchstarten, wenn die Mitarbeiter nicht gegeneinander konkurrierten, sondern gemeinsam radikal neue Lösungen erforschten. Für den Unternehmenserfolg war es unerlässlich, dass sie persönliche Inspiration im gemeinsamen Erfolg fanden, an Feedback wuchsen und lustvoll aus der Fülle der technologischen Möglichkeiten schöpften.

Nadellas Offenheit für neue Impulse trug Früchte. 2019 überholte

Microsoft Apple und Amazon als wertvollste Aktiengesellschaft. Dank seiner um 180 Grad gewendeten Unternehmenskultur finden Kunden, Mitarbeiter und Bewerber den Konzern wieder cool und innovativ. »Wir sind zutiefst davon überzeugt«, sagt Microsofts Vice President Joe Whittinghill, »dass unser Kulturwandel und unsere Unternehmenstransformation und wo wir heute stehen und hin wollen auf einem tiefen Verständnis des Wachstums-Mindset fußen.«[20]

Mir zeigt Nadellas Erfolgsgeschichte: Die Anregungen, die wir brauchen, um unserer Exzellenz näher zu kommen, liegen auf der Straße. Als Nadella 2014 CEO wurde und Microsoft zum Vorbild für Umbruch, Offenheit und Dynamik aufbaute, war Carol Dwecks Buch über das Wachstumsdenken schon ein paar Jahre alt. Ob in Seattle oder in Stuttgart, jeder hätte es sich zum Preis von zwei Mojitos kaufen können. Das heißt aber auch: Jeder hätte so viel daraus herauslesen können wie Nadella.

Jeder hätte auf die gleiche exzellente Idee kommen können wie einer der erfolgreichsten CEOs der Welt.

Zugegeben: Anders als Nadella hätte niemand von uns eine vergleichbar weitreichende Spielwiese gehabt, die Idee umzusetzen. Trotzdem finde ich den Gedanken faszinierend. Bahnbrechende Erkenntnisse kommen von überall her. Wir brauchen nur das Mindset, ihren Wert zu erkennen: mit offenen Augen durch die Welt gehen, die Innovationskraft (fach-)fremder Anregungen ahnen, sie aufgreifen und auf das eigene Leben, das eigene Projekt oder die eigene Karriere anwenden.

Gorillas in unserer Mitte

Was bedeutet es, offen für neue Erfahrungen zu sein? Die Zeitschrift *Scientific American* gibt die Antwort: »Menschen, die für neue Erfahrungen offen sind, sind in der Regel intellektuell neugierig, kreativ und fantasievoll. Weil mehr wahrnehmbare Reize in ihr Bewusstsein vordringen, sehen sie Dinge, die anderen entgehen.«[21] Im wahrsten Sinne des Wortes nehmen Menschen mit exzellenten Offenheitswerten die Welt anders wahr als Menschen mit wenig ausgeprägter Offenheit. Ein berühmt gewordenes Experiment verdeutlicht den Unterschied.

Am besten probieren Sie es selbst aus. Rufen Sie YouTube auf, geben Sie in das Suchfeld »Awareness Test Simons Chabris« ein, und schauen Sie sich das kurze Video an. Den gleichen Clip haben die Experimentalpsychologen Christopher Chabris und Daniel Simons an der Universität Harvard über hundert Versuchsteilnehmern gezeigt. Drei weiß gekleidete Basketballspieler, drei schwarz gekleidete. Zählen Sie die Pässe der weiß gekleideten Spieler, lautet die Aufgabe.[22] Fertig? Dann wissen Sie jetzt, ob Sie die Zahl der Pässe richtig ermittelt haben. Aber viel interessanter ist: Haben Sie den schwarzen Gorilla gesehen, der sich unter die Spieler gemischt hat?

Wenn Sie den unerwarteten Zwischenfall wahrgenommen haben, liegen Ihre Offenheitswerte vermutlich im oberen Bereich. Die Wahrscheinlichkeit spricht allerdings dafür, dass Ihnen im Eifer des Zählens überhaupt nicht aufgefallen ist, dass plötzlich ein aus dem Rahmen fallender Neuankömmling die Szene aufmischt. Im Experiment der Harvard-Wissenschaftler jedenfalls haben drei von vier Personen den Gorilla übersehen.[23]

Der Grund dafür ist schnell erklärt. Die meisten Menschen konzentrieren ihre Aufmerksamkeit auf die weiß gekleideten Spieler und das Hin und Her des Balles. Mit dieser Herangehensweise lässt sich die gestellte Aufgabe am besten lösen, und sehr wahrscheinlich wären wir in der Schule sogar für unsere Fokussiertheit gelobt worden. Erinnern Sie sich zurück! Gute Schüler ließen sich nicht ablenken und konzentrierten sich strikt auf das große Einmaleins oder die englischen Vergangenheitsformen. Kinder hingegen, die ihre Aufmerksamkeit auf alles Mögliche jenseits des Unterrichts richteten, galten als unreif und zerstreut.

Die Prägung wirkt nach. Sie verstärkt, was ohnehin in unserem Denken angelegt ist. Um seine begrenzten Ressourcen zu schonen, richtet unser Gehirn seine Aufmerksamkeit auf das, was wir für die Hauptsache halten. Das hat die Psychologin Carina Kreitz vom Institut für Kognitions- und Spielforschung der Deutschen Sporthochschule in Köln nachgewiesen. Daraus resultiert ein paradoxer Effekt:

Je deutlicher sich Umgebungsreize von dem unterscheiden, was uns gerade beschäftigt, desto weniger fallen sie uns auf.

Weil sie nicht zur Sache gehören, blenden wir sie aus. Psychologen bezeichnen dieses Phänomen, vor dem auch eine hohe Intelligenz nicht schützt,[24] als »Unaufmerksamkeitsblindheit«. Als hätten wir Tomaten auf den Augen, sehen wir den Wald vor lauter Bäumen und den Gorilla zwischen den Basketballspielern nicht. Unaufmerksamkeitsblindheit hilft uns zwar, Aufgaben mit wenigen Variablen korrekt und effizient zu erledigen. Wir widmen der Bilanz, der Steuererklärung, dem Setzen des Implantats unsere volle Aufmerksamkeit – und das ist gut so. Doch die VUKA-Welt kippt die Spielregeln. Aufgaben, die eine Verengung des Blicks erfordern, mögen noch so angesehen und anspruchsvoll sein. Sie lassen sich aber gut standardisieren und deshalb künftig immer besser an KIs auslagern. In ihren jeweiligen Spezialgebieten werden die Algorithmen und neuronalen Netze so gnadenlos effizient arbeiten, dass unsere menschlichen Fähigkeiten dagegen verblassen.

Mammografie-Bilder auszuwerten, ist in hohem Maße verantwortungsvoll. Aber auch fehleranfällig und monoton. Jetzt haben Wissenschaftler eine künstliche Intelligenz darauf trainiert, Tumore in Mammografie-Aufnahmen zu erkennen – ohne Mithilfe oder nachträgliche Überprüfung durch einen Arzt. Nach der Trainingsphase lag die Trefferquote der KI bei rund 90 Prozent. Das heißt: Bereits heute erkennt die selbstlernende KI in Mammografie-Aufnahmen Veränderungen in der Brust ebenso gut wie menschliche Radiologinnen und Radiologen.[25]

Die Konsequenz versteht sich von selbst: Je weiter die Digitalisierung fortschreitet, desto weniger wird sich menschliche Intelligenz mehr an automatisierbaren Aufgaben abarbeiten, nicht einmal dann, wenn es wie bei der Beurteilung von bildgebenden Verfahren in der Medizin um Leben und Tod geht. An uns Menschen wird es dann liegen, mit Situationen umzugehen und Probleme zu lösen, die sich nicht oder jedenfalls noch lange nicht an die Technik outsourcen lassen.

Warum Exzellenz ohne Neugier nicht geht

»Kaum etwas bringt uns stärker voran als die menschliche Neugier – ob als Individuen, Gesellschaften oder Organisationen.« So steht es auf der Website des Wissenschafts- und Technologieunternehmens Merck, das mit Hochdruck über humane Antikörper forscht, seit der erste US-amerikanische COVID-19-Patient im Januar 2020 am Seattle-Tacoma International Airport landete. Ausgerechnet ein Unternehmen der Gesundheitsbranche hebt die Wichtigkeit von Neugier am Arbeitsplatz hervor, eine Eigenschaft, die uns als Kindern eher abtrainiert wurde. Denn im Gegensatz zu ihrer seriösen Schwester, der Wissbegier, haftet der Neugier etwas Spielerisches, Vorwitziges an. Sie klingt mehr nach sinnfreiem Tun, nach Ausprobieren und dem Herumstochern in Geheimnissen als nach ernstem Streben und der Offenheit für neue Lösungen.

Der schlechte Ruf der Neugier ist historisch begründet. Aus der Perspektive der Kirchen galt die Neugier als Sünde. Sie stellte das göttliche Privileg der Allwissenheit infrage. Der Mathematiker und Astronom Galileo Galilei bekam dies bitter zu spüren. Mit seinen Erkenntnissen führte er die Welt in ein neues Zeitalter. Von der Kirche wurde er abgestraft, weil er das geozentrische Weltbild anzweifelte, an dem die katholische Kirche entschieden festhielt. Erst in der frühen Neuzeit befreite sich die Neugier, die Galileo als den ersten Schritt zur Lösung jedes Problems ansah, aus dem Bannkreis der kirchlichen Verbote. Von da an stieg sie zur treibenden Kraft für Wissenschaft und Forschung auf.

Die Neugier hat uns die Elektrizität, das Penizillin, die Raumfahrt, das iPhone und grüne Energien gebracht.

Heute lernt jedes Kind schon in der *Sesamstraße*: Wer nicht fragt, bleibt dumm. Nur neugierige Menschen bringen exzellente Innovationen hervor. Diese Einsicht ist in den Unternehmen angekommen. Vierhundert Jahre nach Galileo sagen tausend Führungskräfte in Branchen wie Technologie, Gesundheitswesen und Produktion auf die Frage »Was macht eine Innovationskultur aus?« am häufigsten: die Förderung und Belohnung von Neugier. Sie schwenken damit auf die Linie des berühmten schwedischen Statistikers Hans Rosling ein, der ein Leben lang gegen die Unwissenheit in der Welt ankämpfte: «Neugierig zu sein bedeutet eine Offenheit für und eine aktive Suche nach neuen Informationen. Es bedeutet, auch Fakten zu akzeptieren, die nicht in die eigene Weltanschauung passen, und ihre Konsequenzen zu verstehen versuchen. Es bedeutet, dass eigene Fehler zu Neugier und nicht zu Verlegenheit führen.«[26]

Ein neugieriger Geist treibt uns dazu, den Dingen auf den Grund zu gehen, uns auf Neuland vorzuwagen und uns an veränderte, vielleicht sogar verschlechterte Bedingungen anzupassen. Besonders ausgeprägt ist die Lust, hinter die Dinge zu schauen, übrigens unter Wissenschaftlerinnen und Wissenschaftlern. Fast jede*r Zweite von ihnen erzielte höchste Werte im Merck-Neugier-Index, in der öffentlichen Verwaltung ist es nur jede*r Vierte.[27] Manchmal lodert die Neugier in Forschern so hoch, dass sie sich sogar über die Grenzen der Standesehre hinwegsetzen.

Sommer 1929. Der junger Assistenzarzt Werner Forßmann betäubt in der Mittagspause seinen linken Arm. Er steckt eine Nadel in eine Ader, führt einen dünnen Gummischlauch in eine Vene ein und schiebt ihn sechzig Zentimeter in Richtung Herz. Mit einer Röntgenaufnahme beweist er: Die Spitze des Gummischlauchs steckt in seiner rechten Herzkammer. Seine Vorgesetzten können dem Selbstversuch wenig abgewinnen. Forßmanns Ruf ist angeschlagen. Doch die wissenschaftliche Neugier siegt.

Er führt seine Forschungen fort, weitere Selbstversuche inklusive. 1956 wird ihm für die Erfindung des Herzkatheters der Medizin-Nobelpreis verliehen.[28]

Serendipity: Vom Suchen und Finden des Neuen

Wachsmotten können Plastik fressen. Diese Theorie stellte die spanische Biologin Federica Bertocchini auf. Als die Hobbyimkerin ihre Bienenstöcke reinigte, bemerkte sie durch Zufall Mottenlarven. Die Larven hatten sich in den Honigwaben ausgebreitet und zerstörten den Bienenstock. Bertocchini entfernte die Larven, steckte sie interessehalber in eine Plastiktüte und beobachtete: Kurz danach hatten sich die Larven ins Freie gefressen. Nun ging Bertocchini der Sache auf den Grund. Mit ihrem Team fand sie heraus: Rund hundert Wachsmottenlarven vertilgen in zwölf Stunden etwa 92 Milligramm einer normalen Plastiktüte. Damit zersetzen sie Plastik schneller als alle bisher bekannten Methoden, möglicherweise weil ihr Verdauungssystem auf Bienenwachs eingestellt ist, das ähnliche Verbindungen wie Polyethylen enthält.[29] Angesichts des Verpackungswahnsinns und seiner Folgen wäre dies eine sensationelle Nachricht.

Entgegen verbreiteter Meinung findet Fortschritt nicht primär im Labor und am Laptop statt. Die ausgefallensten Entdeckungen kommen oft, wenn man es am wenigsten erwartet. Auf Englisch heißen solche Zufallsfunde *serendipity*. Das klangvolle, aber schwer übersetzbare Wort geht auf das persische Märchen »Die drei Prinzen aus Serendip« zurück. Serendip wurde einst das heutige Sri Lanka genannt. Dort lebte, so die Sage, ein mächtiger König mit seinen drei Söhnen. Der König wollte seine Kinder mit den kostbarsten Gaben ausstatten, die das Leben zu bieten hat. Statt sie mit Macht und Gold zu beschenken, lehrte er sie, exzellent zu beobachten. Bald zeichneten sich die Prinzen dadurch aus, dass sie das Gras wachsen hörten. Sie entwickelten einen Blick für unscheinbare Besonderheiten und besaßen eine Nase dafür, unzusammenhängende Informationen zu kombinieren. Mit ihrer Aufgewecktheit fanden sie sich in jeder Lage und überall auf der Welt zurecht.

Heute würden die nie um eine Lösung verlegenen Prinzen vielleicht Marc Zuckerberg, Elon Musk oder Larry Ellison heißen.

Oder, bezogen auf Deutschland: Holger Seim, Tobias Balling, Sebastian Klein und Niklas Jansen.

Mit ihrer Sachbuch-App Blinkist begeistern die vier Berliner Gründer Ende 2019 über zwölf Millionen Nutzer weltweit. Ihre Erkenntnis lag darin, von sich auf andere zu schließen: »Bei uns stapelten sich in den letzten Jahren immer mehr Bücher ungelesen im Regal, und wir fanden keine zufriedenstellende Lösung für dieses Problem. Irgendwann haben wir uns gefragt, ob es wirklich immer 300 Seiten braucht, um die Ideen und Konzepte eines Sachbuchs zu vermitteln.«[30] Daraus erwuchs die Idee, den Inhalt von Sachbüchern zusammenzufassen und die Texte per App vorzulesen. Nutzer können so in 15 Minuten die Kernaussagen eines Buches erfassen. Passenderweise positioniert Blinkist sich unter dem Slogan »Serving curious minds«.

Die Prinzen und Prinzessinnen von Serendip unserer Zeit sind nicht nur im herkömmlichen Sinn intelligent. Sie erfassen Trends und spüren Chancen auf, weil sie mit weit geöffneten Augen durch die Welt gehen. Ihren Vorsprung verdanken sie ihrem Sinn für feine, besondere, aus der Reihe tanzende Auffälligkeiten. Ihr wachsamer, neugieriger Geist verwandelt in Gold, was Menschen mit Unaufmerksamkeitsblindheit ignorieren und Menschen mit einem voreingenommenen Mindset als nebensächlich, verstiegen oder verrückt abtun.

Wissenschaftler, Künstler, Autoren und kreative Köpfe arbeiten schon immer so. Der französische Maler Ives Klein füllte Leinwände mit der von ihm geschaffenen ultramarinblauen Farbe IKB

(International Klein Blue) und nichts sonst. Der iPhone-Erfinder Steve Jobs packte Telefon, Kamera und MP3-Player in einem einzigen Gerät zusammen. Der Allgäuer Hotelier Klaus Hauber baute auf 950 Meter Höhe eine Outdoor-Küche, die wie ein Schwalbennest am Gipfel hängt und präsentiert seinen Gästen in unberührter Natur Kulinarik und Kultur.[31]

Serendipity ist die glückliche Begabung, auf Dinge zu stoßen, die man nicht direkt gesucht hat. Man stolpert über eine unerwartete Entdeckung, hat einen glorreichen Einfall oder bekommt am Rande eine Anregung mit, bei der es Klick macht. Das allein ist es aber nicht. Zufallseingebungen werden nur dann zum Schlüssel für Innovation, Glück und Erfolg, wenn man ihr Potenzial versteht und verfolgt. Die wenigsten Menschen sind dafür aufmerksam und schnell genug. Das war schon in der Antike so: In der griechischen Mythologie versinnbildlicht der Gott Kairos die Flüchtigkeit des glücklichen Zufalls. Kairos taucht mal hier und mal da auf, steht nie still und ist auch schon gleich wieder weg. Zu fassen bekommt man den Gott des rechten Augenblicks nur, wenn man ihn ohne Zögern an seinem charakteristischen Haarschopf packt. Wer den Augenblick verstreichen lässt, dessen Hand rutscht am kahlen Hinterkopf des Kairos ab. Die Gunst der Stunde verstreicht. Unwiederbringlich. Besonders häufig passiert uns das, wenn wir im Alltagseinerlei versinken. In solchen Phasen erscheint es uns wichtiger, Routineaufgaben vom Tisch zu bekommen, als einer zweifelhaften Erleuchtung nachzugehen oder den Wert eines spontanen Einfalls zu erforschen.

Am meisten machen wir deshalb aus zufälligen Konstellationen in einem Umfeld, in dem alles kann, aber nichts muss.

Zu diesem Schluss kommt der Psychologe Daniel Memmert von der Sporthochschule Köln. In Experimenten mit Handballspielern stellte er fest: Je mehr taktische Anweisungen ein Trainer seinen Spielern mitgibt, desto eher übersehen die Spieler unerwartete Chancen wie einen gut positionierten Mitspieler. Durch die Instruktionen des Trainers voreingestellt versteifen sie sich so sehr auf spezifische Spieltaktiken, dass sie blind und taub für das Glück des Zufalls sind. Übertragen auf das Unternehmensumfeld heißt das: Druck und Vorgaben, Standards und Prozesse, aber auch der Glaube an die eigene Überlegenheit und Unfehlbarkeit verengen die Aufmerksamkeit und trüben den Blick. Wenn uns der Serendipity-Effekt zuarbeiten soll, müssen wir dafür sorgen, dass wilde Ideen auf fruchtbaren Boden fallen.

Vom Highway- in den Safari-Modus

Machen wir uns nichts vor: Bis vor ganz kurzem hätten viele Topmanager Neugier, Serendipity und ein Wachstums-Mindset als Psycho-Gedöns abgetan. Im Zusammenhang mit beruflichem Erfolg galt die Offenheit für neue Erfahrungen, das beobachtete das Zukunftsinstitut, als unwichtig.[32] »Never change a running system«, lautete das gängige Prinzip. Die allermeisten Mitarbeiter und Manager waren von Silodenke und Sachlichkeit geprägt, und viele sind es immer noch. Denn der Wechsel hin zu einem aufgeschlossenen, dynamischen Mindset lässt sich nicht verordnen. Dafür stellt er unsere tief verwurzelten Gewohnheiten zu sehr auf den Kopf. Natürlich wissen wir, und seit der Corona-Pandemie erst recht: Permanente Veränderung, die Austarierung widersprüchlicher Ziele und die Vervielfachung der verfügbaren Informationen verlangen uns ab, dass wir neue Gesichtspunkte und Werte leidenschaftlich neugierig aufsaugen. Die wenigsten von uns sind aber auf so viel Offenheit vorbereitet, trotz der steilen Lernkurve, die wir alle gerade hinlegen. Kehrt die alte Normalität zurück, müssen wir höllisch aufpassen, nicht in die alten Routinen und Glaubenssätze zurückzufallen. Wie von Zauberhand wird uns das nicht gelingen. Wir können unser Gehirn aber trainieren, mit dem Unplanbaren umzugehen. Der neuseeländische Unternehmensberater Doug Maarschalk hat für das erforderliche Umdenken einen griffigen Vergleich gefunden. Seine These:

Bisher denken und arbeiten die meisten Menschen im Autobahn-Modus. Weiter bringt uns in der VUKA-Welt allerdings der Safari-Modus.

Wie war es denn bis vor kurzem? Ob im Job oder im Leben, am meisten Erfolg heimste ein, wer in Rekordzeit von A nach B jagte, wie der Fahrer eines Erlkönigs, der nur ein Ziel kennt: einen Geschwindigkeitsrekord aufzustellen. Nach diesem System absolvierten wir idealerweise die Schulzeit, sammelten an der Uni Credit-Points, packten den Master oder Doktor drauf, machten Kaminkarrieren, am besten ohne Abzweigung, idealerweise binnen kürzester Zeit, das Ziel fest im Blick. Was uns antrieb, war der Gedanke: Je mehr wir uns anstrengen, desto mehr schaffen wir weg, umso schneller kommen wir voran, desto sicherer gelangen wir ans Ziel unserer Wünsche. Wege waren klar vorgezeichnet, Ergebnisse eindeutig definiert.

In der VUKA-Welt geht Erfolg anders: Zunehmend erweisen sich Ergebnisse als ebenso wenig planbar wie die Wege dorthin. Wir können nicht wissen, wie die Zukunft verlaufen wird, schon gar nicht 100-prozentig. Exzellenz stellt sich deshalb auf Szenarien ein, die nicht exakt bekannt sind. Wie kompliziert das ist, hat uns Covid-19 vor Augen geführt: Langfristige Planungen wurden hinfällig, man organisierte sich von Tag zu Tag. Im eigenen Leben haben wir erlebt: In einer nicht planbaren Welt kann man nicht mehr Gas geben wie am Sonntagmorgen auf der A8 zwischen Primasens und Ulm. Mediziner wie Politiker tasteten sich ans Ziel heran, lernten dazu, beobachteten das Geschehen, justierten den Kurs, korrigierten und revidierten sich. Genau dieses Verhalten perfektionierte Doug Maarschalk, als er in Kenia auf Safari ging.[33]

Bei einer Selbstfahrer-Safari gilt es, sich für Serendipität zu öffnen. Es gibt keine Garantie, dass zum gewünschten Zeitpunkt Elefanten trompeten, ein Nilpferd aus dem Wasser prustet, sich ein Löwe zeigt, wenigstens ein paar Sekunden lang. Manchmal sitzt man stundenlang an einem Wasserloch, um auf Tiere zu warten. Nach außen hin mag dieses offene Herangehen planlos wirken. Schaut man genauer hin, steckt aber System dahinter. »Ich hielt das Gesehene in Fotos, Videos und schriftlichen Aufzeichnungen fest«, erzählt Doug Maarschalk. »Wir markierten auf der Karte des Nationalparks die Orte, wo wir schon waren. Wir informierten uns in einem Leitfaden über die selteneren der Tiere, die wir gesehen hatten. Wir diskutierten in der Gruppe.« So vorbereitet lässt sich schnell und sicher agieren, wenn jemand von einer Leoparden-Sichtung berichtet.

Das Geheimnis der Super-Encounterer

In der VUKA-Welt ist es wie in der afrikanischen Wildnis: Wer ihre Faszination, ihre Lebendigkeit und Fülle erleben will, braucht Zielgebietskenntnisse, Geduld und einen Sinn für unerwartete Entdeckungen. Nur dass wir statt auf Tierbegegnungen auf Denkanstöße hoffen. »Information Encountering« nennt die Professorin Sandra Erdelez von der Simmons University in Boston die Intuition, bei der Informationssuche den Wert nebulöser Zufallsfunde zu erkennen und als Ideengeber zu nutzen. Am besten gelingt dies sogenannten Super-Encounterern. Sie wissen, dass das Gute oft an anderer Stelle und manchmal näher liegt als gedacht, und kalkulieren exzellente Zufallsideen ganz bewusst in ihre Pläne ein. Ohne Gespür geht das nicht, und Erdelez fragte sich, woran Super-Encounterer den Wert unerwarteter Informationen erkennen. Die Antwort erfüllt keine der üblichen Erwartungen von Messbarkeit und Nachvollziehbarkeit.

Super-Encounterer erkennen exzellente Zufallsideen schlicht daran, dass ihre Stimmung umschlägt.

Latente Verzweiflung verwandelt sich in das beflügelnde Gefühl, etwas Bedeutendem auf der Spur zu sein. Allerdings hängen die meisten Serendipity-Spezialisten ihr Vorgehen nicht an die große Glocke. Dahinter steht die Befürchtung, unseriös zu wirken. Man stelle sich nur einmal vor: Walt Disney soll die Idee für Disneyland auf dem Spielplatz gekommen sein. Als er seiner Tochter beim Schaukeln zusah, schoss ihm der Gedanke in den Sinn, wie ein Spielplatz beschaffen sein müsste, der nicht nur Kindern, sondern auch Erwachsenen Vergnügen bereitet …

So klein fangen Megaunternehmungen an. Allerdings klingt es in einer Welt der Businesspläne und Innovationsabteilungen verdächtig, wenn eine wegweisende Idee auf eine banale Beobachtung zurückgeht, eine zufällige Begegnung, eine aufgeschnappte Bemerkung, die den einen entscheidenden Anfangshinweis oder die noch fehlende Zutat zum Durchbruch gibt. Nur wenn sich ein Zufallsfund zum ganz großen Ding entwickelt hat, werden Geschichten dieser Art bereitwillig und als Ausweis von Exzellenz geteilt. Die Geschichte des Starbucks-Gründers Howard Schultz ist eine solche Geschichte.

Howard Schultz zählte nicht immer zu den tausend reichsten Menschen der Welt. Als erster Akademiker in seiner Familie startete er seine Karriere als Angestellter bei Starbucks Coffee, Tea and Spice. Starbucks bestand damals aus vier winzigen Läden in Seattle, in denen es frisch geröstete Kaffeebohnen und Kaffeemaschinen zu kaufen gab. Ein Jahr später, auf einer Geschäftsreise nach Mailand, lernte Schultz die italienische Kaffeekultur kennen. Ihn begeisterten die Bars, die Baristas, die jeden Kunden persönlich begrüßten, die schaumigen Kaffeespezialitäten. Etwas von dieser Kaffeekultur wollte er in die USA holen. Seine Chefs misstrauten der Idee. Deshalb machte Howard sich selbstständig und eröffnete eigene Kaffeehäuser. Doch ihm ging es um den Namen Starbucks. Sobald sich die Möglichkeit dazu ergab, kaufte er deshalb die Starbucks-Filialen ihren Gründern ab. Der Rest ist Geschichte. Schultz verwandelte die kleinen Kaffeeröstereien in einen Weltkonzern mit über 30 000 Coffee Houses. Deren Anziehungskraft geht weit über »Iced Americano« und »Flavored Latte« hinaus. Jede Starbucks-Filiale ist so konzipiert, dass Kunden sich dort so zu Hause wie in einer italienischen Kaffeebar fühlen.

Natürlich legen Information Encountering und Serendipity eher selten den Grundstein zum Weltkonzern. Doch Serendipity funktioniert auch in kleinerem Maßstab – vorausgesetzt, wir nehmen zufällige Impulse wahr, finden ein kognitives Vergnügen daran und tun unsere Ahnungen nicht als Unsinn ab.

Der Koch Tohru Nakamura weiß wie kaum ein anderer Koch in Deutschland die europäische Hochküche mit der japanischen zu verbinden und zu etwas Eigenem zu machen. Den Leser des *SZ Magazins* erzählt er, wie ihn der Zufall auf die Idee brachte, Wolfsbarschfilet mit Fenchel und grünem Tee zu kombinieren: »Beim Abspülen zu Hause trank ich Sencha, grünen japanischen Tee, und kam so auf die Idee zu dieser Vinaigrette.«[34]

Wären es Ihnen in den Sinn gekommen, rohen Fisch in einer Sauce aus grünem Tee zu servieren? Mir nicht. Ich könnte das fertige Rezept zwar nachkochen. Aber um etwas Vergleichbares selbst zu kreieren, fehlt mir das Wissen um Fusionsküche und Food-Pairing. Wir können daraus lernen: Serendipity entfaltet ihre Kraft nur in Kombination mit Sachverstand. Am meisten hilft uns das Glück des Zufalls, wenn wir über das Know-how verfügen, den Wert einer zufälligen Beobachtung zu erkennen und in unsere eigenen Projekte zu integrieren.

Auch in Teams ist es wichtig, dass jemand den Wert von noch unausgegorenen Einfällen erkennt. Wenn ich in Schreibseminaren in die Arbeitsgruppen hineinhöre, mache ich regelmäßig die Erfahrung: Jemand äußert einen Gedanken, der das bisher Diskutierte übertrifft, findet einen Wortlaut, der überrascht, auch wenn er noch nicht druckreif klingt. Doch der kluge Einfall verpufft. Niemand bemerkt seinen Wert, hält ihn fest, spinnt ihn weiter, kommt darauf zurück. Kein Funke springt über, stattdessen reden sich alle weiter über das die Köpfe heiß, was schon vorher nichts Neues war. Nur wenn ich die Gruppe unterbreche und auf den Einfall hinweise, wird er unter die Lupe genommen, verfeinert oder als Gedankensprungbrett genutzt. »Wenn uns Serendipität in die Hände spielt (was sie nicht immer tut), müssen wir daraus Profit schlagen«, sagt Doug Maarschalk, von dem auch der Impuls des Safari-Modus stammt.[35] Letztlich nutzt der Zufall also nur denen, die seinen Wert erkennen, ihn wie einen Ehrengast willkommen heißen und die Ausdauer aufbringen, ihn zu kapitalisieren.

Exzellenz-Briefing: 7 Impulse für einen offenen Geist

In einer hochkomplexen Umgebung sind Formeln, Rezepte, Regeln und erlernte Gewissheiten zwar nicht obsolet. Sie greifen aber zu kurz. Vielleicht halten wir mit dem Gepäck aus der Vergangenheit noch eine Weile lang das Niveau. Doch um den Herausforderungen einer neuen Zeit gewachsen zu sein, brauchen wir mehr als große fachliche Fähigkeiten und kühle Logik. In einer Welt, die sich heftig und dramatisch verändert, ist ein offener, hungriger Geist eine Grundvoraussetzung für Exzellenz. Mit den folgenden sieben Methoden können Sie Ihre geistige Beweglichkeit steigern – auch wenn Ihr Unternehmen möglicherweise noch der Logik des Bekannten anhängt.

1 Neugier ohne Grenzen

»Denkt daran, zu den Sternen hinaufzuschauen und nicht hinunter auf eure Füße«, sagte der britische Astrophysiker Stephen Hawking bei einem seiner letzten Vorträge. »Versucht zu verstehen, was ihr seht. Fragt euch, warum das Universum existiert. Seid neugierig.«[36] Hawking galt als Superstar unter den Naturwissenschaftlern der letzten Jahrzehnte. Als Ausnahmetalent wusste er, worauf Ausnahmeerfolge basieren: Neugier ist einer der Schlüssel, um das Innovationspotenzial von Menschen und Unternehmen freizusetzen. Allerdings ist Neugier nicht gleich Neugier. Vor allem im Businessumfeld sind wir darauf gepolt, zielorientiert nach Informationen zu suchen. Diese *spezifische Neugierde* bringt schnelle, solide Ergebnisse. Studien des amerikanischen Organisationspsychologen Jay Hardy von der Oregon State University zeigen aber: Weniger konventionelle und damit besonders herausragende Innovationen bringt eine breit gefächerte, *diverse Neugier* hervor.[37] Allerdings genießt das unfokussierte Stochern nach Informationen bisher keinen guten Ruf. »Menschen betrachten diese Neugier oft als oberflächliche Ablenkung«, sagt Hardy, »als eine unreife Form der Neugier ... wie jene eines Teenagers, der sich wahllos durch alle TV-Kanäle zappt.«

2 Breitgefächert lesen

Es ist die einfachste Exzellenzstrategie der Welt: breitgefächertes Lesen. Romane, Sachbücher und Biografien, Wissenschaftliches und Philosophisches, Magazine und Blogs, Politik, Management, Erziehung, Börse, Psychologie – es gibt nichts, was den Blick auf vergleichbare Art weitet. Weil die Methode so simpel, kostengünstig und für absolut jeden zugänglich ist, wird sie von den meisten Menschen unterschätzt – je weiter unten jemand auf der sozialen Skala steht, desto mehr.

Bill Gates liest im Jahr 50 Bücher. Obwohl ihm die Türen der bedeutendsten Menschen der Welt offen stehen, obwohl er alle Länder der Erde bereisen kann, sieht er für sich persönlich das Lesen als wichtigste Inspirationsquelle. Wohin er auch geht, er hat immer ein Buch dabei. Ein Blick auf seinen Buchblog zeigt: Der gerade mal wieder reichste Mensch der Welt liest sich quer durch die Genres und Themen.[38] Dieses Leseverhalten zeugt von Offenheit und diverser Neugier und schafft die ideale Voraussetzung für Glücksfunde und kreative Durchbrüche.

3 Raus aus der Echokammer

Ich lasse mir gern bei Amazon Bücher empfehlen, glaube zu wissen, welche Modemarken am besten zu mir passen, mache am liebsten Urlaub in angelsächsischen Ländern und natürlich folge ich auf Twitter Menschen, deren Themen und Ansichten meine eigenen bestätigen.

Viele von uns kuratieren ihr Leben auf diese Art. Doch das Verweilen in bekannten Gefilden kostet einen Preis: Es schwächt unsere Toleranz, Fantasie und Innovationskraft. Wir richten uns in einer Filterblase ein, in der das Leben genau so ist, wie es uns am besten gefällt, und die Algorithmen von Google, Facebook & Co. unterstützen uns. Gesamtgesellschaftlich führt diese Parzellierung der Informationen zu Zersplitterung und Polarisierung. Auf der persönlichen Ebene verengt das Leben in der Filterkammer den Blick. Wir halten »befremdliche« Informationen von uns fern, werden aber auch nicht mehr herausgefordert, erleuchtet und in unseren vorgefassten Meinungen erschüttert. Es sei denn, wir steuern aktiv dagegen und holen uns bewusst frische Ansätze ins Leben herein. Ein vielfältiger Mix aus Menschen, Lesestoff, Kulturevents, Reiseländern oder sogar Essvorlieben macht das Leben nicht nur reicher und bunter. Er stimuliert unsere Neugier und damit unsere Exzellenz, Innovationen zu treiben und mit Veränderungen klarzukommen.

4 Mehrdeutigkeit akzeptieren

In der VUKA-Welt gibt es keine einfachen Wahrheiten mehr. Vieles ist ambig und ambivalent, also uneindeutig oder widersprüchlich. Faktenlagen, in denen die Für und Widers keine klare Sprache sprechen, werden zunehmend zur Regel. Stellt man die neue Mitarbeiterin ein, die perfekt ins Team passt, aber keine Erfahrung mit den Tools mitbringt, die sich als unverzichtbar für den Projekterfolg erwiesen haben? Oder: Nimmt man das Grundstück am See, an dessen Sonnenseite eine laute Straße entlangführt? Oder: Besucht man die alten Eltern während der Corona-Krise, damit sie nicht vereinsamen? Oder lässt man es bleiben, um sie und sich keinesfalls anzustecken? Die meisten Menschen tun sich mit solchen mehrdeutigen Situationen schwer. Sie wünschen sich einfache Antworten und möchten eindeutige, gut begründbare Entscheidungen treffen. Menschen mit einem offenen Mindset sind besser darin, gemischte Gefühle zu akzeptieren und kreativ zu nutzen. »Die Feindin der Kunst ist die Abwesenheit von Begrenzungen«, sagte Orson Welles, der zu den einflussreichsten Filmregisseuren aller Zeiten zählt.

Für Innovation gilt das Gleiche: Erschwerte Bedingungen fordern uns heraus, über Standardlösungen hinauszudenken und kühne, außergewöhnliche Wege zu wählen.

5 Achtung: Expertenfalle

Wir Menschen sind kognitive Geizhälse. Deshalb neigen wir dazu, Informationen, die nicht in unser Konzept passen, auszublenden, abzuwerten oder zu unterschätzen. Am anfälligsten dafür sind ausgerechnet die Besten ihres Fachs. Am meisten verschließt sich neuen Perspektiven, wer sich als Autorität auf einem Gebiet fühlt.[39] Wie man dem Dogmatismus gegensteuert, der aus großem Wissen erwächst, erklärt die Harvard-Professorin Ellen Langer: »Wir gestehen uns zu, unterschiedliche Signale offen wahrzunehmen, auch Signale, die schwach sind oder im Gegensatz zu früheren Erfahrungen stehen. Dabei geht es darum, Dinge unmittelbar wahrzunehmen, ohne sie sofort zu analysieren, zu kategorisieren oder zu beurteilen. Idealerweise können wir etwas einfach bemerken und beobachten.« Diese Art von Exzellenz zu entwickeln, gelingt nicht von heute auf morgen. Sie bedarf der ständigen geistigen Anstrengung, spontane Urteile und Vorurteile im Zaum zu halten.

6 Über das eigene Fachgebiet hinausschauen

Wegweisende Ideen kommen in der Regel von unerwarteter Seite. Häufig stoßen uns fachfremde Menschen mit der Nase auf Zusammenhänge, die sich uns bisher entzogen. Der dänische Architekt Jan Gehl erzählt von einem solchen Moment. In einem Gespräch konfrontierte ihn seine Frau, eine Psychologin, mit der Frage: »Warum denkt ihr Architekten eigentlich nie an die Menschen, die in euren Häusern leben müssen?« Der Gedanke veränderte für immer Gehls Selbstverständnis als Architekt. Seither widmet er sich der Frage, wie man Städte so gestaltet, dass dort Kinder gern spielen, Erwachsene in der Sonne sitzen, Radfahrer sich wohl fühlen und Autofahrer den Wagen zu Hause lassen. Das Ergebnis sind Stadtumgestaltungen in New York, Moskau und London, vor allem aber in Kopenhagen, das Gehl zum Musterbeispiel einer lebenswerten Metropole umformte.

7 Sich in intellektueller Demut üben

Je offener Sie für neue Erfahrungen sind, desto öfter stellen Sie fest: Sie müssen bereits Erledigtes infrage stellen. Weiterführende Kundenwünsche zwingen, das scheinbar stimmige Konzept zu überdenken. Unerwartet auftauchende Perspektiven stellen einen fast fertigen Konstruktionsentwurf infrage. Ergänzende Informationen erschüttern eine Entscheidung, die man innerlich schon abgehakt hat. Erfahrungen wie diese gehen uns gegen den Strich. Arbeit machen sie obendrein. Der Impuls ist stark, sich hinter die mentalen Wände vermeintlicher Gewissheiten zurückzuziehen. Wer sich dagegen auf andere Meinungen einlässt, neue Erkenntnisse aufnimmt und bei Bedarf auch die eigenen Darlings killt, lernt intellektuelle Demut kennen. Das fühlt sich alles andere als großartig an. Doch dank der Sozialforscherin Brené Brown wissen wir um die Macht der Verletzlichkeit. Weil sie uns lebendig macht, erweist sie sich als »Geburtsort von Innovation, Kreativität und Veränderung«.[40] Nur wenn wir unsere Schutzschilder ablegen, können wir staunen, weiterdenken, Risiken eingehen und Glaubenssätze überwinden.

Shane Snow, der Autor des Businessbestsellers *Dream Teams*, erklärt intellektuelle Demut so: »Offenheit für neue Erfahrungen bedeutet: Sie sind bereit, ein Eis zu probieren, das nach sauren Gurken schmeckt. Intellektuelle Demut bedeutet: Sie sind bereit, zuzugeben, dass Ihnen das Sauergurkeneis entgegen aller Erwartung schmeckt.«[41] Exzellenzsucher zeichnet die Bereitschaft zu beidem aus: Sie lassen sich auf fremde Meinungen ein und vergeben sich nichts, wenn sie sich eines Besseren belehren lassen.

3

Selbstreflexion

Denn nur Sie kennen Ihre Wünsche und Werte

Jahrelang haben sie darauf hingearbeitet. Jetzt hat das Unternehmerpaar Ilona und Rainer Wälde seinen Traum verwirklicht und seine Seminarangebote ins nordhessische Land verlagert. In einem 300 Jahre alten Barockhof bieten sie Seminarteilnehmern, Tagungsgästen und Ruhesuchenden zeitgemäße Impulse und ein stilvolles Refugium an. Die Wäldes sind angekommen: ihre Gutshof-Akademie gehört zu den hundert innovativsten Unternehmen in Deutschland, die *Tagesthemen* der ARD stellten den Gutshof zu prominenter Sendezeit vor, zum Tag des offenen Denkmals zog er 700 Besucher an. Die meisten Menschen würden sich jetzt zurücklehnen. Die Wäldes nicht. Kaum ist der Gutshof angelaufen, machen sie Bestandsaufnahme. Auf Madeira suchen sie eine Woche lang nach dem Zukunftsbild, das sie in den nächsten Jahren begleiten soll. Zurück kommen sie mit einem eingängigen Begriff und einem klaren Ziel: Sie wollen sich verstärkt um »Sinnfluencer« kümmern: Persönlichkeiten, die ihrem Leben Sinn geben und ein vertieftes Leben führen wollen. Neben dem Big Picture haben sie bereits konkrete Projektideen im Gepäck.

Das Streben nach Exzellenz hört nicht auf, weil man einen Traum verwirklicht, ein Projekt gemeistert, einen Jobtitel errungen oder eine Auszeichnung gewonnen hat. Egal, wie sehr ein erreichter Status begeistert, ganz gleich, wie viel Dankbarkeit, Stolz oder sogar Gefühle von Unbesiegbarkeit er auslösen mag – Exzellenzsucher sonnen sich nicht im Licht des Erreichten. Sie reflektieren sich und ihr Handeln, verarbeiten Erfahrungen, schauen voraus, identifizieren Potenziale und Schwachstellen, betrachten mögliche Handlungsvarianten, kalkulieren Risiken, klären ihre Werte, Bedürfnisse und Prioritäten. Viele von ihnen sehen dafür feste Termine vor: jeden Tag, jeden Monat, jedes Quartal, jedes Jahr. Sie wissen: Die Zeit und Energie dafür sind gut eingesetzt. Denn Exzellenz setzt voraus, dass wir das meiste aus unseren Fähigkeiten und Möglichkeiten herausholen. Dafür gibt es keine Blaupause. Darüber müssen wir selbst nachdenken.

Selberdenker kommen weiter

Von jeher reflektieren Menschen über sich und ihr Leben. Erkenne dich selbst, stand einst über dem Orakel von Delphi. Die Inschrift klingt unscharf und einleuchtend zugleich. Auf den einfachsten Nenner gebracht geht es darum, das eigene Tun und Lassen in den Blick zu nehmen und die eingeschlagene Richtung immer wieder neu anzupassen. Allerdings haben die meisten von uns Selbstreflexion nie richtig gelernt. Im Gegenteil: Wir sind daran gewöhnt, uns im Spiegel des Urteils anderer zu betrachten.

Lob und Noten, Likes und Boni, Absatzzahlen und Aufträge signalisieren uns: Wir sind auf dem richtigen Weg. Jedenfalls in den Augen unserer Umwelt.

Bleiben schmeichelhafte Rückmeldungen aus, lesen wir daraus ab: Das war wohl nichts. Zumindest nichts Nennenswertes. Natürlich können wir aus Zustimmung und Feedback viel lernen. Das Wissen darüber, wie Außenstehende uns sehen, trägt zu unserer Persönlichkeitsentwicklung bei. Doch wie ehrlich ist die Anerkennung, wie qualifiziert die Kritik? Wie deckt sich die Rückmeldung mit unserer Selbsteinschätzung? Viele Menschen stellen sich diese Frage zu selten. Eingebunden ins Alltagsgeschehen nehmen sie hin, was angesagt ist, vorgegeben, Industriestandard, Mode oder gängige Praxis. Wie sollte es auch anders sein? In Zeiten des *cultural fit* ist es keine schlechte Karrierestrategie, sich unkompliziert an Unternehmenserwartungen anzupassen. Wenn Teams hierarchische Strukturen ersetzen, zahlt es sich aus, sich mit seinen Denkweisen, Verhaltensweisen und Werten passgenau dort einzufügen.

Privat verhält es sich ähnlich. Auch im persönlichen Umfeld geben wir viel darauf, was andere von uns denken. Ob wir uns für eine Ausbildung oder ein Studium entscheiden, mit dem Kinderkriegen noch warten oder das perfekte Selfie inszenieren – selten sind unsere Entscheidungen völlig frei von der Meinung der anderen.

Den Hang, sich vom Urteil der Masse leiten zu lassen, nahm die deutsch-schweizerische Schriftstellerin Sybille Berg aufs Korn: Nach ihrer Beobachtung tun sich Menschen schwer, Verantwortung für sich und ihre Entscheidungen zu übernehmen. Lieber orientiert man sich am aktuellen Mainstream: »Sie haben als Kind bemerkt, dass man unauffällig besser durchs Leben kommt? Nicht zu gut sein, nicht zu schlecht. Und später dann: Studieren natürlich, BWL ... Immer korrekt gekleidet sein ... Bloß kein Faux-pas. Und warum das alles? ... Weil Sie glauben, das würde man von einem ordentlichen Menschen erwarten, der sich wohltemperiert bewegt und kluge Sätze mit gutem Timbre vorträgt?«[1]

Sybille Bergs Text ist zehn Jahre alt. Seither hat sich die Welt gewandelt. Zumindest theoretisch bricht sich die Erkenntnis Bahn: Der digitale Wandel wird nicht von Menschen beflügelt, die den Weg des geringsten Widerstands gehen. Denn effiziente Abwickler ziehen vielleicht Standardabläufe und planbare Aufgaben effizient durch. Doch mehr Innovation und Wertschöpfung geht von Selberdenkern aus. Das geht aus einem Experiment mit Call-Center-Mitarbeitern hervor, das die Strategiewissenschaftlerin Giada Di Stefano und ihr Team an der Wirtschaftshochschule HEC in Paris und der Harvard-Universität durchführten.

Die Wissenschaftler baten eine Gruppe von Mitarbeitern, am Ende des Tages die geführten Gespräche Revue passieren zu lassen und zu überlegen, welche Erkenntnisse sie daraus zogen. Eine gleich große Kontrollgruppe befasste sich währenddessen mit grundlegenden Regeln der Gesprächstechnik. Der Unterschied war signifikant: Nach zehn Tagen lag die Leistung der reflektierenden Teilnehmer um 23 Prozent höher als die der Kontrollgruppe.[2] Als Maßstab für den Vergleich zogen die Wissenschaftler die Kundenbewertungen heran. Noch interessanter: Als das Experiment beendet war, werteten die Wissenschaftler weiter die Kunden-Feedbacks aus. An diesem Indikator konnten sie ablesen: Sobald die Mitarbeiter sich und ihre Arbeit nicht mehr unter die Lupe nahmen, schwand auch ihr Leistungsvorteil. Nach drei Monaten waren beide Vergleichsgruppen auf den alten Stand zurückgefallen. Di Stefano und ihr Team schlossen daraus:

Mitarbeiter wie Manager bringen mehr zuwege, wenn sie nachdenken, vorausdenken und sich und ihr Verhalten reflektieren.

Sie leiden auch weniger unter Stress, fühlen sich glücklicher und stoßen bereitwilliger Veränderungen an. Es steigert also sowohl unsere Ergebnisse als auch unser Wohlbefinden, wenn wir unser berufliches und privates Leben regelmäßig unter die Lupe nehmen. Welche fachlichen und gesellschaftlichen Trends zeichnen sich ab? Wie kann ich davon profitieren? Wie kann ich meine Redepanik oder meine Angst vor neuen Technologien überwinden? Was kann ich tun, wie muss ich mich entwickeln, um auch dann erfolgreich zu sein, wenn eine KI einen Teil meines Jobs übernimmt? Wie aufgeschlossen begegne ich der noch unerfahrenen Kollegin? Wie gut konnte ich in einer Verhandlung meine Ziele erreichen? Warum? Warum nicht? Wie möchte ich mich in der Partnerschaft verhalten, als Elternteil, als Freundin oder Freund? Wie wirkt mein Job auf meine Familie zurück? Und umgekehrt? Was kann ich besser machen? Wie genau? Und so weiter. Und so weiter. Ausdrücklich spielen bei diesen Überlegungen persönliche und familiäre Belange eine genauso große Rolle wie berufliche oder finanzielle.

Bill Gates machte bei sich die Erfahrung, dass er mit zunehmendem Alter immer mehr Facetten seines Lebens in seine Überlegungen einbezog. Mit zwanzig interessierte ihn nur eines: Kann Microsoft-Software den Traum vom Personal Computer wahrmachen? Heute, mit über sechzig, stellt er sich andere Fragen: Widme ich meiner Familie genügend Zeit? Habe ich Freundschaften vertieft und neue aufgebaut? Wie viele neue Dinge lerne ich jeden Tag? »Mit 25 wäre mir das lachhaft erschienen«, schreibt er. «Aber seit ich älter werde, gewinnen diese Fragen an Bedeutung.«[3]

Die Wissensgesellschaft braucht Menschen, die selbst denken und Verantwortung für sich, ihr Leben und die Welt übernehmen. Nicht nur ganz oben, auf allen Ebenen haben in einer sich digitalisierenden Arbeitswelt Menschen die Nase vorn, die unabhängig und unternehmerisch denken, überraschende Blickwinkel einbringen und den eigenen Exzellenzlevel konsequent steigern. Die Corona-Pandemie hat uns dies in beeindruckender Weise vor Augen geführt. Plötzlich zeigten Kassiererinnen Leadership-Qualitäten. Mitarbeiter im Homeoffice verantworteten Entscheidungen, die eigentlich jenseits ihres Kompetenzbereichs lagen. Lehrer, denen das *Handelsblatt* noch im März 2020 »große Not« mit dem digitalen Lernen beschied, stellten genau darauf innerhalb eines einzigen Wochenendes um.[4] Natürlich versuchten Chefinnen und Chefs per Zoom, Webex oder Microsoft Teams das Geschehen zu steuern. Doch beeindruckend viele Mitarbeiter organisierten sich in Eigenregie, wuchsen an ihren Aufgaben, fanden Lösungen und liefen zur Höchstform auf.

Ein bedrohliches Virus gab uns den Kick, eigenständig die Kräfte zu aktivieren, die die Wirtschaft in Zukunft treiben werden.

Insa Klasing leitet als Mit-Gründerin und CEO TheNextWe, ein digitales Coachingprogramm für Unternehmen. Als Schlüssel für Exzellenz in der VUKA-Welt definiert sie die Bereitschaft, selbst für das eigene Wachstum Sorge zu tragen. Seit der Corona-Pandemie nehmen mehr Menschen als davor diese Herausforderung an. Das wird sich auszahlen, wenn wir nach dem Virus die Digitalisierung stemmen: »Jeder, der darauf Lust hat, wird die spannendste Zeit überhaupt erleben, weil es so unfassbar neue Gestaltungsmöglichkeiten gibt«, prognostiziert Klasing, die nach einem Reitunfall und zwei gebrochenen Armen das Buch *Der 2-Stunden-Chef* schrieb.[5]

Was der Blick von oben bringt

Als Kind war das Nachdenken über den eigenen Tag für mich selbstverständlich. In einem religiös geprägten Elternhaus gehörte die allabendliche Gewissenserforschung zum Zubettgeh-Ritual wie die Gute-Nacht-Geschichte. Der Klassiker der Selbstreflexion hatte Vor- und Nachteile: Einerseits lernte man von klein auf, in sich zu gehen und das eigene Tun und Lassen auf den Prüfstand zu stellen. Andererseits richtete sich bei der Erforschung des Gewissens der Blick eher auf die Untaten als die Großtaten. Fehler und Versäumnisse standen im Fokus, Erfolge, Freude oder gar Triumphe blieben unterbelichtet. So einseitig hatte sich der geistige Vater des Tagesrückblicks, Ignatius von Loyola (1491–1556) die tägliche Selbsterforschung nicht gedacht. Der Mitbegründer des Jesuitenordens verstand die Selbstbetrachtung als Anlass, alle »Regungen der Seele« in den Blick zu nehmen.

Schon vor fünfhundert Jahren ähnelte die Reflexion über das eigene Leben und die eigene Leistung also einer Art 360-Grad-Umschau.

Damals wie heute nahm man die Errungenschaften und Fortschritte genauso wie die Schwächen und Versäumnisse in den Blick. Heute wie damals blickt man als wahrnehmender Beobachter auf sich, mit Abstand zu den unmittelbaren Anforderungen des Alltags. Dabei kommt es darauf an, sich selbst möglichst objektiv zu betrachten, ohne die Dinge schönzufärben oder schwarzzumalen. Ziel der Überlegungen kann die realistische Selbsteinschätzung, die persönliche und fachliche Entwicklung und natürlich auch die Identifikation von Schwachstellen und Aspekten sein, die man verändern möchte. Genauso wichtig ist es, Gelungenes dankbar wahrzunehmen, neue, eigene Ideen zu entwickeln, Beziehungen und Situationen aus einer anderen Warte als der gewohnten zu betrachten, sich Klarheit über ein ethisches Dilemma zu verschaffen und ein höheres gedankliches Niveau zu erreichen.

Michael Jordon, der größte Basketballer der Geschichte, gibt einen Einblick in die Überlegungen, die er als Profisportler regelmäßig anstellte: »Ich habe visualisiert, wo ich stehen wollte, welche Art von Spieler ich werden wollte, ich wusste genau, wohin ich mich entwickeln wollte, und ich habe mich darauf konzentriert, dorthin zu kommen.«

Wenn Sie über sich und Ihr Leben reflektieren, setzen Sie einen Erkenntnisprozess in Gang. Sie gehen zentralen privaten, beruflichen und technologischen Fragen nach, denken über vorgegebene Bahnen hinaus und bilden sich eine eigene Meinung. Wer sich dies zur Gewohnheit macht, gelangt schon nach kurzer Zeit über das Nachbeten angelesener Weisheiten oder gedankenloser Vorurteile hinaus.

Mit welchen Methoden oder an welchem Ort Sie Ihre Erfahrungen und Anliegen reflektieren, ist dabei zweitrangig. Ein Geschäftspartner zieht sich alle sechs Monate in ein Kloster zum Achtsamkeitstraining zurück, eine Freundin führt ein Dankbarkeitsjournal, in das sie mehrmals pro Woche schreibt, im Coaching kommen Methoden wie die Lebenslandkarte oder die Biografielinie zum Einsatz, eine Managerin reflektiert auf dem Nachhauseweg im Auto über den Tag und was sie erlebt hat, zum Beispiel gutes Feedback. Alles davon eignet sich als Mittel, sich kontinuierlich zu verbessern und der eigenen Exzellenz näher zu kommen.

Bei der Innenschau kommt es auf Regelmäßigkeit und Abstand zu sich selbst an, weniger auf eine besondere Umgebung oder spezielle Methoden.

Das Reflektieren kann in voller Bewegung stattfinden, beispielsweise beim Biken, oder versonnen beim Musikhören im Wohnzimmer. Ich selbst lasse in alter Gewohnheit abends vor dem Einschlafen den Tag Revue passieren und werde mir über meine Beziehungen, Möglichkeiten, nächsten Schritte oder die drei besten Dinge des Tages klar. Ganz gleich, wie Sie es für sich handhaben: Es kommt darauf an, dass Sie innehalten und für kürzere oder längere Zeit bewusst aus den Anforderungen und Ablenkungen des Alltags heraustreten. Gute Gedanken denkt man nicht zwischen Newsfeed-Ticker, WhatsApp-Gruppe und Geschäftigkeit.

Bundeskanzlerin Angela Merkel lässt ihre Termine so planen, dass ihr Momente zum Durchatmen und Nachdenken bleiben. Ihre klarsten Gedanken fasst sie auf langen Flügen, wenn kein Telefon stört, oder am Wochenende. »Da versuche ich mir immer Zeit zu nehmen, in der ich die vergangene Woche reflektiere und mich auf die Aufgaben der nächsten Tage einstelle. Und auf Spaziergängen im Urlaub komme ich gut zum Nachdenken.« Für sich hat sie die Erfahrung gemacht: »Wenn ich ein paar Stunden Zeit für mich habe, fühle ich mich geistig freier und denke dann auch gern schwierige Aufgaben durch.«[6]

Contemplativus in actione, so lautete das Vollkommenheitsideal der ersten Jesuiten. Der Begriff packt scheinbar Gegensätzliches zusammen und scheint wie gemacht für unsere Existenz voller Widersprüche: Hier die Aktion, das zupackende, gestaltende Handeln. Dort die Kontemplation, das Beobachten und präzise Wahrnehmen eigener Gefühle, Gedanken und Verhaltensweisen. Entkleidet man die Doppelformel ihrer christlichen Grundierung, scheint es fast, als nehme sie die zyklische Arbeitsweise des agilen Projektmanagements vorweg. Auf jede Phase der Entwicklung folgt eine Phase des Bewertens, in der neues Wissen und weiterführende Perspektiven eingebracht werden. Dieses Vorgehen können wir leicht in unseren Alltag übertragen: Man agiert und hält inne, agiert und hält inne, immer im Rhythmus, in sich wiederholenden Etappen von Machen und Überdenken.

In Sternstunden liefert uns der Dialog mit uns selbst brillante Lösungen oder letzte Antworten.

Doch auch wenn wir nur unseren Gedanken nachhängen, zwischen all den Stunden des Machens und Tuns, gewinnen wir Klarheit und innere Unabhängigkeit. Wir entwickeln eine eigene Haltung und einen klaren Kompass. Weder folgen wir gedankenlos dem Mainstream noch stellen wir uns reflexhaft gegen ihn. »Reflexion ist eines der ungenutztesten und zugleich mächtigsten Erfolgswerkzeuge«, sagte der amerikanische Psychologe Richard Carlson, dessen Bücher über Lebenskunst 40 Millionen Mal verkauft wurden. Reflexion. Nicht positives Denken. Während das eine uns hilft, die Realität immer besser zu verstehen, führt uns das andere vor ihr weg.

Cabin or Cockpit?

Menschen, die gemeinsam ein Flugzeug besteigen, bilden eine Schicksalsgemeinschaft. Trotzdem gibt es zwischen ihnen fundamentale Unterschiede, und sie liegen nicht darin, welchen Sitzplatz sich jemand leisten kann. Vielmehr geht es um die Frage, wie viel Verantwortung jemand für das Fluggeschehen trägt. Beginnen wir mit den Passagieren. Vordergründig klafft selten im Leben die soziale Schere so sichtbar auseinander: Die einen sitzen im hinteren Drittel der Economy-Kabine, eine Minderheit zahlt einen Aufpreis für ein paar Zentimeter mehr Beinfreiheit, vorn in der Kabine genießen Vielreisende und Topmanager edle Speisen und höchsten Sitzkomfort. Trotz dieser Unterschiede haben alle eines gemeinsam: Sie werden geflogen. Alle Paxe, ob Billigtouristin oder Topmanager, fliegen auf der vorgegebenen Route und haben im Zweifelsfall den Anweisungen des Kabinenpersonals zu folgen. Die Piloten und Pilotinnen im Cockpit erleben den Flug fundamental anders. Ihnen obliegt die Bordgewalt. Sie bestimmen über Route, Flughöhe oder eine außerplanmäßige Zwischenlandung, tragen die Verantwortung für eine sichere Ankunft, kennen alle relevanten Daten, arbeiten mit der Flugsicherung zusammen, beobachten die Wetterlage und reagieren auf veränderte Flugbedingungen.

Im Leben verhält es sich ähnlich. Die einen lassen fliegen, sei es als

Pauschaltourist, sei es als First-Class-Passagier. Die anderen navigieren selbst und machen sich Gedanken über den Kurs. Und Sie?

Wenn das Leben ein Flugzeug ist, sitzen Sie dann eher als Passagier in der Kabine oder als Pilotin oder Pilot im Cockpit?

Denken Sie jetzt nicht, Ihre Antwort hinge davon ab, ob Sie Mitarbeiterin, Mittelmanager oder ein Mitglied der C-Suite sind. Selbstreflexion ist nicht das Privileg von Selbstständigen und Spitzenmanagern. Es gibt gedankenvolle Mitarbeiterinnen und Mitarbeiter und gedankenlose Geschäftsführerinnen und Geschäftsführer und umgekehrt. Jedem Menschen steht es offen, nachzudenken und die Verantwortung für sein Schicksal zu übernehmen.

»Man nimmt alles auf die eigenen Schultern«, sagt die Biologin und Medizin-Nobelpreisträgerin Christine Nüsslein-Vollhard. Sie sieht den Mut zum Denken als Grundvoraussetzung für Exzellenz: »Nicht so viel auf andere Leute hören, den Mut haben, selbst zu entscheiden und selbst zu denken. Das Denken trauen sich viele Leute nicht zu.«[7]

Selbstreflexion hat nichts mit Nabelschau, Grübeln oder Overthinking zu tun. Sie weist auch keinerlei Gemeinsamkeiten mit positivem Denken und selbstaufputschendem Tschakka-Geschrei auf. Still und unauffällig weist sie uns den Weg, uns über Normalmaß hinaus zu entwickeln. »Die Qualität jeder Tätigkeit oder Fähigkeit kann durch Selbstreflexion verbessert werden«, sagt Todd Davey, Professor für Sportmanagement und Sportmarketing an der Munich Business School.[8] Exzellenzsucher schätzen Selbstreflexion deshalb als eine handfeste und sehr realistische Möglichkeit, Schritt für Schritt die Lücke zwischen Wollen und Können zu schließen: Will ich das? Kann ich das? Hat das Potenzial? Traue ich mir das zu? Welche Ressourcen bringe ich ein? Wo ist der Haken? Wo lauern Gefahren? Was brauche ich noch? Wen spreche ich an? Mit welchen Argumenten? Was kann schlimmstenfalls passieren? Wie sichere ich mich nach hinten ab?

Die Gewohnheit, die eigenen Fähigkeiten, Pläne und Ziele zu reflektieren, trägt uns Erkenntnisse ein, die speziell auf uns zugeschnitten sind. Niemanden sonst. Wir gewinnen Einsichten, die weit über die allgemein gültigen Impulse von Management-Ratgebern oder Fachartikeln hinausgehen. Nur wenn wir uns selbst mit unseren Möglichkeiten und Grenzen auseinandersetzen, fassen wir Mut, entwickeln uns weiter, identifizieren wir Hindernisse und erkunden Mittel, sie aufzulösen.

Der Weg vom Mittelmaß zur Exzellenz führt über Reflexion.

Wer die reifliche Überlegung verweigert, beharrt auf seinem Standpunkt. Das schützt das positive Selbstbild, bedeutet aber auch: Man bleibt, wo man ist. Man kommt nicht vom Fleck. Selbstreflektierer hingegen denken weiter. Sie betrachten die Dinge aus unterschiedlichen Blickwinkeln. Sie geben sich die Chance, klüger zu werden. Entsprechend souverän navigieren sie sich an ihre Ziele und Möglichkeiten heran.

Bevor Ilka Horstmeier bei BMW in den Vorstand berufen wurde, leitete sie das BMW-Werk in Dingolfing. In einem Interview wurde sie gefragt, was sie sich dabei gedacht habe, als Betriebswirtschaftlerin ein Motorenwerk leiten zu können. Ihre Antwort: Natürlich überschlafe man ein solches Angebot, spreche mit Menschen, drehe die Argumente hin und her. Dabei sei ihr klar geworden: »In der Produktion geht es um Prozesse und Menschen, damit kenne ich mich aus.«[9] Es war dieser gedankliche Zusammenhang, der Horstmeier das Selbstvertrauen verlieh, einen ungewöhnlichen Sprung zu wagen.

Wie denke ich nach, und wenn ja, worüber?

Der kritische Blick auf sich selbst ist eine Art geistiges Fitnesstraining. Entscheidend ist, dass Sie es gewohnheitsmäßig tun. Dafür gibt es keinen allgemeingültigen Trainingsplan, aber definitiv allerlei Apps. Einen Einstieg in die Selbsterkundung bietet Ihnen zum Beispiel *Three Good Things*, eine Art Glücksjournal, in dem sie jeden Tag drei schöne Erfahrungen nebst der damit verbundenen Gefühle festhalten können. Der positive Effekt: Die App stupst Sie an, bewusster die kleinen Freuden und Erfolge des Alltags wahrzunehmen, an denen Sie anderenfalls vielleicht achtlos vorübergegangen wären.

Three Good Things basiert auf Forschungen an der Duke School of Medicine in North Carolina, USA. Bryan Sexton, Professor für Psychiatrie und Verhaltensforschung fand heraus: Menschen erinnern sich an negative Erfahrungen mehr als an positive. Besonders wenn wir gestresst oder erschöpft sind, fehlt uns der Sinn für positive oder neutrale Begebenheiten. Dem wirkt *Three Good Things* entgegen. Reflektiert man jeden Tag über drei erfreuliche Dinge, kostet man kleine Glücksmomente und flüchtige Erfolgserlebnisse intensiver und dankbarer aus. Selbst an schlechten Tagen begreift man: Doch, es gibt Silberstreifen am Horizont. Hirnphysiologisch betrachtet trainieren wir die Bereiche für positive, aufbauende Gedanken. Bereits nach 14 Tagen bekommen wir die Quittung dafür: besserer Schlaf, beglückendere Beziehungen, erhöhte Produktivität, mehr Wohlbefinden, eine bewusstere Lebenseinstellung. Laut Sexton schlägt Dankbarkeit ähnlich gut wie die Glückspille Prozac an – komplett ohne Risiken und Nebenwirkungen.[10]

Apps wie *Three Good Things* setzen einen Impuls im Mini-Format. Wenn Sie sich bisher eher als Macher denn als Denker sehen, können sie ein exzellenter Einstieg in die Beschäftigung mit dem eigenen Ich sein. Häufig ergeben sich von dort aus weiterführende Einfälle und Überlegungen. Doch bei allen Vorzügen:

Reflektieren per App ist wie Joggen auf dem Laufband.

Die Gedanken bewegen sich in engen Bahnen. Weitere Gedankenräume machen Sie auf, wenn Sie Ihre Überlegungen je nach aktueller Situation in unterschiedlichste Richtungen lenken. Die Freiheitsgrade dafür sind unendlich. Sie reichen von abstrakten Gedankengängen bis hin zu ganz konkreten Einzelfragen. Selbstreflexion ist, über die ganz großen Fragen des Lebens nachzudenken. Selbstreflexion ist aber auch, im Geist eine anstehende Verhandlung durchzuspielen. Sie können Ihre Beziehungen und Ihr Familienleben analysieren, Ihre Arbeit und Karriere, Ihr physisches und emotionales Wohlbefinden, Ihre Finanzen und Ihren Umgang mit Geld, Ihre täglichen Gewohnheiten und Aktivitäten, Ihre Interessen und Leidenschaften. Sie können über die Vergangenheit nachdenken (Was war die schönste Erinnerung aus dem letzten Jahr?), die Gegenwart (Was würde heute zu einem guten Tag machen?) und die Zukunft (Worauf möchte ich meinen Fokus nächste Woche/nächstes Jahr legen?). Sie können Ihre Gedanken auf Errungenschaften lenken, die Sie mit Stolz erfüllen, auf Ihre Ziele, Hoffnungen und Wünsche oder auf Dinge, die Sie in absehbarer Zeit lernen, ausprobieren und erfahren möchten. Sie können sich fragen, was Sie in Ihrem Leben verändern können, damit es um 1 Prozent schöner wäre, und welche negativen Gewohnheiten Sie durch geeignetere ersetzen können. Sie können sich Gedanken über den Sinn des Lebens machen oder über den Unsinn des Höher, Schneller, Weiter. Am sinnigsten bringt es der amerikanische Kinderbuchautor Dr. Seuss auf den Punkt:

Think left and think right and think low and think high.
Oh, the thinks you can think up if only you try!

Notieren, Schreiben, Journaling

Beim Reflektieren sind Ihren Möglichkeiten keine Grenzen gesetzt. Die ganze Welt steht Ihnen offen. Es lohnt sich deshalb, die freifließenden Gedanken einzufangen. Als hervorragende Methode dafür empfiehlt sich das Journaling. Denn wenn wir unsere Gedankenströme, halbgaren Ideen, hinderlichen Gefühle und faszinierenden Erfahrungen niederschreiben, halten wir sie nicht nur für die Ewigkeit oder jedenfalls für längere Zeit fest. Wir können unsere geistigen Prozesse und unser inneres Erleben auch im Nachhinein nachvollziehen, unsere persönliche Entwicklung darin ablesen und Themen erkennen, um die unsere Gedanken häufig, vielleicht zu häufig, kreisen. Viele herausragend erfolgreiche Menschen von Thomas Mann bis Marc Zuckerberg schwörten und schwören deshalb darauf, sich schreibend und skizzierend mit ihren emotionalen Prozessen auseinanderzusetzen.

Die US-amerikanische Autorin Elizabeth George ist durch ihre komplexen und akribisch recherchierten Inspector-Lynley-Krimis international bekannt geworden. Besonders interessant finde ich: Zu jedem ihrer Bücher führt sie ein Begleitjournal. Jeden Morgen vor dem Schreiben notiert sie ihre Ideen, Überlegungen und Gefühle – manchmal nur einen Absatz lang, manchmal auf ein oder zwei Seiten. Ein typischer Eintrag klingt beispielsweise so: »Charaktere zu schaffen ist schwer. Manchmal denke ich, dass ich über niemanden etwas Neues zu sagen habe. Ich mache mir Sorgen, dass ich diese Leute in einem meiner Bücher schon einmal geschaffen habe ... Die Wahrheit ist, wir können nur über das schreiben, was wir verstehen oder erlebt haben oder in das wir uns hineinversetzen können, und ich war geschickter als viele andere Autoren, letzteres Kunststück zu vollbringen. Aber meine persönliche Erfahrung ist begrenzt ...«[11]

Sie merken: Journaling geht weit über das hinaus, was wir uns herkömmlicherweise vorstellen, wenn jemand Tagebuch schreibt. Es geht um das innere Erleben, nicht um äußere Erlebnisse im Stil von *Been-here-done-that*. Journaling kann Sie bis tief in die Seele hineinführen. Es ermöglicht ein Nachdenken auf hohem Niveau. Feste Regeln dafür gibt es nicht. Häufig und unwillkürlich verläuft Selbstreflexion aber in drei Stufen: Wahrnehmen, Durchdenken, ins Handeln kommen.

1 Wahrnehmen. Am Anfang steht oft ein Problem. Wir spüren, etwas beunruhigt uns: »Manchmal denke ich, dass ich über niemanden etwas Neues zu sagen habe.« Die Verunsicherung fühlt sich quälend an. Doch wenn wir es zulassen, setzt sie einen Denkprozess in Gang.

2 Durchdenken. Denken ist nicht gleich denken. Verzweifeln wir, drehen sich die Gedanken im Kreis, verheddern wir uns in einer Endlosschleife des Haderns? Dann artet Denken in Grübeln aus und bringt uns nicht weiter. Oder gehen wir auf Abstand zu uns selbst? Dann können wir reflektieren, wie sich die Situation zum Besseren wenden lässt, unsere Stärken in den Blick nehmen (»Ich war geschickter als viele andere Autoren«) oder Schwächen identifizieren, die wir ausgleichen müssen: (»Meine persönliche Erfahrung ist begrenzt«).

3 Ins Handeln kommen. Das ist das Wichtigste: Wie schnell und erfolgreich finden wir den Weg vom Denken ins Handeln? Setzen wir uns Ziele? Entwickeln wir konkrete Ideen, wie wir sie verwirklichen können? Stellen wir einen Strategie- und Alternativplan auf?

Beim Journaling kommen wir unserer Exzellenz näher. Zumindest gedanklich werden wir mehr und mehr der Mensch, der wir sein möchten. Praktisch loten wir Möglichkeiten aus, wie uns das gelingen kann. Der Aufwand dafür hält sich in Grenzen. Sie brauchen dafür nichts als ein Schreibheft und täglich 15 Minuten Zeit. Notfalls auch nur 3. Setzen Sie sich für den Journaleintrag einen festen Termin, und schreiben Sie, was Ihnen in den Sinn kommt. Erlauben Sie sich, Ihre Gedanken zu notieren, ohne sie zu zensieren, zu beschönigen oder in eine gute Form zu bringen. Im Idealfall erleben Sie, was die kanadische Professorin für Internationales Management Nancy J. Adler beschreibt: »In meinen besten Reflexionssitzungen habe ich das Gefühl, abwartend über meine Hand zu spähen und zu staunen, was ich als nächstes schreibe.«[12]

Exzellenz liegt in der Lücke zwischen Reiz und Reaktion

Selbstreflexion liegt nicht allen Menschen gleichermaßen. Besonders Machertypen fällt es schwer, sich auf ein vertieftes Nachdenken einzulassen. Wie Fußballtorwarte sind sie auf Aktivität gepolt. Sich reinhauen. 100 Prozent geben. Abliefern. Doch dieses Mindset schadet oft mehr, als es nützt. Ein israelisches Wissenschaftlerteam hat dies in einer eindrucksvollen Studie belegt. Die Forscher analysierten fast 300 Strafstöße in der Top- und Champions-League. Das Ergebnis ist eindeutig: Mit der größten Wahrscheinlichkeit hält ein Torwart einen Strafstoß, wenn er in der Mitte des Tors stehen bleibt. Den meisten Profitorwarten geht diese Strategie des Nichts-Tuns gegen den Strich. In über 90 Prozent der Fälle flanken sie nach rechts oder links.[13] Die Wissenschaftler führten das Verhalten darauf zurück: Keeper spüren den Erwartungs- und Erfolgsdruck. Tausende von Augen richten sich auf sie. Viele Millionen Euro sind im Spiel. In dieser Situation fühlt es sich stimmiger an, sich ins Zeug zu legen, als ruhig abzuwarten. Theorie hin, Theorie her. Vielen erfolgsgewohnten Menschen geht es ähnlich. Wer innehält, hat Angst, Chancen zu verpassen, sich dem Vorwurf der Untätigkeit auszusetzen. Hektik, Stress und Aktionismus vermitteln hingegen den Eindruck, man hätte die Situation im Griff. Mitnichten.

Kurz nach dem Corona-Shutdown führte die Bundesregierung eine Sonderregelung ein, wonach Unternehmen Gewerbemieten aussetzen konnten. Die Regelung war für gebeutelte Kleinunternehmen gedacht. Dass ausgerechnet der kerngesunde Sportartikelhersteller Adidas als einer der Ersten davon Gebrauch machte, war vermutlich nicht vorgesehen. Die Entscheidung mochte aus ökonomischer Sicht vernünftig sein, bei den Verbrauchern verspielte Adidas Vertrauen. Offenbar hatte in der Konzernzentrale niemand darüber nachgedacht, welches Bild der Sportartikelhersteller mit dem zupackenden Griff nach Staatshilfe abgeben würde. Wir können uns davon abschauen:

Ja, die Gunst der Stunde will genutzt werden. Doch ob Unternehmen oder Privatperson, in fast jeder Situation bleibt uns der eine entscheidende Moment, unpassende Reiz-Reaktionsmuster zu durchbrechen.

Selbstreflexion bedeutet: Wir halten inne, beobachten und bewerten bewusst die eigenen Taten, Gefühle und Gedanken. Das bringt Ruhe ins Geschehen. Auf der Ebene der Vorstellungskraft können wir ausprobieren, wie ein Handeln auf Außenstehende wirkt, worin seine Herausforderungen liegen, was unsere Beweggründe sind, welche Alternativen infrage kommen. Auch ob ein Schnellschuss womöglich nach hinten losgehen könnte, bringt die Innenschau ziemlich zuverlässig an den Tag. Der innere Dialog befreit uns von menschlichen, aber fatalen Mandelkern-Erregungen im Gehirn: Es gibt Geld. Das hol ich mir. Oder: Der schon wieder. Den kauf ich mir. Oder: Das kenne ich nicht. Da halte ich mich raus.

Selbstreflexion legt eine Pause zwischen Auslöser und Aktivität. Sie erlaubt es uns, gezielt die geeignete Reaktion aus unserem Verhaltensrepertoire auszuwählen. Allerdings brauchen wir dafür Zeit. Zeit, die sich Manager so wenig nehmen wie Torwarte, weil sie fürchten, sie könnten etwas versäumen. Vor allem Unternehmenslenker spüren den Druck: machen, entscheiden, in Führung gehen. Der in Kalifornien ansässige Unternehmensberater Peter Drucker verstand dies wie kaum ein anderer. Genau deshalb empfiehlt er der Spitzenebene Ruhe und Innehalten: »Folgen Sie effektiven Maßnahmen mit ruhiger Reflexion. Durch die stille Besinnung wird noch effektiver gehandelt.« Mit seiner Empfehlung beantwortet Drucker zugleich die wichtigste Frage, die Macher antreibt:

Wo bleibt der Return on Investment?

Lassen wir ethische Aspekte beiseite. Stellen wir ein Kosten-Nutzen-Kalkül auf. Der Ruf nach Selbstreflexion mag akademisch klingen. Sieht man allerdings genauer hin, steigert Nachdenken sehr handfest die Erfolgsaussichten. Selbstreflexion bremst uns aus, Fehler zu machen. Sie bewahrt uns davor, unsere Integrität in ein schäbiges Licht zu rücken und unser Image zu beschädigen. Sie lässt uns Ressourcen, Alternativen und Potenziale erkennen, die sich oft erst auf den zweiten Blick erschließen. Denn was uns erfolgreich macht, sind eben nicht nur und ausschließlich fachliche Kompetenz und lineare Zielverfolgung. Geht es um Kreativität, Innovation oder das Schaffen besonderer Kundenerlebnisse, bringt es uns weiter, wenn wir lateral denken, visionieren und Klarheit über die eigenen Anliegen, Werte und Gefühle gewinnen. Je früher im Leben wir die Wechselwirkung zwischen kühler Reflexion und erfolgreichem Handeln verstehen, umso besser.

»Wichtige Entscheidungen solltest du nie sofort treffen«, sagt Katrin Bauer, die 2019 kurz nach dem Studium das Start-up Frailice gründete, den ersten deutschen Online-Shop für luxuriöse Schoko-Erdbeeren. »Das ist nicht erwachsen. Bevor ich etwas entscheide, müssen 24 Stunden vergehen und eine Person von außerhalb muss sich die Sache angesehen haben.«[14] So widersinnig es erscheinen mag: Wer vorankommen will, muss punktuell auf die Bremse treten.

Wer will ich sein?

Wohin will ich mich entwickeln? »Nur wer diese Frage für sich beantworten kann, kann etwas leisten«, sagt die Nobelpreisträgerin Christiane Nüsslein-Volhard. »Wer nur etwas leistet, weil er etwas leisten muss, kann nicht exzellent sein. Wird sich nicht so fühlen.« Was bringt mich also dem näher, was ich sein will? Was finde ich wichtig? Was ist mir wertvoll? Wer bin ich im Kern? Die Antworten darauf fliegen uns nicht einfach zu. Selbst wenn jemand, wie die Dirigentin Joanna Mallwitz, seine Berufung schon mit 13 entdeckt,[15] verläuft das Leben viel zu facettenreich, als dass sich das innere Gespräch mit sich selbst schon erledigt hätte. In jeder Lebenssituation und jedem Lebensbereich kommen wir weiter, wenn wir ehrlich mit uns selbst sind und die eigene Persönlichkeit und Leistung neutral betrachten. Darüber – neben vielem anderen – lohnt es sich, nachzudenken:

Anliegen. Was treibt mich an? Bei welchen Gelegenheiten fühle ich mich in meinem Element? Wo will ich meine Kraft und Energie einsetzen? Was bedeutet Exzellenz für mich? Was ist mir wichtig, wichtiger, am wichtigsten: Geld, Sinn, Ruhm? Unabhängigkeit? Kreativität? Akzeptanz? Was möchte ich in meinem Leben unbedingt verwirklichen? Was muss und möchte ich dafür können?

Antizipieren. Werfen Sie einen Blick in die Zukunft: Was möchte ich nächstes Jahr um diese Zeit erreicht haben? Woran würde ich in fünf Jahren erkennen, dass ich meiner persönlichen Exzellenz immer näherkomme? Welche fachlichen und kulturellen Trends zeichnen sich ab? Wie muss ich mich entwickeln, um auch in fünf bis zehn Jahren herausragend aufgestellt zu sein?

Alternativen. Was ist zur Zeit mein größter Plan? Was tue ich, wenn er nicht aufgeht? Wie attraktiv fühlen sich die Alternativen an? Auf welchen Säulen ist mein Leben aufgebaut? Wie viel Halt habe ich, wenn eine davon wegbricht? Welche anderen Wege gibt es für mich, glücklich/erfolgreich/erfüllt zu sein?

Entscheidungen. Was ist der Maßstab für meine Entscheidung? Lege ich mich vorschnell auf eine Option fest? Welche Alternativen ziehe ich in Betracht? Gibt es jemanden, dem ich damit schade? Was würde ich im Gegenzug gewinnen? Welche Gefühle spüre ich in mir? Unruhe? Freudige Erwartung? Inneren Frieden? Hoffnung?

Erfahrungen. Was hat zu diesem großen Erfolg geführt? Was oder wer hat mich positiv überrascht? Womit hätte ich nie gerechnet? Was hätte mich einfacher ans Ziel gebracht? Wovon brauche ich beim nächsten Mal mehr? Was behalte ich bei? Was lasse ich bleiben?

Gewohnheiten. Auf welche Gewohnheiten bin ich stolz? Warum? Wie habe ich sie etabliert? Inwiefern machen sie mein Leben besser oder schöner? Wenn ich eine einzige Gewohnheit abstellen würde, welche wäre das? Mit welcher besseren Gewohnheit könnte ich ihr entgegenwirken? Wie würde ich mich dadurch positiv verändern? Wie würden andere es merken? Der französische Schriftsteller und Sozialkritiker Marcel Proust schreibt in seinem Werk *In Swanns Welt* vom anästhesierenden Einfluss der Gewohnheit. Gibt es in meinem Leben Gewohnheiten, denen ich gedankenlos folge? Tun sie mir gut? Oder betäuben sie mein Denken und Fühlen?

Kommunikation. Nach welchen Kriterien wähle ich meine Worte und Argumente? Wähle ich sie überhaupt bewusst? Sage ich manchmal Dinge, die ich im Nachhinein bedauere? Behalte ich Vertrauliches für mich? Wie sehr kann ich Menschen für meine Ideen begeistern? Welche Mittel setze ich dafür ein? Wie formuliere ich ein Feedback, ohne zu verletzen? Wie werden meine Worte auf mein Gegenüber wirken? Nehme ich meine Wirkung auf mein Gegenüber wahr? Spiele ich mich in den Vordergrund? Kann ich zuhören, schweigen, andere ausreden lassen?

Prioritäten. Was ist mir im Leben am wichtigsten? Geld oder Sinn? Gesundheit oder Genuss? Familie oder Karriere? Status oder soziale Gerechtigkeit? Sicherheit oder Freiheit? Vorsicht oder Zuversicht? Zeit für mich oder Geselligkeit? Wie konsequent setze ich meine Prioritäten um? Warum arbeite ich jede Woche 50 Stunden, obwohl ich gern mehr Zeit mit meiner Familie verbringen würde? Weshalb liege ich im Urlaub am Strand, bedauere aber, dass die Kultur in meinem Leben zu kurz kommt?

Offenheit. Wie ähnlich sind mir meine engsten Vertrauten? Erkenne ich in Menschen, die ich besonders fördere, mich selbst wieder? Wann habe ich die letzte Diskussion geführt, bei der unterschiedliche Perspektiven ausgelotet wurden und es mir nicht darum ging, Recht zu behalten?

Berücksichtige ich ausreichend die Perspektiven von Menschen, mit denen ich mich nicht auf Anhieb identifizieren kann? Wann habe ich mich zuletzt auf unbekanntes Terrain begeben?

Stärken und Defizite. Würde ich es mögen, wenn mein Verhalten auf der Titelseite der lokalen Zeitung beschrieben würde? Was sind meine größten Begabungen und welche möchte ich besser nutzen? Wie gut kann ich meine Stärken in meiner Familie/meinem Beruf/meinem Unternehmen verwirklichen? Welche fachlichen, methodischen, sozialen Kompetenzen bringen mir am meisten Achtung ein? Welche Aufgaben erledige ich widerwillig oder mit mäßigem Erfolg? Woran liegt das? Wie viel Zeit und Aufmerksamkeit investiere ich in meine Exzellenz? Könnte ich mehr tun? Was ist mein einzigartiger Mix aus Erfahrung, Ausbildung und Persönlichkeit? Wozu befähigt er mich?

Katherine Maher hat Islamwissenschaften und Orientalistik studiert. Heute leitet sie die Wikimedia Foundation in San Francisco und gilt als eine der mächtigsten Frauen des Internets. Wie kommt man von hier nach dort? Maher hat es nicht darauf angelegt. Die einzigartige Mischung ihrer Interessen und Erfahrungen hat sie in ihre Position gebracht: »Ich habe in Ägypten und Syrien gelebt, Arabisch gelernt und dachte, ich würde Professorin werden. Aber meine Interessensgebiete haben sich mit der Zeit erweitert. Nach der Uni habe ich in der Entwicklungshilfe gearbeitet und mich mit Menschenrechten und Demokratie-Arbeit beschäftigt. Das hat mich zu Wikipedia geführt. Zu Wikipedia bin ich nicht gekommen, um Chefin zu werden, sondern weil es mir um die Sache geht.«[16]

Vorbereitung von Gesprächen, Verhandlungen, Präsentationen. Was ist das Thema? Welche Möglichkeiten gibt es? Was spricht dafür und was dagegen? Was ist folglich meine Position? Wie formuliere ich meine Kernbotschaft? Mit welchen Fragen und Einwänden ist zu rechnen?

Ziele. Was ist mein wichtigstes Ziel in diesem Jahr, bei dieser Fortbildung, bei dieser Begegnung? Wie viel davon habe ich bereits verwirklicht? Was sind aktuell drei wichtige Schritte, damit ich es erreichen kann? Passen die Aufgaben, für die ich mich einsetze, zu meinen Zielen und Werten? Und wieder und immer wieder:

Komme ich mit dem, was ich gerade tue, meiner persönlichen Exzellenz näher?

Zukunft. Stellen Sie sich vor, Sie bekommen Besuch. Ihr zukünftiges bestes Ich schaut bei Ihnen vorbei – Sie selbst, fünf Jahre erfahrener, erfolgreicher, stärker, wissender. Ihr zeitreisendes Ich schaut sich Ihr aktuelles Leben an. Was würde es Ihnen raten? Was sollten Sie auf der Stelle verändern? Welchen mutigen Schritt wagen? Was würde Ihr zukünftiges Ich Ihnen empfehlen?

Exzellenz-Briefing: 7 Ideen für den objektiven Blick

Der Basketball-Star Kobe Bryant sagt über sich: »Ich reflektiere ausschließlich in dem Sinn, dass ich lerne, nach vorn zu gehen.« Genau darauf kommt es an: Einen Schritt zurücktreten, um besser die Aufgaben zu bewältigen, die man vor sich hat. Ängsten begegnen und sie schrittweise überwinden. Sich Klarheit über Motive, Werte und Interessen verschaffen und so handeln, wie es für die eigenen Anliegen und Vorhaben geeignet ist. Andere Menschen und deren Entscheidungen sind dafür nicht der Maßstab. Natürlich denken Exzellenzsucher die Belange anderer mit. Sie richten aber wichtige Entscheidungen nicht danach aus, was andere sagen und denken. Langfristig wird der objektive Blick auf die eigene Persönlichkeit dazu führen, dass Sie sich immer mehr mit dem identifizieren können, was sie sagen, tun und lassen.[17]

1 Die Balance zwischen Denken und Machen finden

Die einen neigen zum Grübeln und hängen in der Problemschleife fest. Die anderen wissen um die Macht der Gedanken und reden sich ein: Man müsse nur positiv genug denken, dann käme der Erfolg von allein. Beide Varianten der Beschäftigung mit sich selbst schaden mehr, als sie nützen. Das zeigt uns das Wertequadrat.

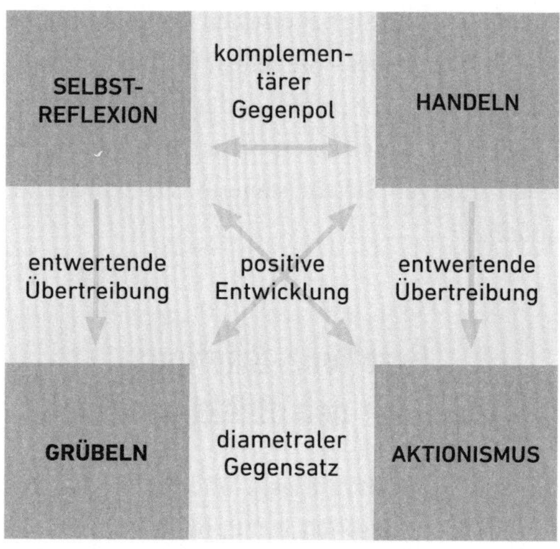

Quelle: Friedemann Schulz von Thun, adaptiert

Sie sehen: Selbstreflexion braucht als Gegengewicht die konkrete Aktion. Anderenfalls artet Nachdenken in fruchtloses Grübeln aus. Umgekehrt verkäme zupackendes Handeln ohne Selbstreflexion zu gedankenlosem Aktionismus.

2 Runter vom Gedankenkarussell

Wissenschaftler schreiben der Selbstreflexion eine heilende Kraft zu: Sie fördert das Denken in Lösungen, trägt zu unserer mentalen Gesundheit bei, senkt das Risiko, depressiv zu werden, und gibt uns das Gefühl, unser Leben in der Hand zu haben. Statistiken zeigen aber auch: Menschen, die viel über sich nachdenken, geraten häufiger als andere ins Grübeln. Umgekehrt existiert dieser Zusammenhang nicht: Wer viel grübelt, denkt keineswegs objektiver oder lösungsorientierter als andere.[18] Auch reflektierte Menschen müssen deshalb vorbeugen. Damit wünschenswertes Nach-, Vor- und Durchdenken nicht in unerwünschtes Sinnieren ausartet, reflektieren Sie am besten mit System. Zu einer bestimmten Tageszeit. Nur eine begrenzte Zeit lang. Schriftlich. Mit einer App. Mit einem Coach. Mit einem Freund, der Sie garantiert nicht abdriften lässt. Und vor allem: mit einem messbaren Ergebnis im Kopf. Wenn Sie sich selbst betrachten, als wären Sie ein anderer oder eine andere, sinkt die Gefahr, dass sich Ihre Gedanken im Kreis drehen.

3 Sich selbst infrage stellen

Jeder Mensch hat Eigenschaften, die anderen ins Auge stechen. Selbst dagegen nimmt man sie durch die rosarote Brille wahr oder verkennt ihren Wert. Der zielstrebige Manager würde aus allen Wolken fallen, wenn er wüsste, dass Außenstehende ihn als fordernd und verbissen einschätzen. Die lebhafte Macherin ahnt nicht, dass sie auf Geschäftspartner überdreht und fiebrig wirkt. Umgekehrt verkennt die Schüchterne, dass ihre Zurückhaltung Ruhe und Gelassenheit ins Team bringt. Erkennen Sie an sich Verhaltensweisen, die andere möglicherweise nach anderen Maßstäben beurteilen, als Sie es tun? Ist das der Fall, holen Sie sich Feedback von vertrauten Personen ein. Die Wahrheit liegt meist in der Mitte zwischen Selbstwahrnehmung und Fremdwahrnehmung.

4 Prioritäten setzen und danach leben

Wir tendieren dazu, unserem Leben immer neue Aspekte hinzuzufügen: mehr Menschen, Aufgaben, Quadratmeter, Aktivitäten, Zeug. Die Anhäufung schadet unserer Exzellenz mehr, als sie nutzt. Wenn Sie verwirklichen wollen, was in Ihnen steckt, brauchen Sie Kraft und einen freien Kopf. Besinnen Sie sich daher auf Ihren Kern. Sagen Sie klar und konsequent Nein. Das setzt voraus, dass Sie wissen, was Ihnen privat und beruflich am wichtigsten ist. Je besser Sie sich kennen, je klarer Sie Ihre Prioritäten geordnet haben, desto leichter fällt es Ihnen, ablenkende Aufgaben abzulehnen, Einladungen abzusagen, Grenzen zu kommunizieren, Zeiträuber und Energievampire zu entlarven und Angewohnheiten und Aufgaben abzuwerfen, die Sie von Ihren Zielen fernhalten.

5 Bin ich hier richtig?

Exzellenz gelingt nur, wenn wir ausleben können, was uns auszeichnet. Fragen Sie sich, wie gut Sie Ihre Werte und Ambitionen in Ihrem beruflichen Umfeld entfalten können. Finden Sie sich in den Unternehmenswerten wieder? Beschreibt die Firmenphilosophie ein Ideal, das Sie herausfordert und anspornt – auch wenn es Ihnen zunächst neu erscheint? Oder widerstreben die Produkte, das Geschäftsgebaren, der Umgangston oder die Herstellungsmethoden Ihres Arbeitgebers Ihrem Selbstverständnis? Nehmen wir an, das Streben nach einer nachhaltigeren Welt bedeutet Ihnen viel. Dann ist ein Unternehmen, das Umweltschutzbestimmungen als Wettbewerbsnachteil auffasst, sehr wahrscheinlich das falsche Berufsumfeld für Sie. Es mag karriereförderlich sein, die eigenen Standards und Anliegen herunterzuschrauben, um bei einem Toparbeitgeber als *cultural fit* durchzugehen. Exzellenzförderlich ist es nicht.

6 Bin ich gut genug?

In ihrer Biografie *Becoming* erzählt Michelle Obama, wie zwei Leitfragen ihr Leben prägen. Die erste lautet: Bin ich gut genug? Fast seit sie denken kann, legte sie sich darüber Rechenschaft ab. Die Frage spornte sie an, das Beste aus sich herauszuholen. Die zweite Frage kam erst dazu, als sie schon als Harvard-Juristin Karriere machte. Sie heißt: Ist das für mich gut genug? Darüber nachzudenken, ist essenziell. Es macht nicht unbedingt glücklich, wenn man alle Checklisten des Erfolgslebens abhaken kann. Stellen Sie sich deshalb bei aller Zielorientiertheit immer wieder auch die Frage: Ist das, was Sie gerade so exzellent tun, Ihre Berufung? Ihre Erfüllung? Ihr Lebenssinn?

7 Reflektieren kann man auch gemeinsam

Reflektierte Menschen nehmen nicht nur die eigene Person in den Blick. Sie bilden sich auch eine Meinung zu ethischen oder weltanschaulichen Themen. Solche Überlegungen kann man auch gut zu zweit oder in größerer Runde anstellen. Werfen Sie bei Einladungen oder in Pausengesprächen einmal Fragen auf wie: Wenn eine künstliche Intelligenz eine eigene Erfindung macht – müsste sie dann nicht die Rechte daran erhalten?[19] Oder: Ist ein totaler Lockdown schlimmer oder die lückenlose digitale Überwachung unserer sozialen Kontakte? Oder: Geht Gesundheit immer vor, ungeachtet aller sozialen und wirtschaftlichen Folgen? Eine entsprechend aufgeschlossene Runde vorausgesetzt, weitet das Nachdenken über ethische Dilemmata Ihr Weltbild. Sie gewinnen neue Erkenntnisse und Perspektiven, wenn auch keine eindeutig richtige Lösung. Sie gibt es bei grundsätzlichen Fragen nicht.

4

Willenskraft

Weil Exzellenz selten glamourös anfängt

Every accomplishment starts with the decision to try.« Am Beginn jeder Errungenschaft steht die Entscheidung, es zu versuchen. So sah es John F. Kennedy. Seine Willenskraft brachte nicht nur ihn persönlich in das mächtigste Amt der Welt, sie brachte die Menschheit auf den Mond. Wie alle Menschen, die nie aufhören, sich selbst übertreffen zu wollen, verstand der 37. amerikanische Präsident: Erst kommt das Streben, dann vielleicht, aber keineswegs sicher, der Erfolg. Das klingt banal. Aber ist es das wirklich? Sind wir uns wirklich vollkommen darüber im Klaren, dass Exzellenz keinem in die Wiege gelegt, sondern so gut wie immer hart errungen ist? Ich glaube es nicht. Denn mal ehrlich: Wie oft schauen wir mit einem Gemisch aus Bewunderung und Neid auf das, was andere schaffen? Selten ist dabei unser Blick von der Einsicht getragen:

**Beeindruckende Erfolge stellen sich selten über Nacht ein.
Eher schon nach vielen schlaflosen Nächten.**

»Was braucht es, die erste Frau in irgendetwas zu sein?« Die Schauspielerin Meryl Streep hat darauf eine Antwort gefunden, die mir ziemlich überzeugend erscheint: »Es braucht Ausdauer, und es braucht Anmut.«[1]

Fleiß: Die unterschätzte Kraft

Von den Mathe-Einsern der besten Kinderfreundin bis zum Megaerfolg des Sportkumpels, dessen Start-up zum Unicorn aufsteigt, sehen wir nur das imposante Ergebnis: die Bestnote, das Siegerpodest, die milliardenhohe Unternehmensbewertung. Den Aufwand, der hinter alledem steht, das Durchhaltevermögen, das Stochern im Ungewissen, die Ängste, die Rückschläge, die verpassten Geburtstagsfeiern, das Nicht-Lockerlassen bleiben unseren Blicken verborgen. Denn sehr erfolgreiche Menschen lassen sich die Arbeit am Ich, die Anstrengungen, die Zweifel, die Investitionen, Verlustgeschäfte und Belastungen selten anmerken. Allenfalls wenn sie einen Punkt erreichen, an dem ihre Welt glänzend aussieht, gewähren sie den einen oder anderen Blick hinter die Kulissen.

»Erfolg hat selten mit überragendem Talent zu tun, sondern mit Überzeugung und harter Arbeit«, sagt die Olympiasiegerin, Weltmeisterin und zweifache Europameisterin im Beachvolleyball Kira Walkenhorst. In einem Interview legt sie offen, was dem Ausnahmeerfolg vorausgeht: »Als ich mit Beachvolleyball angefangen habe, war ich ja nicht sofort erfolgreich. Du fliegst dann also nach China zu einem Turnier, scheidest in der ersten Runde aus und fliegst wieder nach Hause. Du bekommst null Preisgeld, hast aber sündhaft teure Flüge selbst bezahlt und alles, was sonst noch an Reisekosten anfällt.«[2]

Talent ist sexy. Kontinuierliche Arbeit und ein zäher Wille wirken im Vergleich dazu streberisch. Zwar sind harte Arbeit, großes Wissen und jahrelange Erfahrung als Voraussetzung für Exzellenz anerkannt. Doch mehr her macht die natürliche Begabung. Vor allem Entscheider, die es selbst schon weit gebracht haben, erliegen ihrer Faszination. Das offenbart eine Studie der Psychologen Chia-Jung Tsay vom University College London und Mahzarin Banaji von der Harvard University.[3] Die Wissenschaftler legten über hundert Berufsmusikerinnen und Berufsmusikern den Werdegang und eine musikalische Arbeitsprobe von zwei jungen Künstlern vor. Die Probanden sollten Erfolg und Talent der beiden Künstler einschätzen und eine Aussage treffen, welchen von beiden sie eher engagieren würden. Was die Probanden nicht wussten: Beide Arbeitsproben waren identisch, und auch die Profile unterschieden sich im Grunde nur in einem Punkt – die eine Vita stellte die Begabung des Kandidaten heraus, die andere sein zähes Streben. Die Studie brachte nicht nur ein interessantes Ergebnis, sondern drei. Erstens: Die meisten Berufsmusiker erkannten nicht, dass sie identische Arbeitsproben hörten. Zweitens: In einem vorangeschalteten Fragebogen hielten die

Probanden den Trainingsfleiß durch die Bank für erfolgsrelevanter als das Talent. Drittens und paradoxerweise bevorzugte die Mehrheit der Probanden zum Schluss doch den vermeintlich talentierteren Kandidaten. Vor allem die ältesten und erfahrensten Musiker zeigten sich mehr von der Begabung eines jungen Kollegen beeindruckt als von dessen Entschlossenheit.

Die Studie lässt den Schluss zu: Willenskraft wird zwar als die wichtigste Voraussetzung für Exzellenz erkannt, aber nicht als solche honoriert. Dabei könnten wir den Wesenskern der Exzellenz schon bei Aristoteles nachlesen. In seiner *Nikomachischen Ethik* führt er aus, dass jeder Mensch die Freiheit hat, für sich zu wählen, wie er lebt und arbeitet. Im 20. Jahrhundert spitzte der US-amerikanische Philosoph Will Durant Aristoteles' Denkanstöße in so treffenden Worten zu, dass sie gern dem antiken Philosophen selbst zugeschrieben werden: »Exzellenz ist eine Kunst, die durch Training und Gewöhnung erlernt wird. Wir handeln nicht richtig, weil wir Tugend oder Exzellenz haben, aber wir nähern uns diesen, wenn wir richtig handeln. Wir sind das, was wir wiederholt tun. Exzellenz ist daher keine Einzelhandlung, sondern eine Gewohnheit.«[4]

Exzellenz ist eine gute Gewohnheit. Das macht die Sache erreichbarer, aber nicht leichter.

Denn Exzellenz würde sich demnach nicht primär am Erreichten festmachen: der Eins in Mathe, dem MBA, dem Weltmeistertitel, dem Patent, dem Verdienstkreuz, dem Aufstieg in die C-Suite, der perfekten Hochzeit, dem durchtrainierten Körper. So, wie Aristoteles Exzellenz definiert, meint er mit Exzellenz ein Verhalten: das ständige Bemühen, sein Bestes zu geben und die eigenen Standards mit wachsendem Können immer weiter hinauszuschieben. So denkt auch Tiger Woods, einer der erfolgreichsten Golfer der Sportgeschichte: »Ich messe den Erfolg nicht an meinen Siegen, sondern daran, ob ich jedes Jahr besser werde.« Das ist der Spirit von Exzellenzsuchern. Egal, welche Erfolge sie bereits eingefahren haben, hinter den Kulissen ist ihr Leben mehr von Biss geprägt als von Glamour.

Jeder Weg beginnt mit dem ersten Schritt

Paris, 1929. Die 22-jährige Lee Miller reist nach Paris. In New York war sie als eine frühe Art von Supermodel gefragt. Doch sie will kein fotografiertes Objekt sein, sondern selbst hinter der Kamera stehen. Der Neustart gestaltet sich zäh. Lee scheitert an den technischen Anforderungen der frühen Fotografie. Kurz danach, so erzählt es die amerikanische Schriftstellerin Whitney Scharer in ihrem historisch-fiktiven Roman *Die Zeit des Lichts*, kommt Lee ihre Fotoausrüstung abhanden.[5] Nur das Kamerahandbuch ist ihr geblieben. Lee nutzt es, um sich in die Theorie der Fotografietechnik hineinzuknien, für eine neue professionelle Kamera fehlt ihr das Geld. Abendelang arbeitet sie sich in das Zusammenspiel von Verschlusszeiten und Blende, Lichtverhältnisse, Unschärfe, Bildkomposition ein. Im nächsten Schritt überzeugt sie den damals schon als Avantgarde-Künstler geltenden Fotografen Man Ray, sie als Assistentin einzustellen. Für ein Gehalt, das kaum zum Leben reicht, führt sie ihm die Bücher, baut Fotoequipment auf, lernt von ihm, was sie nur lernen kann. Nach und nach macht sie sich einen eigenen Namen. Im Zweiten Weltkrieg fotografiert sie als Kriegsberichterstatterin für *Vogue* die Landung der Alliierten in der Normandie, die Befreiung von Buchenwald, Hitlers Privatwohnung, das zerstörte Köln. Heute zählt ihr Werk zu den wichtigen fotografischen Zeugnissen des 20. Jahrhunderts.

Exzellenz beginnt selten glamourös.

An ihrem Anfang steht die Entscheidung anzufangen und am Ball zu bleiben. Gegen alle Widerstände. Ohne vorgezeichneten Weg. Auch wenn außer einem selbst erst mal niemand daran glaubt. Der Golfprofi Bernhard Langer hat so begonnen, die *Harry-Potter*-Autorin Joanne K. Rowling oder der Fintech-Gründer Valentin Stalf. Alle begannen ihre Karrieren in Ungewissheit, wurden belächelt, bissen sich durch, auch wenn kein Mensch an ihre Vision glaubte und nicht einmal ansatzweise erkennbar war, ob ihnen der große Wurf überhaupt je gelingen würde.

Die mobile Bank N26 ist das wertvollste Start-up Deutschlands. Europas Wirtschaftspresse wählte ihren Gründer Valentin Stalf zum Manager des Jahres 2019. Begonnen hatte das Ganze um viele Nummern kleiner. Stalf schwebte zwar von Anfang an vor, die traditionelle schwerfällige Bankenwelt aufzumischen. Doch er ahnte: »Am Anfang erschien diese Idee ziemlich groß.« Mit seinem Mitgründer Maximilian Tayenthal erdachte er deshalb als ersten Schritt eine ans Smartphone gekoppelte Prepaid-Kreditkarte für Kinder. Nichts Großes. Der Testballon hob ab. Aufsetzend auf seinen Erfolg legte Stalf mit einer unkomplizierten Banking-Lösung nach. Fünf Jahre später stieg die N26 zum ersten deutschen Finanztechnologie-Unicorn auf.

Natürlich gibt es Menschen, die den Gipfel per Helikopter erreichen: Vielleicht werden sie über Nacht entdeckt, vielleicht bringen günstige Umstände oder einflussreiche Gönner sie nach vorn, vielleicht erben sie ein gutgehendes Unternehmen, vielleicht stoßen sie per Zufall auf eine Idee, auf die die Welt gewartet hat. Die meisten Menschen steigen allerdings zu Fuß aus dem Talgrund auf. Die stete Steigung ermüdet und macht nicht viel her. Die amerikanische Psychologieprofessorin Angela Lee Duckworth erforscht, welche Qualitäten es für den unglamourösen, aber anstrengenden Anstieg braucht. Seit ihrem Bestseller *Grit* gilt sie als Guru des zähen Dranbleibens. Ihre wichtigste Botschaft:

Biss schlägt alle anderen Erfolgsfaktoren, einschließlich IQ, Herkunft, Talent, Beziehungen und Geld.

Ob im Verkauf, in der Kulturszene oder an der Eliteuni, am erfolgreichsten machen die Menschen ihren Weg, die am meisten Willenskraft aufbringen. In einem millionenfach aufgerufenen TED-Talk stellt Duckworth ihre Erfolgsformel vor: »Durchhaltevermögen ist Leidenschaft und Ausdauer für sehr langfristige Ziele. Durchhaltevermögen ist Stehvermögen. Durchhaltevermögen ist, wenn man sich an einen Zukunftsplan hält, nicht nur für eine Woche oder einen Monat, sondern für Jahre, und wirklich hart arbeitet, um diesen Plan zu verwirklichen.«[6] Natürlich fußt Erfolg auch auf Begabung. Duckworths Forschungsergebnisse zeigen aber: Talent allein ist ein Glühwürmchen. Zum großen Licht wird nur, wer darüber hinaus den Willen aufbringt, sich durchzuboxen. Selbst mit außerordentlichem Glück oder einer einflussreichen Herkunftsfamilie gesegnete Erfolgsmenschen bekommen ihren Durchbruch nicht geschenkt.

Bill Gates hat nach der Gründung von Microsoft fünf Jahre lang jede einzelne Zeile Programmcode persönlich nachgeprüft.[7] Greta Thunberg hätte nie die Klimabewegung ins Rollen gebracht ohne die Bereitschaft, sich im Alleingang mit einem Pappschild vor dem Stockholmer Reichstagsgebäude für ihr Thema einzusetzen. Bernhard Langer trug Golfern als Caddie das Bag und arbeitete sich nach dem Hauptschulabschluss als Golflehrer-Assistent hoch. Und Joanne K. Rowling wäre vermutlich heute noch Lehrerin, hätte sie nicht den Biss besessen, den ersten *Harry-Potter*-Band wieder und wieder anzubieten, obwohl ein Dutzend Verlage ihn als unvermarktbar ablehnte: »Ich hätte nicht aufgegeben, bis mich jeder einzelne Verleger abgelehnt hätte. Aber ich hatte oft Angst, dass genau das geschehen könnte.«[8]

Ein Unterschied zwischen Menschen, die nur gut sind, und Menschen, die nach Exzellenz streben, liegt also in der Motivation. Gute Menschen strengen sich wegen der Belohnung an: Glück, Anerkennung, Geld, Ansehen, Sicherheit, den nächsten Karriereschritt. Exzellensucher schätzen diese Dinge auch. Aber ihr eigentlicher Antrieb ist das tiefe Bedürfnis, über sich hinauszuwachsen. Auch wenn es nicht immer Spaß macht und das Gelingen in den Sternen steht.

Warum Begeisterung nicht reicht

Lange Zeit war Biss eine Eigenschaft, die in unseren Ohren, nun ja, ziemlich verbissen klang. Sie passte nicht ins fluffig-lässige Latte-Macchiato-Lebensgefühl, wo wir es selbst beim Kaffee gern schaumig-lecker hatten. Dann brach ein ansteckendes Virus über die Welt herein, und wer es bis dahin noch nicht kannte, lernte im Crashkurs, was Zähne zusammenbeißen heißt. Bei manchen federten staatliche Hilfen die schlimmsten Nöte ab. Doch von heute auf morgen zogen neben der Angst um die Gesundheit völlig neue Routinen in unser Leben ein. Warteschlangen vor Geschäften. Kurzarbeit. Auftragseinbrüche. Schutzmasken. Reisewarnungen. Viele von uns sind seit dem Frühjahr 2020 um einiges geübter in Sachen Geduld und Disziplin als davor.

Notgedrungen haben wir wegen Covid-19 eine fast schon in Vergessenheit geratene Eigenschaft aufgefrischt, die uns in der VUKA-Welt ebenso zugute kommt wie Kenntnisse in agiler Entwicklung oder kundenzentriertem Design. Zwar werden die begehrtesten Unternehmen vermutlich auch weiterhin Signale von Wohlfühlatmosphäre und spielerischer Leichtigkeit setzen, vom kostenlosen Obst bis zur schicken Büroarchitektur. Doch zugleich wächst die Erkenntnis: Die digitale Transformation rinnt nicht so glatt wie ein grüner Smoothie durch. Die Arbeitswelt 4.0 braucht Persönlichkeiten, die sich den harten Realitäten von Unternehmungen mit ungewissem Ausgang stellen.

Eine repräsentative Erhebung von YouGov im Auftrag von Microsoft ergab: Jeder zweite deutsche Arbeitnehmer glaubt, der digitale Wandel erhöhe den Spaß an der Arbeit.[9] Jim Grundner, Geschäftsführer einer Topmanagementberatung in North Carolina, relativiert den Überschwang: »Es sieht so einfach aus, kann aber so schwer sein! Nach meiner Erfahrung braucht es Langzeitenergie, Entschlossenheit und den Willen, Grenzen zu durchbrechen, um die digitalen Unternehmensziele zu erreichen. Der Erfolg dieser Veränderung stellt sich nicht über Nacht ein. Oft dauert es mehrere Monate, bis sich wegweisende Fortschritte abzeichnen.

Wenn die Begeisterung der ersten Wochen abflaut, machen Organisationen das Rennen, die hartnäckig und unermüdlich am Ball bleiben. Es braucht ›Biss‹, sich durch die Phasen des Forming und Storming zum Norming und schließlich sogar zum Performing vorzukämpfen.«[10]

Enthusiastisch sind viele. Die nötige Ausdauer haben wenige. »Durchhaltevermögen heißt: Man läuft das Leben als Marathon, nicht als Sprint«, sagt Lee Duckworth, und nicht umsonst werten Personalentscheider einen erfolgreich absolvierten Marathonlauf als ein Zeichen von Verhaltensexzellenz. Denn zum Hundert-Meter-Sprint kann sich jeder pushen. Beim Marathonlauf dagegen trennt sich die Spreu vom Weizen. Wer sich untrainiert darin versucht, dem geht viele Kilometer vor dem Ziel die Puste aus. Deshalb bezeugt allein die Entschlossenheit, 42 Kilometer am Stück zu laufen, egal, ob langsam oder schnell: Jemand hat etwas drauf. Er oder sie bringt den Willen auf, die eigenen Grenzen hinauszuschieben. Stück für Stück. Trainingslauf um Trainingslauf. Anfangseuphorie sorgt nur für die Initialzündung. Der Rest ist Ausdauer: Zwölf Monate wöchentliches Training mit drei bis vier Laufeinheiten pro Woche gelten als das Minimum an Vorbereitung.

Gewissenhaftigkeit, reloaded

Kreativität. Empowerment. Big Picture. Selbstorganisation. Agile Teams. Norming. Storming. Performing. Die Vokabeln der neuen Arbeitswelt klingen weit weg von Routine, Kleinarbeit und Kleingeist. Sie suggerieren uns: Jeder kann, darf und soll sich mit seinen Potenzialen einbringen, sein Talent entfalten, seine Größe verwirklichen. Jeder arbeitet mit am großen Wurf, trägt bei zum ganz großen Ding. Fernab von schnöder Lohnarbeit entwickeln wir Konzepte, modellieren Prozesse, schreiben Geschichten und gern schwarze Zahlen. Endlich, endlich fühlt sich Arbeit so frei, spannend und belebend an, wie wir es auch privat für uns anstreben. Von unliebsamen Arbeiten, spröden Handlungen, trockenen

Zahlenwerken, mühsamer Qualitätsverbesserung und demütigenden Absagen reden höchstens ewig Gestrige, die den Geist der Zeit nicht mehr verstehen. Leider übersehen wir dabei eine unbequeme Wahrheit: Wertvoll wird Kreativität erst, wenn sie mit Disziplin verbunden wird.

Jeder kann im Vorbeigehen, beim Storming eine Idee einwerfen, die irgendwie spannend klingt. Großartige Unternehmen, exzellente Produkte und gefragte Services entstehen allerdings nur, wenn jemand die halbgare Idee, das erste Gekritzel, den spontanen Einfall konkretisiert, finanziert, optimiert, perfektioniert.

Die Münchner Romanistin und Übersetzerin Gudrun Penndorf übertrug die *Asterix*-Bände 1 bis 29 ins Deutsche und gab Hunderten *Asterix*-Figuren ihre deutschen Namen: Grautvornix, Denkdirnix, Gutemine. 2020 erhält sie für ihre kulturelle Leistung das Bundesverdienstkreuz am Bande. Doch Gags und Sprachwitz waren das eine. Das andere war Bastelei. Etwa wenn es darum ging, die Sprechblasen maßgeschneidert zu befüllen. Penndorf erinnert sich: »Es war oft ein mühsames Buchstabenzählen, bis der längere germanische Text in die grafisch vorgegebene Original-Sprechblase passte.«[11]

Ein Innovationsprojekt, egal ob es um die Übersetzung eines Comic oder die Entwicklung eines Impfstoffs geht, erfordert hohe Detailgenauigkeit, klare Prozesse, genügend Ressourcen und physische Energie oft über lange Zeiträume hinweg.

Die Berliner Biotech-Unternehmer Olfert und Constanze Landt entwickelten den ersten Corana-Test. Anders als viele andere wurden die Landts hellhörig, als sie im Januar 2020 von den Infizierten in Wuhan erfuhren. Sie ahnten: Hier braut sich etwas zusammen. Auf das Gespür folgte die Kleinarbeit. Die Landts verfolgten die Veröffentlichungen über die Genomsequenz des Corona-Virus und begannen mit der Produktion erster Test-Kits. Angeregt von einem zehn Jahre alten Pandemiebericht bestellte

Constanze Landt Teströhrchen in großen Mengen und zu noch vertretbaren Preisen. So vorbereitet konnten die Landts, als es ab März darauf ankam, monatlich mehrere Millionen Tests in über 60 Länder ausliefern. Mit ihren Mitarbeitern arbeiteten sie in diesen Tagen fast rund um die Uhr. Ihre Kinder unterbrachen das Studium, halfen aus, etikettierten in Handarbeit 50 000 Gefäße.[12]

Gewissenhaftigkeit ist ein unspektakuläres Konzept. In unsere Zeit passt sie wie Ärmelschoner und Aktenmappen. Eigentlich überhaupt nicht. Und doch kommt nichts Großes zustande, wenn wir die Kleinigkeiten missachten. Berichte studieren, Recherchen anstellen, Glasfläschchen bestellen, auf den Preis achten, Etiketten kleben. All das macht weniger her, als zum richtigen Zeitpunkt die richtige Ahnung gehabt zu haben.

Exzellenz erschöpft sich nicht darin, dass jemand Großes andenkt. Exzellenz stellt auch sicher, dass das Große nicht am Kleinen scheitert.

In den ersten Monaten der Corona-Pandemie gehörten Deutschland und Österreich zu den westlichen Ländern, die die Krise besonders gut handhabten Ein Grund dafür war die vergleichsweise hohe Zahl der Intensivbetten in den DACH-Ländern, ein anderer die enorme Anstrengung, ein ohnehin schon ziemlich exzellentes Gesundheitssystem in kürzester Zeit noch besser auszustatten. Zugleich und paradoxerweise fehlte es am Nötigsten, Banalsten, was man sich vorstellen konnte. Während Medizin, Pflege, Forschung und Politik auf höchstem Niveau gegen das Virus kämpften, ließ sich die einfachste, kostengünstigste Maßnahme in Deutschland nicht umsetzen: Mundschutz für alle. Es gab am Markt keine Masken mehr. Und wenn doch, dann zu Wucherpreisen: Allein in der zweiten Februarhälfte stieg der Preis einer einfachen Einmalmaske von 0,45 Cent auf 13,52 Euro pro Stück. Auch die Medikamente auf den Intensivstationen wurden knapp. Es mangelte an alltäglichen Anästhetika und Beruhigungsmitteln, deren Namen auch Nicht-Medizinern geläufig sind: Propofol, Lorazepam, Morphin. Die

Versäumnisse lassen nur eine Deutung zu: Es war dem hochentwickelten Westen zu banal gewesen, Produktionskapazitäten für anspruchslose Einwegartikel vorzuhalten.

Dank der Forschungsarbeiten von Angela Lee Duckworth wissen wir: Gewissenhaftigkeit ist nicht von gestern. Von den fünf großen Persönlichkeitseigenschaften zahlt sie am meisten auf unsere Exzellenz ein. Allerdings kommt sie in zwei Ausprägung daher: der braven Zuverlässigkeit und der ambitionierten Zielorientiertheit. Duckworth definiert den Unterschied so: Zuverlässige Menschen kommen pünktlich und regelmäßig ins Training. Zielorientierte tun das auch. Aber sie sind beseelt davon, Gold zu holen. Damit Gewissenhaftigkeit in Exzellenz mündet, vereinen wir also am besten beides: die harte Anstrengung und den hohen Anspruch.

Die Dirigentin und Generalmusikdirektorin am Staatstheater Nürnberg Joanna Mallwitz gilt als Shootingstar am Pult. Das sagt sie auf die Frage nach ihrer Stärke: »Das ist schwer für einen selbst zu beurteilen. Ich weiß von mir, dass ich jemand bin, der sehr intensiv probt. Ich erwarte, sowohl von mir selbst wie von denjenigen, die mit mir Musik machen, dass man hart arbeitet, klärt und trainiert, um im Augenblick der Aufführung dann auch loslassen zu können.«[13] Das ist Zielorientiertheit. Permanente Arbeit. Nicht als Selbstzweck. Sondern als Voraussetzung für Leichtigkeit und Befreiung.

Die Macht der Gewohnheiten

Ob man es Biss nennt, *grit* oder Fleiß: Durchhalten ist anstrengend. Wir können uns die Sache aber enorm erleichtern. Das Zauberwort heißt: gute Gewohnheiten. Ihre Macht entfaltet sich durch Wiederholung. Allerdings liegt genau dort die Herausforderung. Denn winzige Verhaltensänderungen bewirken zuerst scheinbar nichts, unter der Wahrnehmungsschwelle einiges, und auf lange Sicht weit mehr als vermutet.

Ob gute Gewohnheiten oder schlechte, wir müssen ein Handeln oder Nicht-Handeln nur oft genug wiederholen, damit die positiven oder negativen Folgen eintreten – zunächst ganz langsam, dann in immer steilerem Anstieg oder Fall. Ob beim Arbeiten, in unseren Beziehungen, beim Essen, Lernen, Konsumieren, im Umgang mit Geld, bei der Nutzung und Auswahl von Medien, immer bewahrheitet sich die aristotelische Erkenntnis: Exzellenz ist keine Handlung, sondern eine Gewohnheit. Unser Kontostand spiegelt unsere finanziellen Gewohnheiten wider. Im Sixpack zeigen sich die Sportgewohnheiten. Der stets aktuelle Wissenstand bildet die Gepflogenheit ab, jeden Samstag die Fachliteratur zu lesen, der gute Kontakt zu den Kollegen die Disziplin, auch unter Stress umgänglich zu bleiben. Es ist deshalb nicht übertrieben zu sagen:

Was wir im Leben erreichen (oder eben nicht), ist die Quittung vieler, vieler scheinbar harmloser Gewohnheiten.

Es gibt dabei nur einen Haken: Die großen Erfolge oder Misserfolge, die aus geeigneten und ungeeigneten Gewohnheiten resultieren, sind schwer absehbar. Wer kann schon sagen, wie die Haut heute aussähe, hätte man von Kind an nie beim Sonnenschutz geschlampt. Wer weiß schon, ob man mit dem geschiedenen Partner noch verheiratet wäre, wenn man sich einen liebevolleren Umgangston angewöhnt hätte. Wer kann absehen, was passiert wäre, wenn man mehr Aufmerksamkeit in den Aufbau einer starken Präsenz im Internet investiert oder kritischen Stimmen im Kollegenkreis mehr Beachtung geschenkt hätte. Wir können über das Ergebnis mutmaßen. Genaues wissen wir nicht.

»Gute Gewohnheiten sind es wert, dass man sie fanatisch verfolgt«, sagt John Irving, einer der bedeutendsten US-amerikanischen Romanautoren der Gegenwart. Doch wir können nicht in die Zukunft blicken. Deshalb verkennen wir, was wir mit ungeeigneten Routinen anrichten und mit geeigneten erreichen. Der Nachschlag vom Tiramisu, das bisschen Surfen im Internet, das ziellose Meeting, die ausgelassene Trainingseinheit, der überteuerte Coffee to go – ach was, was soll's, man muss sich auch etwas gönnen können und überhaupt: einmal ist keinmal. Nur dass es meistens nicht dabei bleibt, und morgen das gleiche Spiel von vorn beginnt. Mit den guten Gewohnheiten verhält es sich ähnlich. Viele von ihnen sehen nach nichts aus. Der Fachpodcast auf dem Weg zur Arbeit, am Sonntag die nächste Woche planen, einen ungerechten Vorwurf überhören, auf Hemdchenbeutel verzichten, sich per SMS nett bedanken, fragen »Was hilft in dieser Situation weiter?« statt sich über Widrigkeiten aufzuregen – was soll daran schon großartig sein? Auf den ersten Blick wenig. Doch produktive Routinen sind wie eine Zauberformel:

Die kleinen Anstrengungen addieren und potenzieren sich.

Wenn wir am Ball bleiben, erschließen sie uns ein neues Exzellenzniveau. Welches lebensverändernde Ausmaß minimale Veränderungen annehmen können, sofern man sie nur konsequent durchzieht, formuliert James Clear, von dem der Bestseller *Die 1%-Methode* stammt: »Was Sie wiederholt tun (das heißt: das, was Sie jeden Tag mit Bedacht tun), formt in letzter Konsequenz die Person, die Sie sind, die Dinge, die Sie glauben, und das Bild, das Sie abgeben.«[14]

Selbst merke ich gerade: Eine neue gute Gewohnheit ersetzt nicht nur eine schlechtere, alte. Sie zieht auch weitere gute Gewohnheiten nach sich. Das Haus, in dem wir seit einem Jahr wohnen, produziert seine Energie weitgehend selbst. Ohne uns anzustrengen, leben wir deshalb viel nachhaltiger als früher. Womit ich nicht gerechnet habe: Ich verhalte mich seither auch in anderen Bereichen bewusster, vom Wäschetrocknen bis zum Umgang mit Lebensmitteln.

Ob Weltverbesserung oder Selbstverbesserung: Hehre Ziele sind großartig. Chinesisch lernen. Olympisches Gold gewinnen. Den Keller entrümpeln. Es in den Vorstand schaffen. Oberstudienrätin werden. Endlich wieder sieben Stunden am Stück schlafen können. Bergab auf Schotter angstfrei biken. Das Problem ist nur: Zwischen Ist- und Soll-Zustand klafft eine Lücke. Je größer sie ist, desto weniger bringen uns hochgesteckte Vorhaben und Visionen zum Erfolg. Scheinbar unbedeutende Alltagsgewohnheiten hingegen überbrücken den Weg und verschaffen uns die Erfolgserlebnisse, die wir zum Durchhalten brauchen.

Stellen Sie sich vor, Sie möchten abnehmen. Ein Kilo, drei, zehn. Egal, welches Wunschgewicht Sie anstreben, es können Tage vergehen, bis sich der Zeiger auf der Waage einen Millimeter nach unten bewegt. Setzen wir dagegen ein paar gute Gewohnheiten um, sehen wir den Erfolg sofort. Der Schrittzähler zeigt: Seit drei Tagen geht man täglich 5 000 Schritte mehr. Den Honig im Müsli gewöhnt man sich gerade ab. Statt der gewohnten zwei Gläser Rotwein trinkt man nur noch eines, und auch das nicht jeden Tag. Eine Minute Planking gehört schon fast zur Morgenroutine, und man merkt, man steigert sich.

Die neu etablierten Routinen sind nichts Weltbewegendes. Aber sie machen stolz und motivieren zu mehr.

Gehen Sie deshalb über kleine, positive Veränderungen nicht achtlos hinweg. Zählen Sie lieber mit, wie oft Sie die neue gute Gewohnheit schon wiederholt haben. Klopfen Sie sich auf die Schulter, wenn sich auf der Apple-Uhr die Bewegungsringe schließen. Vielleicht dauert es noch ein bisschen, bis das Gewicht niedriger oder der Bauch flacher wird. Doch Sie können bereits tracken: Die Phase der guten Vorsätze liegt hinter Ihnen. Sie sind auf der richtigen Flugbahn unterwegs. Von jetzt an arbeitet die Zeit für Sie: Je öfter Sie eine produktive Gewohnheit wiederholen, desto größer wird der Effekt, der sich entwickelt.

Der britische Romanautor Matt Haig hat drei Millionen Bücher verkauft und wird in mehr als dreißig Sprachen übersetzt. Vor zwanzig Jahren erkrankte er an schwerer Depression. Elf Schübe hat er seither erlebt. Gute Gewohnheiten werden für Haig in solchen Phasen zum Rettungsanker: »Ich zwinge mich, Dinge zu machen, die ich eigentlich lieber nicht machen würde. Kleine Sachen, die mich aber trotzdem Überwindung kosten, zum Beispiel ein

Kinobesuch.« Seine Erfahrung: »Es bringt nichts, die negativen Gefühle loswerden zu wollen, das funktioniert nicht, man muss ihnen etwas Positives entgegensetzen und sie damit ausbalancieren. Man muss sich überlisten.«[15]

Produktive Routinen und Rituale stellen sich nicht durch Einsicht und gute Vorsätze ein. Es braucht Sportsgeist, sie zu etablieren. Erst wenn wir uns viele Male zu einer Gewohnheit aufgerafft haben, wird sie uns selbstverständlich. Erst dann bedeutet sie keine Mühe mehr, sondern fehlt uns sogar, wenn wir einmal darauf verzichten müssen. »Zum zehnten Mal wiederholt, wird es gefallen«, ermunterte vor über zweitausend Jahren der römische Dichter Horaz. Denken Sie an die Rückenübungen, die Zahnseide, die täglichen Micro-Learnings mit Babbel & Co, die Gewohnheit, den Schreibtisch aufgeräumt zu verlassen, das frühe Aufstehen, die Glückwunsch-Mails und Danksagungskarten, den weitgehenden Verzicht auf geistiges Brain-Candy. Jeder von uns hat Dutzende produktiver Verhaltensroutinen aufgebaut, die er nicht mehr missen möchte. Jede davon macht unser Leben ein Stückchen besser. Jede von ihnen entlastet unsere mentalen Kapazitäten. Jede zahlt auf unsere Exzellenz ein.

Prioritäten priorisieren

Osterwochenende 2020. Corona hat uns alle fest im Griff. Ich komme von einer Runde mit dem Rad nach Hause. Auf dem Platz vor unserem Haus bilden ein paar Nachbarn jenen weit auseinander gezogenen Kreis, der so typisch ist für diese Tage. In der Mitte steht ein Gartentisch, darauf eine Flasche Prosecco. Eine Nachbarin lädt mich ein, mir aus meiner Küche ein Glas zu holen und vom Sekt zu nehmen. Mir ist nicht wohl dabei, aber wir sind neu im Viertel und ich freue mich, dass ich ins Gespräch gezogen werde. Flüchtig überlege ich, ein Küchentuch mitzubringen, um die Flasche anzufassen, die vermutlich schon durch mehrere Hände gegangen ist. Genauso schnell verwerfe ich den Gedanken. Ich will nicht übervorsichtig wirken. Oder besserwisserisch. Also entscheide ich mich zu tun, was ich in dieser Situation für das Falsche halte.

Ob im Kleinen oder Großen: Es fällt schwer, Angebote, Einladungen, Arbeitsaufträge oder eine Bitte um Hilfe zurückzuweisen. Es kostet Überwindung, Menschen zu sagen, was sie nicht hören möchten. Es erfordert Biss, offene oder versteckte Kritik auszuhalten. Es braucht Willenskraft, gegen tief verwurzelte Höflichkeitsvorstellungen zu handeln, mag es dafür auch noch so triftige Gründe geben. All das aber müssen wir tun, wenn wir unsere Exzellenz verwirklichen wollen. Niemand kann einen Nobelpreis gewinnen, ein Vermögen aufbauen, Kinder zu emotional starken Erwachsenen erziehen, gut für die eigene Gesundheit sorgen oder auch nur eine herausragende Präsentation vorbereiten, ohne Prioritäten zu setzen. Denn Exzellenz braucht Zeit und Energie, Dinge intensiv zu verfolgen. Sie bindet unsere mentalen Kräfte. Sie kann sich nur entfalten, wenn wir in unserem Leben Platz für sie schaffen.

Andere Menschen, sogar die, die uns am wichtigsten sind, aber auch äußere Ablenkungen und innere Zweifel erweisen sich dabei manchmal als Störfaktor. »Exzellenz ist einsam. Niemand wird je verstehen, was du dir abverlangst, um deine Ziele zu erreichen«, sagt Tim S. Grover, der Sportgrößen wie die Basketballspieler Michael Jordan und Kobe Bryant trainiert hat. »Du kannst nicht hier und dort und überall sein, wo andere erwarten, dass du bist.«[16] Man muss kein Weltklassesportler und auch keine Spitzenwissenschaftlerin sein, um zu wissen, wovon Grover spricht. Jeder, der sich übertreffen möchte, und sei es auch nur darin, den gefühlt besten Holunderblütensirup der Welt zu kochen, kennt das Problem: Wenn wir es allen recht und alles richtig machen wollen, unterschreiten wir unsere persönliche Bestleistung in den Bereichen, die uns am meisten am Herzen liegen. Nur wenn wir unsere Ziele kennen und den Raum dafür verteidigen, können wir zu voller Form auflaufen. Dass man dafür von den anderen vielleicht kein Like bekommt, ist der Preis.

Er hat sich zum gefragtesten Friseur der Stadt entwickelt. Um neue Kunden bemüht er sich schon lange nicht mehr. Doch inzwischen hat er auch mehr Stammkunden, als dass er noch seinem Exzellenzanspruch gerecht werden kann. Ein paar Monate lang arbeitet er von 7 Uhr morgens bis 19 Uhr abends. Dann sieht er ein: Er muss sein Bestellsystem ändern. Nur wer gleich nach dem Friseurbesuch den nächsten vereinbart, bekommt sicher einen Termin. Einige Kunden sind deshalb schon abgesprungen, unter Kollegen gilt er als arrogant. Doch für ihn ist es die einzige Möglichkeit, das gewohnte Niveau zu halten.

Wie wir es auch drehen und wenden: Unsere Ressourcen sind limitiert. Exzellenz auf welchem Gebiet auch immer verlangt uns deshalb Entscheidungen ab. Oft ist es dabei nicht mit persönlichem Verzicht getan. Häufig müssen wir auch Maßnahmen umsetzen, die unser Umfeld als egoistisch, unverständlich oder übertrieben einstuft. Konkret: Wir müssen lernen, uns rauszuhalten, abzulehnen, Nein zu sagen. Nein zu verlockenden Angeboten, Nein zu ablenkenden Einladungen, Nein zu überlangen Videokonferenzen, Nein zu toxischen Beziehungen, Nein zu den Zweifeln und Selbstvorwürfen im Kopf und manchmal auch Nein zu den Erwartungen von Partnerinnen und Partnern, Kindern, Eltern, Nachbarn und Vereinsfreunden.

Wie das gelingt? Man muss sich immer wieder reflektieren. Welche Werte halte ich höher als andere? Kindergeburtstag oder internationale Konferenz? Netflixen oder Networken? Weiterbildungsveranstaltung oder Weinabend? Neujahrsempfang oder Fitness-Studio? Die Antwort kennen nur Sie selbst. Schließlich weiß niemand so gut wie Sie, wo Ihre Zielkonflikte liegen: Wenn Sie Ihre Tochter zu ihrer Freundin fahren, bleiben die OP-Berichte auch heute ungelesen. Wenn Sie sich auf das morgendliche Meeting einlassen, müssen Sie mit dem Flieger anreisen statt klimafreundlich mit der Bahn. Wenn Sie einen zusätzlichen Auftrag einschieben, ist abzusehen, dass Sie sich an den Rand des Nervenzusammenbruchs lavieren und niemand anderer daran Schuld trägt als Sie. Akzeptieren wir es:

Wir können nicht Exzellenz anstreben und zugleich immer Everybody's Darling sein.

Eine Zeitlang halten wir es zwar aus, wenn wir uns selbst ausbeuten, übernehmen und unsere Ambitionen und Werte verleugnen. Doch auf Dauer pushen wir uns an den Rand der Leistungsfähigkeit. Darunter leiden nicht nur wir, darunter leidet auch unsere Umgebung. Wir fühlen uns frustriert, ausgelaugt, ungeduldig, fahrig, feindselig, aggressiv, und das merkt man uns an. Dagegen gibt es nur ein Rezept: Wir schaffen uns freundlich-beharrlich ein Umfeld, um das zu leben, was in uns steckt.

»Pass auf, die Erwartungen anderer nicht für deine eigenen zu halten.« Diese Erkenntnis gehört zu den Dingen, die die Schauspielerin Iris Berben gern schon in jungen Jahren verstanden hätte. »Will man etwas wirklich, oder glaubt man, es wollen zu müssen, weil andere es tun? Man muss sich immer wieder überprüfen, ob einem das, was man tut, entspricht. Es kostet viel Energie, sich Erwartungen vom Leib zu halten, aber um glücklich zu werden, ist das der einzige Weg.«[17]

Nicht andere und anderes geben uns den Takt vor, nicht einmal die eigene Nettigkeit und Hilfsbereitschaft. Stattdessen üben wir uns darin, Nein zu sagen, klar und taktvoll, ohne Entschuldigung und vor allem: ohne uns schuldig zu fühlen. Ihr Gradmesser dafür sind die Werte, Prioritäten und Ziele, die Sie mit sich selbst ausmachen. Die Worte, mit denen Sie Ihre Absage formulieren, folgen daraus ganz von selbst: Nein, ich habe heute keine Zeit, dich zu fahren. Nein, morgen früh kann ich kein Meeting einschieben. Nein, im Moment nehme ich keine weiteren Aufträge an. Nein, für mich bitte nur einen Hauptgang. Und vielleicht sogar: Nein, ich will meine Karriere nicht der Familie zuliebe hintanstellen. Oder umgekehrt: Nein, ich will meine Rolle als Mutter oder Vater nicht dem Job unterordnen. So viel Klarheit kostet anfangs Überwindung. Mit der Zeit wird sie zur Gewohnheit. Denn Ihre Entscheidung für das eine und gegen das andere entspringt ja nicht Egoismus. Dahinter steht eine bewusste Wahl, wem oder was Sie Ihre Energie, Kreativität oder mentale Kraft bevorzugt widmen wollen. Schließlich geht es um Großes: darum, dass Sie Ihrer Exzellenz Zeit und Raum schaffen.

Exzellenz muss reifen

Es gibt Sternstunden im Leben, die die Zeit überdauern. Einmal die Clubmeisterschaft gewinnen und noch zwanzig Jahre später auf der Ehrentafel stehen. Bei einem Unfall ein Leben retten, mutig, geistesgegenwärtig, instinktiv. Ein Weihnachtslied schreiben, das seit über zweihundert Jahren auf der ganzen Welt die Vorstellung von der Heiligen Nacht bestimmt. Zur ersten Vizepräsidentin der Vereinigten Staaten gewählt werden. Viele große Errungenschaften wurden von Menschen vollbracht, denen einmal im Leben etwas Sensationelles, Wegweisendes gelang. Selbstverständlich haben sie Exzellentes weit jenseits gewöhnlicher Maßstäbe geleistet. Aber: Eine einmalige Exzellenzleistung, so groß sie auch sein mag, bedeutet nicht, dass man deshalb sein Potenzial für immer ausgeschöpft hat.

Wahre Exzellenz belässt es nicht beim Leuchtfeuer, egal, wie weithin es scheint.

Die Möglichkeiten, sich selbst zu übertreffen, enden nie. In keinem unserer Lebensfelder. Wer Exzellenz anstrebt, sieht sich deshalb nicht nach den ersten Erfolgen am Ziel, wie beeindruckend sie auch gewesen sein mögen. Exzellenzsucher wollen wachsen und lernen dazu und geben ihr Bestes, jeden Tag, Monat für Monat, Jahr für Jahr, privat und beruflich, im Kleinen wie im Großen.

Stellen Sie sich vor, Bernhard Langer wäre Zeit seines Lebens Golflehrer geblieben. In den 1970er Jahren hätte allein das als großartiger Erfolg für einen Maurersohn aus einem Tausend-Einwohner-Dorf gegolten. Oder Joanne Rowling hätte nach dem ersten *Harry-Potter*-Band mit dem Schreiben aufgehört. Beide Karrieren hätten schon an diesem Punkt ein Happy End gefunden. Sowohl Rowling als auch Langer hatten bereits mit dem ersten Erfolg ein Niveau erreicht, auf dem sich exzellent leben lässt. Beide haben sich anders entschieden. Bernhard Langer ist seit Jahren der erfolgreichste Sieger auf der US-Senioren-Tour. Joanne Rowling ersann nach Harry Potter einen neuen Helden. Weil sie wissen wollte, ob ihr neues Werk auch ohne berühmten Autorinnennamen Bestand hat, schreibt sie die neue Serie unter einem Pseudonym, um das zunächst lange gerätselt wurde.

Egal, ob Sie am Anfang des Bachelorstudiums stehen, ein Fintech aufbauen wollen, Labradors züchten, vertiefte Erkenntnisse in Virologie anstreben, sich auf ewig binden oder auf Ihrem ureigenen Gebiet Ihre persönliche Bestleistung verwirklichen möchten: Menschen, die auf ihren Gebieten exzellente Leistungen anstreben, erreichen ihren Höhepunkt selten in einem Jahr. Oder in drei. Erst wenn wir uns fünf, zehn, fünfzehn Jahre lang in ein Vorhaben hineinsteigern, durchdringen wir es in all seinen Verästelungen, technischen Feinheiten, ethischen Fragen und gesellschaftlichen Implikationen. »Das braucht Stehvermögen, den Willen, dranzubleiben«, sagt die Spezialistin für Selbstdisziplin Lee Duckworth. »Biss zu haben bedeutet, dass man das Interesse für eine Sache aufrechterhält – und immer mehr Interesse für die gleiche Sache entwickelt.«

Das klingt nicht jung und innovativ, das macht nicht immer Spaß, und genau das macht die Sache so schwierig. Denn ob privat oder im Job, das Wenigste funktioniert von jetzt auf gleich. Es wäre vermessen zu glauben, Projekte und Beziehungen müssten immer gut laufen, sonst sei es nicht wert, durchzuhalten. Ob wir uns in eine CAD-Software einarbeiten, uns in einer neuen Stadt einleben oder mit Yoga anfangen: Auf die Anfangseuphorie folgt in der Regel ein ermüdendes Plateau. Nur wer es durchschreitet, stößt in die lohnenden, erfüllenden Bereiche vor. Wer sich dagegen nicht entscheiden kann, mal dies und mal das ausprobiert, zwischen unzusammenhängenden Interessen hin- und herspringt, immer auf der Suche nach der einzig wahren Beziehung, dem optimalen Berufsfeld, kommt zwar viel herum, aber selten über die Oberfläche hinaus.

Bedeutet das, Exzellenzsucher dürfen nie das Fach, den Partner, die Firma wechseln? Natürlich nicht. Exzellenz setzt voraus, dass wir unser Durchhaltevermögen dorthin lenken, wo wir unsere Bestimmung sehen. Dazu gehören unabdingbar Phasen des Suchens und Findens. Sie weiten den Horizont und führen zu einem einzigartigen Mix aus Ausbildung, Erfahrung und Persönlichkeit. Allerdings macht es einen Unterschied, ob jemand gedankenlos wechselt, immer auf der Suche nach dem noch besseren Ding, oder zeitgleich mehrere Begabungen ernsthaft und intensiv ausbaut.

Die Schauspielerin Christiane Paul ist promovierte Ärztin. Heute spielt sich ihre Exzellenz auf völlig anderen Gebieten als der Medizin ab. Der Wechsel des Fachs hat nichts mit fehlender Willenskraft zu tun. Christiane Paul hat nicht bloß kurz in ein Gebiet hineingeschnuppert. Sie hat parallel mehrere anspruchsvolle Ziele verfolgt und sich nach langem Hin und Her für das Schauspiel entschieden. Wie es für Exzellenzsucher typisch ist, sieht sie sich auch heute noch nicht am Endpunkt angekommen. «Vielleicht so auf der Mitte oder im oberen Drittel, aber auf keinen Fall weiter. Ich glaube, dass ich ein gewisses Niveau erreicht habe, möchte aber noch mehr probieren, mir Dinge noch offen lassen[18]

Woher rührt der Antrieb, es sich immer weiter beweisen zu wollen? Obschon man längst weit oben steht und die Konkurrenz abgehängt hat? Die Antwort darauf ist komplex. Laut Lee Duckworth läuft es auf ein Zusammenspiel aus fünf Faktoren hinaus: Mut gehört dazu, Leistungsorientiertheit, effektives Üben, Zuversicht und das Streben nach steter Vervollkommnung. Biss besitzen demnach Menschen, die die Angst vor Fehlern überwinden, konzentriert auf ihre Ziele hinarbeiten, außerhalb ihrer Komfortzone lernen, ihr Schicksal selbst in die Hand nehmen und darüber hinaus bereit sind, ihr Bestes zu geben.

Exzellenz-Briefing: 7 Anregungen, wie Sie Ihr Bestes geben

Sie kennen es vom Wandern und Biken. Die schönsten Pfade sind durchsetzt von Schotterwegen, steilen Anstiegen, Stolperstellen, Spitzkehren, Klettersteigen. Selbst Könner brauchen Willenskraft, um sie zu bewältigen. Im Leben ist es genauso. Man mag noch so begabt, qualifiziert oder erfahren sein, ohne Ausdauer und Willenskraft bleibt man auf der Strecke. Das Gute darin ist: Biss ist mehr als vieles andere eine Frage des Trainings.

1 Heldenkräfte entwickeln

»Tu jeden Tag etwas, das dich abschreckt«, empfahl die Menschenrechtsaktivistin und ehemalige First Lady der Vereinigten Staaten Eleanor Roosevelt. Sie müssen sich dafür nicht zu einem Fallschirmsprung überwinden. Doch jeder von uns hat Themen und Verhaltensweisen, an die er nicht ranwill. Fehler zugeben. Auf einen Menschen zugehen, den man nicht mag. Ein Angebot nachfassen. Nein sagen. Sich verletzlich zeigen. Etwas Neues in Angriff nehmen und als Anfänger dastehen.

2 Exzellenz kennt kein Ende

Persönliche Exzellenz geht immer weiter, weit über einzelne Erfolge hinaus. Natürlich dürfen und sollen der Karrieresprung, das fertige Buch, die errungene Position, das übertroffene Umsatzziel, der fantastische Auftrag gefeiert werden. Übrigens nicht nur, weil Sie es sich verdient haben. Es gilt auch, die Freude und Dankbarkeit darüber mit den Weggefährten zu teilen. Doch wenn die Korken geknallt haben, das Fest gefeiert ist, die Glückwünsche entgegengenommen sind, ist es im Leben wie beim Fußball: Vor dem Spiel ist nach dem Spiel. Genauso handhaben es übrigens auch große Produktmarken. Klaus Bischoff, der Chefdesigner des VW-Konzerns, gewährt einen Blick hinter die Kulissen: »Noch bevor ein Auto in den Markt geht, arbeiten wir schon am

Facelift. Bevor das Facelift in den Markt geht, ist schon der Nachfolger fertig – und so weiter und so weiter.«[19]

3 Prioritäten setzen

Viele Menschen fragen sich, wie sie die Zeit für Exzellenz überhaupt aufbringen sollen. Die Frage ist berechtigt. Niemand verfügt über grenzenlose Ressourcen. Gehen wir über unsere Leistungsgrenzen hinaus, schaffen wir zwar mehr. Aber Herausragendes entsteht nicht per Kraftakt. Ein exzellentes Denken und Handeln setzt voraus, dass wir unsere Energien gezielt einsetzen. Wie das gelingt, schildert Heather Warren, Gründerin und CEO der PR-Firma Geben Communication: »Als ich vor drei Jahren meinen Sohn bekam, musste ich mir meine Definition von Erfolg als Unternehmerin, Mutter und Kämpferin für Frauen glasklar bewusst machen. Seit ich meine persönliche Version von Erfolg definiert habe, verbringe ich meine Zeit hyperfokussiert, um in diesen Schlüsselbereichen meines Lebens voranzukommen.« Je klarer Sie Ihre Prioritäten ordnen, desto leichter können Sie Ablenkungen identifizieren, Grenzen kommunizieren und Ihre Kraft auf das richten, was Ihnen am meisten bedeutet. Das Ergebnis sind exzellentere Beziehungen und Leistungen, mehr Gelassenheit und Lebensfreude.

4 Anstrengungen messen

Jeder, der Schritte zählt, weiß: Läuft der Zähler, strengen wir uns unwillkürlich mehr an. Aus genau diesem Grund lohnt es sich, bewusst die Momente wahrzunehmen, in denen man anstelle des einfachen den exzellenteren Weg gewählt hat: Zuhören statt dreinreden. Lächeln statt widersprechen. Treppe statt Lift. Mineralwasser statt Hefeweizen. Microlearning-Einheit statt Tiervideo. Taktvoll Nein sagen statt widerwillig Ja. Zeit für ein paar verbindliche Worte finden statt unvermittelt zum Punkt kommen. Mit jeder unscheinbaren Selbstüberwindung bauen wir unsere Willenskraft weiter auf. Das hat der US-amerikanische Sozialpsycholge Roy Baumeister nachgewiesen. In Studien bat er Versuchspersonen, möglichst oft am Tag ihre Körperhaltung zu korrigieren. Bei Tests zur Messung der Willenskraft zeigte die winzige Veränderung eine bemerkenswerte Wirkung: Die Probanden strengten sich auch in anderen Bereichen mehr an als die Kontrollgruppe.

5 Sich vom Erfolg befeuern lassen

Die Präsentation wurde applaudiert, eine Verhandlung hat das gewünschte Ergebnis gebracht, man hat im Golfturnier gewonnen, die Beförderung ist unter Dach und Fach. Die meisten Menschen feiern den Erfolg, sind auf Wolke sieben und kämen nie auf die Idee, den Triumph mit kritischen Fragen an sich selbst einzutrüben. Exzellente Menschen gehen einen Schritt weiter. Statt sich vom äußeren Erfolg blenden zu lassen, bewerten sie auch sein Zustandekommen. Ihr Maßstab dafür sind Qualitäten und Verhaltensweisen, die nur sie selbst beurteilen können. Was lief gut? Wo kann ich beim nächsten Mal zulegen? Wieso war mein Lampenfieber kleiner als sonst? Wie gut habe ich die stillen Beweggründe der Verhandlungspartnerin erkannt? Wie konzentriert habe ich meine Schlagroutine umgesetzt? Der Unterschied ist offensichtlich: Exzellente Menschen ruhen sich nicht auf ihren Lorbeeren aus. Sie analysieren Erfolge, lernen daraus und entwickeln sich mit jedem Sieg weiter.

6 Lernen mit Sinn und Ziel

Piloten und Ärztinnen müssen eine bestimmte Zahl von Flugstunden oder Pflichtoperationen vorweisen. Tatsächlich belegen zahllose Studien den Zusammenhang zwischen herausragendem Können und investierter Zeit. Die wohl bekannteste stammt von dem schwedischen Psychologen Karl Anders Ericsson. Demnach dauert es 10 000 Stunden, ehe Unternehmer, Wissenschaftler, Künstler, Handwerker oder Sportler ihre persönliche Bestleistung bringen können. Doch Quantität allein ist es nicht. Sobald nämlich ein erstes akzeptables Leistungsniveau erreicht ist, stagniert der Lernzuwachs. Spätestens dann zählt die Qualität des Übens. Der Verhaltenspsychologe und Management-Berater

Aubrey C. Daniels beschreibt den Unterschied am Beispiel zweier ähnlich talentierter Basketballspieler. Beide üben je eine Stunde. Spieler A wirft 50 Bälle, dribbelt den Ball und blödelt zwischendurch mit anderen Spielern herum. Spieler B wirft 200 Bälle. Ein Mitspieler hält für ihn die Zahl der getroffenen Körbe fest, notiert die Gründe für Fehlschüsse und gibt dem Spieler alle paar Minuten ein Feedback.[20] Der Unterschied ist offensichtlich: Der eine arbeitet eine Trainingseinheit ab. Der andere trainiert mit klarem Ziel.

7 Sich infrage stellen lassen

Wir sind zwar auf Zustimmung gepolt. Doch Bestätigung allein bringt uns nicht weit genug. Echte Exzellenz braucht auch Korrektur und Spiegelung auf Augenhöhe.[21] Exzellenzsucher holen sich deshalb aktiv die Anregungen, das Feedback und auch die kritischen Nachfragen ebenso erfolgreicher oder noch erfolgreicherer Menschen. Sie schätzen Berater, gerade wenn sie ihnen nicht nach dem Mund reden. Indem sie sich qualifizierten Einwänden stellen, entschärfen sie die Gefahr von Overconfidence, also Selbstüberschätzung, klopfen Ideen auf Machbarkeit ab, verfeinern Ansätze, vertiefen Gedanken, revidieren Einschätzungen. Zugegeben: Sich in der Bewunderung abhängiger oder weniger erfolgreicher Personen zu sonnen, ist bequemer. Doch wer sich mit Jasagern umgibt, macht sich etwas vor. Sich selbst übertreffen kann nur, wer Rückfragen, Widerspruch und fremde Sichtweisen zulässt und daran wächst.

5

Wohlbefinden

Weil Exzellenz am besten in Bestform geht

Kurz vor Mitternacht. Ich liege im Bett, das iPhone in der Hand, seit 15 Minuten schon, mit den News bin ich durch, irgendwie stoße ich auf einen Artikel des Philosophen Alain de Botton und lese fasziniert über den Schlaf. Nein, wir müssten uns nicht scheiden lassen, wenn wir uns elend fühlen, heißt es sinngemäß, einen neuen Beruf erlernen oder in ein fremdes Land ziehen. Oft fehlen uns nur regelmäßig sieben Stunden Schlaf am Stück.[1] Ich sehe es genauso, bewundere die Formulierung, wische zum nächsten Artikel und lese in den übernächsten rein. Wovon sie handeln, weiß ich nicht mehr. Ich erinnere mich nur: Ich habe mal wieder die beste Zeit zum Einschlafen verpasst. Mir ist zu heiß, zu kalt, draußen ploppt eine Autotür, ich checke noch kurz das Wetter von morgen, neben mir murmelt mein Mann etwas Unverständliches, vermutlich möchte er, dass ich das Licht ausmache. Aber dazu müsste ich erst einmal das Gefühl haben, demnächst wegzudämmern. Keine sechs Stunden mehr, dann klingelt der Wecker. Am nächsten Morgen fühle ich mich unausgeschlafen, die Laune leidet, die Arbeitsqualität auch. Exzellenz geht eben nur, wenn wir körperlich und geistig in Hochform sind. Oder besser gesagt: uns in Hochform halten.

Megatrend Gesundheit

Spätestens Corona hat gezeigt: Gesundheit ist nicht nur ein kostbares Gut. Wir geben auch viel dafür. Nie vorher hat eine Gesellschaft das Wohlbefinden so eindeutig über das Wachstum der Wirtschaft gestellt. Von einem Tag zum anderen ging es um Leib und Leben statt um Shareholder-Value und Rentabilität. Die durchaus radikale Entscheidung für Gesundheit und Überleben in allen Altersgruppen war nicht selbstverständlich. Wir verdanken sie auch einer Machergeneration, der es fremd geworden ist, den Raubbau an Körper, Geist und Seele als Ausweis von Exzellenz anzusehen.

Die Zeiten sind vorbei, in denen Politiker und Manager, die auf ihre Schlafbilanz achten, meditieren und mit Husten und Schnupfen zu Hause bleiben, als Weicheier und Warmduscher verspottet wurden. Im Gegenteil. Bereits vor Covid-19 galt als ziemlich smart, wer seine geistige und körperliche Gesundheit priorisiert und einen vernünftigen Ausgleich zwischen Arbeit und Privatleben schafft. Längst haben aufgeklärte Menschen sich die Definition der Weltgesundheitsorganisation (WHO) zu eigen gemacht: »Gesundheit ist der Zustand des vollständigen körperlichen, geistigen und sozialen Wohlbefindens und nicht nur des Freiseins von Krankheiten und Gebrechen.«

Wer kann, tut viel dafür, sich fit zu fühlen, gut auszusehen und so spät wie möglich so alt wie möglich zu werden. Das geht umso leichter, als das Thema Wohlbefinden den Dunst von Reform- und Sanitätshäusern, Leinsamen, Stützstrümpfen und Doppelherz hinter sich gelassen hat. Stattdessen wird Gesundheit ganzheitlich und durchaus genussorientiert betrachtet. Millennials wie Boomer pushen die Energie mit Superfood, messen mit Health-Apps die Gesundheitsparameter und, jedenfalls in Asien, das Risiko persönlicher Begegnungen, suchen auf Google nach Erklärungen für unspezifische Symptome, stellen sich sportlichen Herausforderungen weit jenseits von Bauch-Beine-Po und wenn jemand noch Laster an sich erkennt, steht der Verzicht darauf jedes Jahr auf der Liste der Neujahrsvorsätze. Auf breiter Front herrscht die Erkenntnis: Ohne Gesundheit ist alles nichts.

Das Wohlbefinden zu maximieren, macht leistungsstark und obendrein viel her.

Physisch und psychisch in Bestform zu sein, gehört zu den Megatrends unserer Zeit. Auch wenn es in der breiten Bevölkerung noch deutlich Luft nach oben gibt, definieren sich immer mehr Menschen über einen gesunden Lebensstil. Die Zahl der Nie-Raucher steigt immer höher, der Umgang mit Alkohol wird bewusster, Männer wie Frauen gehen regelmäßiger zur Vorsorge, der Pulsmesser löst die Prestigeuhr ab, noch nie haben Menschen so viel über die richtige Ernährung nachgedacht, fast niemand mehr muss beruflich Belastungen wie giftige Gase oder ätzende Flüssigkeiten ertragen. Wir tun viel für die Optimierung unseres Körpers, und das zahlt sich bei der Lebensqualität und Lebensdauer aus. Menschen, die in der Lebensmitte den Empfehlungen zu den fünf Faktoren des gesunden Lebensstils (Alkohol, Bewegung, Ernährung, Körpergewicht und Rauchen) folgen, schieben Zivilisationskrankheiten wie Typ-2-Diabetes, Herz-Kreislauf-Erkrankungen und Krebs durchschnittlich um zehn Jahre bei den Frauen und acht Jahre bei den Männern hinaus.[2] Allen Altersgruppen beschert der bessere Gesundheitszustand mehr Glücksmomente, Leistungskraft und Selbstbewusstsein. Statistisch gesehen waren wir nie gesünder als heute. Doch wir wollen noch mehr.

Jahres-Check-up beim Hausarzt. Im Vorgespräch erwähne ich, dass ich mich gern entspannter und energiegeladener fühlen würde. Es folgen die üblichen Untersuchungen: Ultraschall, EKG, Blutwerte, Mineralstoffe, Screening der Halsschlagader. »Also, nach meinen Daten sind Sie topfit«, resümiert der Arzt. »Für mich heißt das: Sie haben im Moment keine Herzerkrankung, keinen Krebs, kein Diabetes, keine Atemwegserkrankungen. Die Leistungskraft lässt sich natürlich beliebig nach oben steigern. Aber ganz ehrlich: Das ist nicht mein Ressort.«

Mein Hausarzt ist keiner, der mit seiner Meinung hinter dem Berg hält. Ich habe die Kritik vernommen: Nicht krank zu sein, ist und bleibt nicht selbstverständlich. Wir wissen aber auch: Wenn man das Leben in seiner ganzen Fülle auskosten möchte, wenn man auf den Kilimandscharo oder in den Vorstand will, gelingt das leichter, wenn man Bäume ausreißen könnte. Deshalb wären wir so gern voller Energie und Lebenskraft. Auf Knopfdruck entspannt, strahlend, wach, hochkonzentriert. Moderne weibliche und männliche Superhelden mit überirdischen Kräften, die sich genau dann abrufen lassen, wenn es darauf ankommt.

»Healthness« nennt das Zukunftsinstitut dieses Konzept einer ganzheitlichen Gesundheit. In ihm drückt sich ein Streben nach optimaler Lebensenergie aus, das bisherige Vorstellungen von Gesundheit und Wohlbefinden übersteigt. Das klingt nach Anspruchsdenken: Wir möchten die Lebensspanne mit all ihren Möglichkeiten maximal auskosten. Vielen gelingt es dank Prävention, Fitness und gesunder Ernährung ziemlich gut, dass das biologische Alter deutlich unter dem liegt, das im Pass eingetragen ist. Es bleibt uns auch gar nichts anderes übrig. Denn:

Nicht nur unsere eigenen Ansprüche wachsen, es werden auch immer höhere Ansprüche an uns gestellt.

Im Arbeits- und Beziehungsmarkt kommt es darauf an, begehrt und in Topform zu bleiben, möglichst ein Leben lang. Dafür brauchen wir Ideen. Agilität, Neugierde und Liebenswürdigkeit. Völlig klar. Doch es hängt von unserer Konstitution, Kondition und Konzentration ab, auf welchem Niveau wir unsere Stärken entfalten. Wie kühn wir denken, wie überlegt wir formulieren, wie empathisch wir auf Menschen eingehen, wie vertrauenswürdig wir wirken, wie agil wir Veränderungen begegnen, wie geduldig wir Qualität sicherstellen, was wir uns zutrauen, wie überzeugend wir in Führung gehen – all das wird in hohem Maß von unserer Verfassung bestimmt. Sind wir körperlich und mental exzellent in Form, liefern wir auch leichter exzellente Leistungen ab. Man sieht uns an: Wir fühlen uns wohl in unserer Haut. Umgekehrt gilt: Geht es jemandem nicht gut, kämpft er deutlich mehr und oft vergeblich darum, auszuschöpfen, was in ihm steckt. Ob erschöpft oder erkältet – wenn wir uns nicht exzellent fühlen, fallen wir leichter aus der Rolle, suchen Sicherheit im Alten und sind froh, wenn wir uns trotz allem einigermaßen durchhangeln.

Digital, global, multi-optional: Die Beschleunigung des Lebens

Wir jonglieren heute mehr soziale Beziehungen als früher. Wir können uns ein Leben ohne Smartphone nicht mehr vorstellen. Wir äußern uns auf LinkedIn, zeigen uns auf Instagram und auch ein Post, der nie für die Ewigkeit bestimmt war, bleibt unter Umständen lange erhalten. Wir vergleichen uns nicht nur mit Kollegen, Nachbarn und alle paar Jahre beim Klassentreffen. Stattdessen bekommen wir in den sozialen Medien täglich mit: die Tochter der ehemaligen Mitbewohnerin geht jetzt in England aufs Internat, der Sonnengruß der Influcencerin fließt bei weitem geschmeidiger, als was man selbst auf die Matte bringt, der chinesische Geschäftspartner beeindruckt nicht nur als exzellenter Verhandler, sondern legt obendrein als DJ auf. Per Zoom und Skype sind wir virtuell an mehreren Orten gleichzeitig, an der Ampel schauen wir rasch in WhatsApp rein und abends zur Entspannung gibt's Theater auf der Couch, das Thalia Theater in Hamburg streamt *Die Odyssee*, allerdings nur, falls wir uns nicht doch lieber die fünfte Staffel einer Lieblingsserie auf Sky reinziehen.

Zwischen Online-Sein, Erfolgreich-Sein, Eltern-Sein und Ansprechbar-Sein ist unsere Aufmerksamkeit so fragmentiert wie ein Bildschirm, auf dem fünfzehn Fenster gleichzeitig geöffnet sind.

Ob analog oder digital, wir stehen unter dem Dauerbeschuss von Anforderungen, Ablenkungen und Reizen. Wir müssten Übermenschen sein, würden wir uns angesichts aller einströmenden Informationen nicht manchmal dem Wahnsinn nahe fühlen. Schuld daran sind die sozialen Medien, die digitalen Technologien und nicht zuletzt unsere eigenen nie ruhenden Erwartungen. Natürlich gab es große und oft viel härtere Umwälzungen auch früher schon. Unsere besondere Herausforderung liegt darin, dass unser Leben immer schneller und immer paralleler verläuft. Covid-19 hat noch einmal intensiviert, was sich längst abzeichnete: Quasi am Küchentisch vollzogen wir einen Digitalisierungsschub, den kein Traditionskonzern so schlagartig hinbekommen hätte. Selbst Altersgruppen, die der Nutzung von Online-Angeboten wie Homeoffice und Web-Konferenzen bisher skeptisch gegenüberstanden, begannen die Möglichkeiten der digitalen Vernetzung zu schätzen. Die Nutzerzahl des Videokonferenz-Anbieters Zoom stieg innerhalb weniger Wochen von 10 auf 200 Millionen. Vieles von dem, was wir in der Not der Stunde erdachten, machten und organisierten, wird uns wirtschaftlich und sozial auf einem neuen Level agieren lassen, wenn Covid-19 besiegt ist.

Allerdings ließ uns Corona auch die Belastungen des digitalen Lebens mit Wumms spüren. Von heute auf morgen lief im eigenen Zuhause digital, wofür wir bisher unter Menschen gingen, in Büros und Schulen, Restaurants und Geschäfte, Sporthallen, Clubs und Theater. Selbst in der Isolation der Lockdowns konnten wir virtuell bei vielem dabei sein: Einkaufen, was das Konto hergibt, obwohl die Einkaufszentren geschlossen sind. Studieren ausschließlich online und das gar nicht mal schlecht. RKI, Merkel, Drosten, Söder live im Netz. Per Skype die Großeltern an der Ostereier-Ausbeute teilhaben lassen. Unterhaltungs- und Kulturangebote für jeden Geschmack, so vielfältig und großartig, dass wir nicht einmal 1 Prozent davon nutzen können. Magazine, die für einen Nominalbetrag ihre Archive öffneten. Live-Yoga-Kurse über Zoom-Schaltungen. Alles zugleich, alles entgrenzt, dauernd gefordert, ewig abgelenkt, atemlos.

In Woche eins der Selbstisolation faszinierten mich die Möglichkeiten. In Woche zwei machten sie mich dankbar. Ab Woche fünf begann sich das weitgehend auf den virtuellen Raum reduzierte Leben schal anzufühlen. Wie entkoffeinierter Espresso, der für meinen Geschmack auch nicht das Wahre ist. Mir schmerzte der Kopf, die Augen flimmerten, der Nacken verspannte. Soziale Medien und Messenger-Dienste ersetzten reale Begegnungen. Essen mit Freunden fand erst per Skype und später gar nicht mehr statt. Selbst Einkaufen mit Mundnasenschutz fühlte sich echter an als das Auspacken der Zalando-Pakete, die mich sonst durchaus glücklich machen. Auf Dauer erschöpfte das durchdigitalisierte Leben meine »kognitive Bandbreite«. Den Begriff hat der Psychologe Eldar Sharif aus Princeton geprägt. Seinen Forschungen zufolge verfügen wir alle über ein bestimmtes Maß an mentaler Kapazität. Brauchen wir sie auf, passiert das Gleiche, wie wenn wir das Datenvolumen unserer Internet-Flatrate vergeuden: Nichts fließt mehr. Wir streamen mit gedrosseltem Volumen. Das geht zwar irgendwie. Wir müssen uns aber darüber im Klaren sein: Für eine wirklich exzellente Leistung fehlt uns die Bitrate – und in diesen Zustand geraten wir schneller, als wir denken.

Warum das Smartphone so unwiderstehlich wie Schokoladeneis ist

Die Digitalisierung, die sozialen Medien und die Vernetztheit mit der ganzen Welt bieten uns fantastische Möglichkeiten. Doch unser 300 000 Jahre altes Gehirn ist nicht für ein Dauerfeuer von Informationen und Reizen gebaut. Menschen können klar, kreativ und intuitiv denken. Aber sie sind keine KIs, die unermüdlich Verbindungen und Korrelationen zwischen Abertausenden von Daten und Reizen herstellen können. Das menschliche Gehirn braucht Ruhe und Vertiefung, um zu lernen, zu denken und auf seinem höchsten Level zu arbeiten. Überstimulation dagegen verhindert, dass unser Geist sich weitet. Wollen wir zu viel zugleich, kommen wir im wahrsten Sinn des Wortes nicht mehr mit. Wir können nicht mehr folgen. Schon ein Link in einem Text, selbst wenn wir ihn nicht anklicken, verbraucht kognitive Ressourcen, die wir zum Lernen, Analysieren, Schlussfolgern oder Einschätzen von Informationen benötigen. Das wiesen Experten vom Leibniz-Institut für Wissensmedien in Tübingen in Eye-Tracking-Studien nach.[3] Deswegen droht uns zwar nicht gleich die digitale Demenz, also der Verfall mentaler, sozialer oder sprachlicher Kompetenzen, wie ihn der Gehirnforscher Manfred Spitzer androht. Aber wer exzellent sein will, macht sich klar:

Definitiv strengt das digitale Leben unser Gehirn extrem an.

Wenn wir nicht aufpassen, hemmen neue Medien unsere Produktivität, statt sie zu steigern. Das Smartphone ist dabei nur ein Problem von vielen. Aber als unser persönlichstes digitales Medium steht es symbolisch für alle digitalen Helfer, die wir den lieben langen Tag nutzen, von Alexa bis Zoom. 2015 wertete der Informatiker Alexander Markowetz an der Uni Bonn die Smartphone-Nutzungsdaten von 60 000 Menschen aus. Das Ergebnis: Schon damals griffen die Probanden durchschnittlich fünfzig Mal am Tag zu ihrem Smartphone – um E-Mails zu lesen, LinkedIn, Twitter, WhatsApp zu checken, ein Selfie zu machen, die Aktienkurse nachzusehen oder im Bad das Licht zu löschen. Menschen unterbrechen also ihr Tun im Schnitt alle 18 Minuten. Darunter leidet nicht nur unsere Arbeitskapazität und die Geduld unserer Gesprächspartner. Die ständigen Abschweifungen rauben unserem Gehirn auch viel mehr Energie, als uns bewusst ist.

Mit den Folgen hat sich der Psychologe und Autor Leon Windscheid beschäftigt: »Viele Leute übersehen, dass es eben ein uraltes Ding ist, was uns da steuert. Die alte Hardware, die wir mit uns herumtragen, passt eigentlich gar nicht in diese schnelle, digitale und vernetzte Welt.«[4] Auch der Hirnforscher Martin Korte sieht Belege dafür, »dass wir die digitalen Medien so einsetzen, dass wir unserem Gehirn keinen Gefallen tun.«[5] Denn bei allen inspirierenden Anregungen, die wir uns aus dem Netz holen, das Gehirn mag es so wenig wie der Magen, überfüllt zu werden. Sieht es sich zu vielen Reizen und Anforderungen ausgesetzt, schaltet es in eine Art Notbetrieb. Was zu viel ist, wird abgewehrt und vereinfacht. Die Konsequenz: Wir denken weniger differenziert, fallen leichter auf Fake News herein oder geben uns mit den erstbesten Informationen zufrieden, statt nach den allerbesten zu suchen.

Ein Psychologenteam, 800 Probanden, 800 Smartphones. Mit großem Aufwand nahmen sich Wissenschaftler der University of Texas einer geradezu absurd klingenden Frage an: Wie wirkt sich die Nähe des eigenen Smartphone auf die Gehirnleistung aus? Drei zufällig eingeteilte Versuchsgruppen lieferten die Antwort: Eine Gruppe gab das Handy im Vorraum ab. Die zweite trug es im Rucksack oder der Tasche bei sich. Die dritte Gruppe legte es neben sich auf den Tisch, umgedreht, um jede Ablenkung zu vermeiden. Danach sollten die Teilnehmer am Computer eine Reihe von Denkaufgaben lösen. Aus dem Ergebnis konnten die Wissenschaftler ablesen, wie gut die Probanden Informationen verarbeiteten und speicherten. Der Ausgang der Studie gibt zu denken: Die Probanden schlugen sich umso erfolgreicher, je mehr Distanz zwischen ihnen und ihrem Smartphone lag. Die besten Ergebnisse wurden erzielt, wenn sich das Handy in einem anderen Raum befand.[6]

Offensichtlich nimmt uns schon ein zum Greifen nahes Handy geistig so in Beschlag, dass wir unsere mentale Bestform unterschreiten. Es fällt uns schwer, bei der Sache zu bleiben, Themen zu durchdringen, Problemen auf den Grund zu gehen und unser Exzellenzpotenzial zu verwirklichen. Wer seinem Geist Beachtung schenkt, ahnt diesen Zusammenhang durchaus. Doch Menschen sind Novelty-Seeker. Unser Gehirn ist von digitalen Techniken wie angefixt. Jedes Mal, wenn wir klicken und wischen, erwarten wir, dass vielleicht gleich etwas Tolles passiert. Ein neuer Auftrag vielleicht. Der Hinweis auf ein spannendes Konzert. Ein entscheidender Impuls für ein eigenes Projekt. Die Chefin ist von unserem Input begeistert. Nespresso schickt einen Gutschein. Eine Freundin schlägt auf WhatsApp ein Treffen vor. Der neu eingestellte Blogartikel wurde kommentiert. Mal kurz den angefangenen Marvel-Film weitergucken …

Das Smartphone in Reichweite besitzt die gleiche Art von Anziehungskraft wie das Magnum-Eis in der Tiefkühltruhe.

Vor allem, wenn wir gestresst, erschöpft und gelangweilt sind, gieren wir nach dem Dopamin-Kick, den das Handy, das iPad oder die Spielkonsole verspricht. In solchen Momenten fällt es besonders schwer, auf digitale Gadgets zu verzichten. Dabei verpassen wir die besten Momente: Augenblicke, für die die Kinderbuchautorin Astrid Lindgren den wunderbaren Satz fand: »Und dann muss man ja auch noch Zeit haben, einfach dazusitzen und vor sich hin zu schauen.« Neurowissenschaftler bezeichnen solche Augenblicke des absichtslosen Nichts-Tuns als Random Episodic Silent Thinking (REST). Das Gehirn verknüpft in dieser Zeit alte Inhalte zu neuen Kombinationen. Im Idealfall kommen dabei die Aha-Erlebnisse und wirklich innovativen Gedanken heraus, die in der VUKA-Welt den Erfolg und Fortschritt treiben.

Reif für die Insel

Kennen Sie noch diese trägen Sommertage, in denen das Leben dahinfließt wie ein langer ruhiger Fluss? Und wenn sich der Abend senkt, scheint noch ein paar Stunden lang die Sonne. Mir fehlt dieses Gefühl an den meisten Wochen- und Arbeitstagen. Ich genieße es, wenn es mir gelingt, es ein paar Stunden lang an einem Samstagnachmittag oder Sonntagmorgen herzustellen. Und es ist das, was ich mir am meisten wünsche, wenn ich im August den Terminkalender freihalte und die digitalen Medien in mein Büro verbanne, jedenfalls ist das der Plan. Ausgerechnet in diesen unstrukturierten Wochen stellen sich oft die interessanten Ideen ein, die mich durch die nächsten Monate tragen. Sie fliegen mir zu, ohne dass ich mich dafür groß anstrengen muss. Beim Trödeln durch den Tag findet das Gehirn Ruhe. Mit dem nachlassenden Druck verschieben sich die Perspektiven. Ich öffne mich für neue Gedanken. Es passiert, was der britische Medizinnobelpreisträger Paul Nurse chinesischen Nachwuchsforschern erklärte: »Nur ohne Druck kommt ihr auf neue Gedanken. Wenn ihr wirklich gut sein wollt, dürft ihr nicht zu hart arbeiten.«[7]

Je voller der Kopf, desto mehr profitierten wir von Verlangsamung und Abschalten. Spazierengehen. In den Himmel schauen. Lesen. Dösen. Reden. Blödeln. Gärtnern. Den Wellen lauschen. Das klingt so unspektakulär, dass viele Menschen dabei Unterstützung brauchen, das scheinbar Einfachste der Welt zu tun: gar nichts. Das Malediven-Resort Gili Lankanfushi auf dem Nord-Malé-Atoll beispielsweise setzt darauf, eingespannten Gästen umgeben vom Türkisblau des Indischen Ozean absolute Ruhe und vollständige Entspannung zu bieten. »No news, no shoes« lautet das Konzept. Ich liebe diesen Slogan. Er erfasst in vier Silben den Gegenpol zu den Überreizungen und Überhitzungen unseres Lebens, und wir müssen, um ihn zu verwirklichen, noch nicht einmal in den Flieger steigen. Weiße Sandstrände und das perfekte Klima stellen zwar die Krönung des Barfuß-Luxus dar.

Doch um den Wellen zu lauschen, braucht es keinen Ozean. Ein Wasserspiel tut es auch.

Sie meinen, die Corona-Krise habe unser Leben ohnehin ausgebremst? Ja und nein. Zweifellos hat die Pandemie unseren Radius verengt. Doch digital sind wir grenzenloser unterwegs denn je. Anders, aber ähnlich intensiv wie vor dem Virus erweist sich unser Leben als eine unglaublich komplexe Angelegenheit. Auch das Arbeiten von zu Hause bedeutet eine hohe kognitive und emotionale Beanspruchung. Es spielt keine Rolle, ob wir im Businessanzug oder in der Jogginghose entwickeln, beraten, denken, schreiben, entwerfen oder konzipieren. So oder so gehören Arbeitsverdichtung und -intensivierung, Zeitdruck, Informationsüberflutung, Multitasking, Ablenkungen und ständige Unterbrechungen zum Job.

Eine Ahnung davon vermittelt der Fehlzeitenreport 2019 des Wissenschaftlichen Instituts der AOK. Demnach waren Beschäftigte, die häufig im Homeoffice arbeiteten, noch häufiger in ihrem seelischen Wohlbefinden beeinträchtigt als Mitarbeiter, die diese Möglichkeit nicht nutzten: 67 Prozent der Tele-Arbeitenden berichteten über Erschöpfung, aber nur 45 Prozent der Inhouse-Arbeitenden. Unter Nervosität und Reizbarkeit litten 53 Prozent gegenüber 43 Prozent, unter Niedergeschlagenheit 38 Prozent gegenüber 28 Prozent. Zudem kämpften Tele-Arbeitende signifikant häufiger mit Konzentrationsproblemen, Lustlosigkeit und Kopfschmerzen. Um solche Belastungen zu unterbinden, brauchen wir weder das Arbeitsschutzgesetz noch einen Betriebsrat. Viel exzellenter ist es, wenn wir uns der Sache selbst annehmen.

Spätestens wenn wir die Folgen des digitalen Arbeitens körperlich spüren, ist die Zeit gekommen, »von sich zurückzutreten, wie ein Maler von seinem Bilde.« Der Dichter und Schriftsteller Christian Morgenstern wusste schon hundert Jahre vor der Erfindung des MacBook, wie geistig hochaktive Menschen die Qualität ihres Denkens sicherstellen. So wie jemand, der ständig sitzt, Ausgleichssport braucht, brauchen Menschen mit einem ausgeprägt digitalen Lebensstil langsame, einsame, sinnliche Momente, um tief und klar denken zu können. »No news, no shoes«, das bedeutet: Kein Handy, keine Zwänge, kein Studium von Mappen und Berichten. Solange wir funktionieren, arbeitet das Gehirn im Routinemodus. Nur wenn wir uns zwischendurch bewusst von der Geschäftigkeit des Alltags lösen, bricht sich unsere Geisteskraft Bahn.

In seinem Podcast *Masters of Scale* unterhält sich der LinkedIn-Mitgründer Reid Hofmann mit Kollegen aus dem Topmanagement. Routinemäßig stellt er allen die Frage, wo sie weichenstellende Gedanken fassen. Alle Antworten deuten in die gleiche Richtung: Facebook-CEO Marc Zuckerberg dreht Runden im Garten, Facebook-COO Sheryl Sandberg durchdenkt die Dinge auf dem Crosstrainer, Reid Hofman selbst entwickelt neue Ideen in kleinen Cafés, der Präsident des Fiat-Konzerns John Elkann in der Natur: »Es erdet dich, die unglaubliche Schönheit der Natur zu sehen. Zugleich stimuliert sie dich, groß zu denken, zu träumen und ambitioniert zu sein.«[8]

Ob zu Hause im Garten oder in Kalifornien am Meer: Lichte Gedanken stellen sich vorzugsweise in Phasen der Erholung ein. Dazu müssen wir uns selbst anhalten. Wer am Flussufer sitzt und dabei ziellos über den Bildschirm wischt, findet dagegen weder Muße noch Muse. *Acaedia* hieß Ende des 4. Jahrhunderts die siebte der sieben schlechten Charaktereigenschaften. Gemeint damit ist das nach Ablenkung und Reizen suchende Nichtstun. Statt geistige Erholung löst es Überdruss und innere Unruhe aus.

Der Mensch regeneriert im Schlaf

»Ich möchte Ihnen jemanden vorstellen, der erst jetzt in mein Leben getreten ist. Ich bewundere ihn seit 35 Jahren. Er ist jemand, der für Integrität, Aufrichtigkeit, Kunst steht, und obendrein gehe ich mit ihm ins Bett«. Wenn Sie sich nachts schlaflos wälzen, wissen Sie, wovon die Schauspielerin Shirley MacLaine spricht: Schlaf ist ein begehrter Luxus. Je rarer er sich macht, desto mehr sehnen wir ihn herbei. Sleep-Tracker-Apps boomen, sensible Schläfer holen sich mit Gewichtsdecken den Schlaf zurück, ein Boxspring-Bett der Premium-Klasse zieht preislich fast mit einem Porsche 718 Boxster gleich. Langsam setzt sich die Erkenntnis durch: Schlaf macht uns wach und aufgeweckt. Wer gut schläft, kann das Leben mehr auskosten. Was so banal klingt, war bis vor kurzem keineswegs der allgemeine Tenor. Im Gegenteil.

Wer seinen Schlaf brauchte, wirkte verschnarcht. Als belastbar und leistungsstark galt, wer die Nacht zum Tag machte.

Die Konditionierung sitzt so tief, dass ich mich bis heute defizitär gegenüber Kolleginnen fühle, die tagsüber Seminare halten und bis weit in die Nacht an ihren Büchern schreiben. Ich fühle mich schon wie ferngesteuert, wenn ich nur ein paar Nächte hintereinander zu wenig Schlaf bekomme. Was Schlafmangel in uns anrichtet, erklärt Jürgen Zulley, einer der bekanntesten Schlafforscher in Deutschland: »Nachts sind – ich spreche jetzt mal sinnbildlich – die Türen nach draußen verschlossen, die Kontakte mit der Außenwelt werden erheblich reduziert. Im Innern des Organismus werden die autonomen Reparaturmechanismen in Gang gesetzt, es wird gearbeitet und es werden Energiespeicher aufgefüllt, um dann am Morgen für die Reize von außen wieder bereit zu sein. Die nächtliche ›Arbeit‹ ist die Grundvoraussetzung, um tagsüber leistungsfähig zu sein.«[9]

Diese Erfahrung teilen selbst wenig schlafbedürftige Menschen wie Angela Merkel, von der es heißt, sie komme mit vier bis fünf Stunden Schlaf aus. Ganz so ist es nicht: »Nee, nicht jede Nacht!«, stellte die Bundeskanzlerin klar. »Ich brauche schon mehr Schlaf, damit ich wenigstens einigermaßen konstante Laune habe.«[10]

Experimente an der University of California in Berkeley bestätigen die Erfahrung der Kanzlerin: Wie gut wir schlafen, beeinflusst auch unseren sozialen Auftritt. Zu Studienzwecken hielten die Neuropsychologin Eti Ben Simon und ihr Team eine Gruppe von Versuchsteilnehmern eine Nacht lang vom Schlafen ab. Die Kontrollgruppe durfte dagegen ungestört schlummern. Am nächsten Tag bekamen alle Teilnehmer ein Video gezeigt. Sie sahen darin Menschen, die nacheinander direkt auf sie zuschritten. Die Teilnehmer sollten per Knopfdruck anzeigen, wann ihnen die Person gefühlt zu nahe kam. Es zeigte sich: Die unausgeschlafenen Teilnehmer fühlten sich deutlich schneller bedrängt als die ausgeruhten Probanden. Die Wissenschaftler schlossen daraus: »Ohne ausreichenden Schlaf werden wir schnell zu Sozialmuffeln.«[11] In einem zweiten Experiment machte das Team die Umkehrprobe. Online zeigten sie über tausend Zuschauern eine TV-Talk-Runde mit der Bitte, Stimmung und Sozialstatus der diskutierenden Gäste zu beurteilen. Nur das Forschungsteam wusste: Ein Teil der Gäste litt unter Schlafentzug. Das Defizit teilte sich über das Sozialverhalten mit. Die übermüdeten Teilnehmer wurden durch die Bank als abweisender und weniger erfolgreich wahrgenommen als die ausgeschlafenen Gäste. Vereinfacht gesprochen:

Je ausgeschlafener wir sind, desto umgänglicher verhalten wir uns, desto erfolgreicher wirken wir.

Ein guter Schlaf ist also weit mehr als ein wohliger Genuss. Er beeinflusst unser Wesen, unser Denkvermögen und unsere Ausstrahlung. Wenn wir unser Exzellenzpotenzial verwirklichen wollen, lohnt es sich deshalb, dem Schlafbedürfnis nachzugeben. Wir befinden uns dabei übrigens in bester Gesellschaft. Ob Melinda Gates, Amazon-Chef Jeff

Bezos oder Arianna Huffington, die Gründerin der Online-Zeitung *The Huffington Post*, Menschen in der Exzellenzliga nehmen den Schlaf ernst, um ihre volle Leistung abrufen zu können. Geschenkt wird allerdings auch ihnen die Nachtruhe nicht.

Melinda Gates isst nie später als um 19 Uhr zu Abend und versucht, um 21.30 Uhr im Bett zu liegen. Für Jeff Bezos gehören acht Stunden Schlaf zur Jobbeschreibung: Als Topmanager werde man dafür bezahlt, wenige, aber hochanspruchsvolle Entscheidungen zu treffen. Wer in dieser Position nicht gut für sich sorge, bleibe womöglich unter seinen Möglichkeiten, weil er »übermüdet oder missgelaunt oder etwas in der Art ist.«[12] Arianna Huffington macht es sich zur Aufgabe, täglich acht Stunden zu schlafen: »Ich bin viel präsenter, viel fröhlicher und ich bin zweifellos eine bessere Führungskraft, weil ich mit mehr Klarheit nach vorne schauen kann.«

Schlafen wie die Profis

Der Fußball-Superstar Cristiano Ronaldo räumt dem Schlaf eine so hohe Priorität ein, dass er sich von dem Schlaf-Coach Nick Littlehales beraten lässt. Littlehales weiß, was von ihm erwartet wird: »Typen wie Ronaldo tun alles, um ihre Leistung zu optimieren – und haben erkannt, dass sie dafür gut schlafen müssen.« Ronaldo stellt dafür sogar den gesamten Tagesablauf auf den Kopf. Statt nachts die üblichen sieben oder acht Stunden zu schlafen, verteilt er sein Schlafpensum auf fünf 90-Minuten-Zyklen rund um die Uhr. So vermeidet er Leistungstiefs und kommt auf empfehlenswerte 7,5 Stunden Schlaf pro Tag.

Ronaldos Schlafmuster sind extrem und schwerlich mit einem Nine-to-five-Job oder einem geregelten Familienleben vereinbar. Andere von Littlehales' Empfehlungen lassen sich leichter umsetzen. Jeder von uns kann sie in sein Leben integrieren. Das Geheimnis liegt in der Summe der Veränderungen: Bei den Spitzensportlern, die er betreut, optimiert

Littlehales alle Details, die den Schlaf beeinflussen, von der Bettwäsche bis zur Schlafhaltung. Doch es muss nicht das Gesamtpaket sein. Auch einzelne Verbesserungen sorgen schon für eine bessere Erholung. An diesen Punkten können Sie ansetzen.

Schlafdauer. Für viele Menschen sind etwa 35 Schlafzyklen á 90 Minuten pro Woche ideal. In jedem einzelnen durchlaufen Sie alle vier Non-REM-Schlafphasen – also die Tiefschlafphasen, die für die Erholung besonders wichtig sind. So können Sie sicher sein, dass der Körper sich in jedem Schlafintervall optimal regeneriert. Das Konzept eignet sich für den Vielflieger genauso wie für junge Eltern oder die Oberärztin mit Bereitschaftsdienst: Sie können die Zyklen nämlich ohne weiteres so absolvieren, wie es am besten zu Ihrem Leben und Ihrem Biorhythmus passt – also vor Mitternacht, nach Mitternacht, aber auch tagsüber. Wichtig ist nur, dass Ihre Wochenbilanz stimmt und Sie die Zeit von 90 Minuten pro Zyklus nicht unterschreiten. Um dies sicherzustellen, empfiehlt Littledales seinen Klienten, ein Schlaftagebuch zu führen.

Der Modeschöpfer Karl Lagerfeld nahm mit seinem Schlafrhythmus Littledales Empfehlungen in gemäßigter Form vorweg. »Gehe ich um zwei Uhr nachts ins Bett, wache ich um neun Uhr morgens auf. Und gehe ich um Mitternacht ins Bett, wache ich um sieben Uhr morgens auf.« Lagerfeld erfüllte mit dieser Gepflogenheit eine wesentliche Voraussetzung, um sich körperlich und geistig in Bestform zu halten.

Schlafeinstimmung. Das ist die wichtigste Regel überhaupt – und in der digitalen Welt für viele die schwerste: Halten Sie sich spätestens 90 Minuten vor dem Schlafengehen von Smartphone, Laptop, Flachbildfernseher, Ladestation, Fitness-Armband und aufblinkenden LEDs fern. Nicht nur das blaue Licht stört Ihren Schlaf, der Griff nach dem Handy ist auch ein Aufreger. Egal, ob Sie eine nächtliche E-Mail einer Kundin bekommen oder bei Candy Crush entspannen wollen, Nachrichten und visuelle Reize können in einer Sekunde Ihren Schlaf zerstören. Als ähnlich kontraproduktiv erweist sich übrigens auch ein Workout in der Stunde vor dem Einschlafen.

Schlafumgebung. Wer tief schlafen will, schläft in einem stillen, ruhig eingerichteten, komplett abgedunkelten Schlafzimmer mit nicht mehr als 18 Grad Celsius und sorgt dafür, dass er sich sicher und geborgen fühlt. Idealerweise ist Ihr Bett möglichst groß und frisch bezogen. Partner oder Partnerin sind ruhige Schläfer, anderenfalls schlafen Sie besser in getrennten Räumen. Fernseher und elektronische Medien hat Littlehales aus den Schlafzimmern seiner Kunden verbannt. Das Smartphone wird in einem anderen Raum aufgeladen und weder als Wecker noch als Schlaf-Tracker genutzt.

Schlafposition. Viele Menschen stören den Einschlafprozess buchstäblich in letzter Minute: bei der Suche nach der richtigen Schlafposition. Dagegen hilft eine leicht zu erlernende Gewohnheit: Schlafen Sie jeden Tag auf die gleiche Weise ein, nämlich mit angezogenen Beinen auf Ihrer nicht-dominanten Seite. Rechtshänder drehen sich also auf die linke Seite, Linkshänder auf die rechte. Was Littlehales in seinem Buch *Sleep* schreibt, klingt überzeugend: »Kein Herumwerfen mehr, um endlich eine bequeme Position zu finden. Kein Drehen vom Bauch auf den Rücken, von einer zur anderen Seite. Stattdessen wissen Sie mit absoluter Sicherheit, dass sie auf ihrer nicht-dominanten Seite die Fötushaltung einnehmen, die Augen schließen, durch die Nase atmen und dann … einfach einschlummern.«[13]

Nachklang. Morgens nach dem Aufwachen kommt es darauf an, die Wirkung einer guten Nacht mit in den Tag hinüberzunehmen. Idealerweise schreiben Sie drei »Morgenseiten« über alles, was Ihnen gerade durch den Kopf geht. Die Idee stammt von der Autorin und international bekannten Schreibtrainerin Julia Cameron: »Sobald wir diese verschwommenen, aufreizenden, verwirrenden Gedanken [nebulöse Sorgen, Ängste und Überlegungen] auf die Seite bannen, gehen wir mit wachen Augen in den Tag.«[14]

Achtsamkeit ist das neue Stressmanagement

Selbstorganisation gehört für die meisten zum Geschäft. Mit Terminkalender, To-do-Listen, Zeitmanagement, Bullet-Journal, Meilensteinen oder Kanban-Board behalten wir die Aufgabenflut im Griff. Das ist gut. Doch Selbstfürsorge geht weiter. Verglichen mit der Selbstorganisation räumen wir ihr allerdings weniger Platz ein. Zwischen Meetings und Sprint-Zielen darauf achtzugeben, dass es einem gut geht, ist vielen noch fremd. Je nach Standpunkt nehmen wir es als egoistisch oder verweichlicht wahr, behutsam mit uns umzugehen, wo es allenthalben so viel Wichtigeres, Dringenderes zu tun gibt. Stressmanagement, ja, das mag angehen, suggeriert es doch, dass wir uns verausgaben, fordern und nicht selten überarbeiten. Für die Regeneration dazwischen ist das Wellness-Wochenende da. Zwischen Wärmestube und Wasserbett erlauben wir uns, den Körper wohlig einzuhüllen und den Geist einzulullen. Ein paar kostbare Tage lang spüren wir unseren Körper, verlieren uns in einem Buch, gewinnen unseren Blick für die Natur zurück. Und nehmen uns vor: Etwas von der Langsamkeit nehmen wir in den Alltag mit. Meine Erfahrung ist: Es dauert keine Woche, dann hat der Alltag uns wieder, und der Teufelskreis beginnt von vorn. Wir managen unseren Stress. Nicht unser Wohlbefinden.

Ein Grund dafür sind tief verwurzelte Glaubenssätze. Sind Sie auch mit dem Satz groß geworden: Erst die Arbeit, dann das Spiel? Erst die Hausaufgaben, dann das Schlittenfahren? Erst Karriere, Kinder, Perfektion, dann Selbstvertrauen, Muse, Lockerlassen? Und kennen Sie die Erfahrung, wie oft das Erste so viel Zeit und Kraft in Anspruch nimmt, dass das Zweite auf der Strecke bleibt? Genau da liegt unser Denkfehler. Wir sehen Entspannung und Nachsicht mit uns selbst als Belohnung an, die wir uns durch Leistung verdienen müssen. Allenfalls nachdem die Steuererklärung fertig und die Biotonne rausgestellt ist, steht uns ein Abschalten zu. Erst wenn wir in einem Gebiet vollständig firm sind, machen wir uns mal locker. Höchstens wenn im Homeoffice alles rund läuft, klinken wir uns für eine Stunde aus, um an die frische Luft zu gehen. Bis dahin funktionieren wir, vergessen zu trinken, gönnen uns keine Pause, sind ständig erreichbar, arbeiten halbe Nächte lang durch.

Dabei wäre eine andere Sicht nicht nur gesünder und angenehmer, sondern auch produktiver. Warum betrachten wir den pfleglichen Umgang mit uns selbst eigentlich nicht als das, was er ist: eine Grundvoraussetzung für exzellente Leistungen? Bei unseren Smartphones können wir es doch auch. Wer seine Technik schätzt, der weiß, dass ein Lithium-Ionen-Akku die beste Lebensdauer hat, wenn man ihn nie vollständig entlädt, und alles vermeidet, was ihn zu sehr beansprucht. Am leistungsfähigsten bleibt die Batterie-Power, wenn man den Akku permanent in einem »gesunden« Mittelfeld der Belastung zwischen 30 und 80 Prozent hält. Das setzt voraus, dass wir regelmäßig einen Blick auf den Ladezustand unserer Technik werfen. Mit unseren eigenen Energiekapazitäten verhält es sich genauso. Wir können sie nur stabil erhalten, wenn wir auf sie achten. Und zwar nicht irgendwann später, wenn wir schon am Rande des Burn-out sind. Natürlich hilft es, wenn Firmen und Führungskräfte es ermöglichen, dass Mitarbeiter ihre Kraft nicht bis zum Anschlag ausreizen. Doch letztlich bedeutet Selbstfürsorge:

Statt zu erwarten, dass andere uns vor Stress und Belastungen schützen, tragen wir selbst die Verantwortung für unser Wohlbefinden.

Schließlich kann niemand so gut beurteilen wie wir, was physisch und psychisch in uns vorgeht. Halten Sie deshalb regelmäßig inne: Wie fühle ich mich hier und jetzt? Wo bin ich mit meinen Gedanken? Wie fühlt sich mein Rücken an? Wie geht es meinen Augen? Was sagt mein Bauchgefühl? Wie klar bin ich im Moment im Kopf? Fühle ich mich wohl? Was fehlt mir? Ein Glas Wasser? Eine Runde um den Block? Ein paar Worte mit der Kollegin? Oder Tieferes: Mehr Freude? Wertschätzung? Ausgelassenheit? Abenteuer?

Was so simpel klingt, geht zwischen Arbeitslast und Freizeitstress leicht unter. Die allermeiste Zeit funktionieren wir wie auf Autopilot. Wir arbeiten Agenden ab und ziehen unser Ding durch. Für leise Momente fehlt uns der Sinn, unangenehme Empfindungen werden beiseitegeschoben, unsere Gedanken kreisen um das Kundengespräch, das nicht wie gewünscht lief, oder um den nächsten Termin, bei dem es ums Ganze geht. Achtsamkeit steht im Kontrast dazu. Wer regelmäßig bei sich selbst eincheckt, entwickelt ein Bewusstsein für das Hier und Jetzt. Wir nehmen schöne Momente intensiver wahr, etwa die Gewitterwolkenformation vor dem Bürofenster oder den Geruch von frisch gebrühtem Kaffee, und können schnell gegensteuern, wenn wir merken: Wir sind dabei, unsere physischen und psychischen Grenzen zu sprengen.

Aufmerksamkeit und Großzügigkeit für uns selbst verändern das Lebensgefühl: Wir entwickeln mehr Widerstandskraft, genießen intensiver, reagieren gelassener auf Stressmomente, können besser abschalten und gehen geduldiger mit anderen Menschen um. Viele hocherfolgreiche Menschen bauen deshalb Achtsamkeitspraktiken in ihren Tagesablauf ein: Meditation, Yoga, Achtsamkeitsbasierte Stressreduktion (Mindfulness-Based Stress Reduction, kurz MBSR), Digital Detox, Achtsames Essen, Natur und Tiere erleben.

Die amerikanische Talkshow-Moderatorin, Schauspielerin und Unternehmerin Oprah Winfrey gehört zu den einflussreichsten Frauen der Welt. In ihrem Magazin *O* beschreibt sie, wie einfach Achtsamkeit geht: »Ich wache jetzt bei Vogelzwitschern auf (echtem Twitter sozusagen). Bevor ich aufstehe, halte ich kurz inne und nehme das Getriller wahr. Und selbst in New York City, wenn mich der Lärm der Lastwagen weckt, bemerke und schätze ich, dass die Stadt erwacht, ein neuer Tag anbricht und wir ihn leben dürfen.«[15]

Anders als amerikanische Leader behandeln europäische Meinungsmacher das eigene Wohlbefinden so gut wie immer als Privatsache. Doch auch sie tun Achtsamkeitspraktiken nicht als überflüssig ab. Dafür ist ihr Nutzen zu gut belegt. So zeigt beispielsweise eine Studie der Neurowissenschaftlerin Britta Hölzel an der Harvard Medical School in Boston: Nach MBSR-Trainings nimmt die Dichte der grauen Zellen im

Hippocampus zu – einem Hirnbereich, der für Gedächtnis, Lernprozesse und Emotionsregulation zuständig ist.

Wer trotzdem nicht gern viertelstundenlang stillsitzt, tief atmet und der ein- und ausströmenden Luft nachspürt, kann sich die positive Wirkung von Achtsamkeit trotzdem sichern. Denn Achtsamkeitspraktiken am Tagesbeginn oder Tagesende sind zwar gut. Noch besser ist es aber, wenn wir uns einfach auf das einlassen, was mit uns und um uns herum passiert. Im Idealfall bedeutet das: Wir schenken unseren Gefühlen, Bedürfnissen und Reaktionen Aufmerksamkeit und handeln entsprechend.

Als wir klein waren, sorgten unsere Eltern dafür: Wenn wir einen aufregenden Tag hatten und irgendwann überdreht waren, gab es nicht noch ein Spiel, eine Runde Toben oder eine Ermahnung. Wir bekamen einfach etwas zu essen, wurden ins Bett gebracht, geherzt und geküsst und nach dem Mittagsschlaf oder am nächsten Morgen wachten wir auf und unsere Welt war in Ordnung. Als Erwachsene sind wir unserem vierjährigen Ich manchmal ziemlich nahe: Wir können nicht mehr, sind hungrig, haben schlechte Laune, machen Fehler, fallen aus der Rolle. Am vernünftigsten wäre es in solchen Situationen, genau das zu tun, was früher unsere Eltern für uns getan haben: ein bisschen auf uns aufzupassen. Manchmal genügt schon eine Handvoll Nüsse oder ein Spaziergang, damit sich die Stimmung wieder einpendelt. Manchmal darf es mehr sein: ein heißes Bad, ein gutes Gespräch, neun Stunden Schlaf, ein Rockkonzert, bei dem wir Dampf ablassen, ein Wochenende ohne Einladungen und Freizeitstress.

Achtsamkeit ist zuallererst gesunde Selbstfürsorge. Je besser Sie auf sich achten, desto wacher, fokussierter und exzellenter können Sie handeln. Idealerweise warten Sie dafür nicht den nächsten Urlaub ab. Am meisten können Sie privat und beruflich geben, wenn Sie es sich in jeder Minute des Tages so gut wie möglich gehen lassen.

Exzellenz-Briefing: 7 Gewohnheiten für mehr Leistungskraft

Es klingt so verdammt banal. Aber wenn wir über Exzellenz sprechen, gilt es zunächst einmal, die Grundlage dafür zu schaffen. Ohne physisches und psychisches Wohlbefinden kann niemand gut, geschweige denn exzellent arbeiten, positiv führen, das letzte Detail eines Zahlenwerks erfassen. Die Sorge um das Wohlbefinden legt den Boden für große Anstrengungen, außerordentliche Leistungen, lange Arbeitstage und gute Entscheidungen. Wollen wir zur besten Version unserer selbst auflaufen, sind Auszeiten, Bewegung und Entspannung kein Luxus, sondern eine Notwendigkeit.

1 Das Leben von der Arbeit trennen

Der Übergang zwischen Leben und Arbeit wird immer fließender. Umso mehr müssen wir lernen, uns abzugrenzen. Das fällt besonders schwer, wenn man sich mit der Arbeit identifiziert. Aber: Ein guter Mitarbeiter ist nicht der, »der 120 Prozent gibt und dann mit 50 im Burnout ist«, gibt der Zeitmanagement-Experte Lothar Seiwert zu bedenken.[16] Wirklich exzellent hingegen hat es die frühere US-Bundesrichterin Ruth Bader Ginsberg schon als Studentin geschafft, dass Studium und Familie zu ihrem Recht kommen: »Ich bin um 8.30 Uhr in die Vorlesung gegangen und um 16 Uhr nach Hause gekommen; das war die Zeit der Kinder. Das war eine völlige Unterbrechung in meinem Tag und dauerte, bis Jane zu Bett ging. Danach stützte ich mich wieder mit Elan auf die Bücher und hatte das Gefühl, jeder Teil meines Lebens war eine Erholung vom anderen.«[17]

2 Selber kochen

Vor Corona tat es nicht einmal jeder zweite. Doch der Aufwand lohnt sich: Männer und Frauen, die oft und gern kochen, entscheiden selbst, was in ihr Essen gelangt. Biokost oder konventionell produzierte Lebensmittel, Jahreszeitliches oder Herbeigeflogenes, selbstgerührte Dips oder doch die Grillsauce aus der Kunststoffflasche. Die Deutsche Gesellschaft für Ernährung (DGE) weist in ihrem 13. Ernährungsbericht darauf hin: Wer sich mehrmals in der Woche an den Herd stellt, isst gesünder und weniger kalorienreich. Die Wahl fällt öfter auf Gemüse und Obst, dafür gibt es weniger Süßigkeiten, Snacks und gesüßte Getränke.[18] Noch mehr für das Wohlbefinden tut, wer das selbst Gekochte zusammen mit Familie oder Freunden genießt.[19]

3 Perfektion bedrückt, Exzellenz beflügelt

Perfektion und Exzellenz sind keine Synonyme. Perfektionisten orientieren sich an einem vermeintlichen Idealbild. Ihr Blick richtet sich auf die Lücken, die Defizite, das noch Fehlende. Das Gefühl, nie zu genügen, stresst, drückt nieder und macht schlimmstenfalls krank.[20] Menschen, die nach Exzellenz streben, verfolgen einen gesünderen Weg. Zwar legen auch sie hohe Maßstäbe an sich und ihr Verhalten an. Aber sie setzen bewusst einen Punkt und jagen keinem unerreichbaren Idealzustand hinterher. Sie beziehen ihre Energie daraus, dass sie das, was sie tun, gut und immer besser tun. Einstweilen lähmen sich Perfektionisten mit der Angst, nicht gut genug zu sein.

Der Erfolg wurde ihr nicht in die Wiege gelegt. Mit knapp 40 schafft sie den Sprung in den Vorstand. Wer sie kennt, schätzt ihr Wissen, ihren Ernst, ihre Integrität. Selbst fühlt sie sich im Kreis Gleichrangiger unsicher. Sie spürt Defizite in Sachen Allgemeinbildung, beim Small Talk, bei den Umgangsformen. Im Coaching sprechen wir über den Unterschied zwischen erfolgreich sein und sich erfolgreich fühlen. Doch so schnell kann sie nicht aus ihrer Haut. Ich frage, wo sie die nächsten Schritte für sich sieht. Die Antwort verrät, wie tief der Perfektionsanspruch sitzt: Sie brauche mehr Wissen zur protokollarisch richtigen Anrede. Bischöfe, Botschafter, Barone ...

4 Mit der Energie haushalten

Millennials stellen an Arbeitgeber den paradoxen Anspruch, die Arbeit solle weniger Arbeit machen. In den Ohren der Vorgängergenerationen, in der am meisten galt, wer am längsten blieb, klingt dieser Wunsch reichlich vermessen. Doch eigentlich haben die jüngsten Arbeitnehmer Recht. Mit letzter Kraft können wir keine unserer Rollen exzellent ausfüllen. Schalten Sie deshalb auch kleine Energiefresser aus. Meetings per Zoom oder Microsoft Teams beispielsweise strengen mehr an als persönliche Treffen. Das kann man hinnehmen. Wer gut für sich sorgt, gebietet allerdings dem Energieschwund Einhalt und schaltet die Kamera, wenn möglich, ab. Denn unser Gefühl hat Recht: Vor allem die Galerie-Ansicht löst Zoom-Fatigue aus – eine Überforderung des Gehirns, weil wir beim Videochat einander nicht wirklich in die Augen sehen können.

5 Die Nähe entspannter, gesundheitsbewusster Menschen suchen

Von dem Unternehmer und Motivationstrainer Jim Rohn stammt der Satz: Unser Leben ist der Durchschnitt der fünf Menschen, mit denen wir die meiste Zeit verbringen. Wir sind ungefähr so fit oder schlank wie der Durchschnitt dieser fünf Menschen. Wir denken vergleichbar positiv oder negativ. Wir sind ungefähr so gestresst oder entspannt. Je mehr Ihre Freunde oder Kollegen auf ihr Wohlbefinden achten, desto selbstverständlicher tun Sie das Gleiche.

6 Raus in die Natur

Die Umweltpsychologin Renate Cervinka von der Universität Wien hat herausgefunden: Selbst ein kurzer Aufenthalt im Freien kuriert die mentale Erschöpfung, die die Reizüberflutung im Alltag verursacht. Wenn wir auf einer Parkbank dem Frühling zuschauen oder am Fluss die Kiesel unter den Füßen spüren, schlägt das Herz messbar ruhiger, der Blutdruck sinkt, die Muskeln entspannen sich. Schon fünf Minuten im Freien mindern Stress und erhöhen das Selbstwertgefühl. Am stärksten zeigt sich der entspannende Effekt übrigens, wenn die Zeit im Grünen in der Nähe von Wasser verbracht wird.

7 Eins mit seinen Gedanken sein

Natürlich können Sie einen Kurs buchen. Oder täglich dreißig Minuten lang bewusst atmen. Es geht aber auch mit weniger Aufwand: Adam Hanley, ein Doktorand an der Florida State University hat ein bemerkenswertes Experiment durchgeführt. Er wollte wissen, wie wir bei Alltagsaktivitäten unser Wohlbefinden verbessern können. In einem Experiment ließ er deshalb 51 Studierende Geschirr spülen.[21] Die Hälfte von ihnen bekam zur Vorbereitung eine sachliche Anleitung über die beste Spültechnik zu lesen, die andere Hälfte einen Text über Achtsamkeit: »Ich bin völlig bei mir, folge meinem Atem und bin mir meiner Gedanken und Handlungen bewusst«, lautete eine der Anweisungen. Am Ende der Studie war bei beiden Gruppen das Geschirr sauber. Als Nebeneffekt fühlten sich die Teilnehmer, die sich mit allen Sinnen auf den Vorgang des Spülens konzentriert hatte, um 27 Prozent weniger nervös und um 25 Prozent inspirierter als davor. Bei der Kontrollgruppe wurde kein vergleichbarer Effekt beobachtet.

6

Souveränität

Weil sich Exzellenz unter Druck am deutlichsten zeigt

Kitas zu, Gastronomie geschlossen, Kultur im Shutdown. Was lässt Corona noch von unserem Leben übrig? Diese Frage stellte Frank Plasberg im Mai 2020 seinen Gästen bei *Hart, aber fair.*[1] Es war zu spüren: Nach sieben Wochen Zwangspause lagen die Nerven blank. Die Virologieprofessorin Melanie Brinkmann bekam stellvertretend für ihre Zunft die Welle der Empörung ab. Vor allem der Sternekoch Alexander Herrmann zeigte sich von den widersprüchlichen Aussagen der Wissenschaft genervt: »Ich muss nur genügend Virologen fragen, dann kriegt man die Zahl, die man braucht.« Der Schauspieler Ulrich Matthes regte sich über Herrmanns Vorhaltungen so sehr auf, dass Plasberg sein Pult verließ, um zu schlichten.

»Ich bin einfach nur leidenschaftlich, das muss erlaubt sein«, erhitzte sich Matthes.

»Ich bin stur«, gab Herrmann zurück.

Über das Durcheinander der Stimmen wirft die Virologin ein: »Darf ich sachlich sein?«

Milde wartet sie ab, bis sich alle beruhigen und Plasberg zu seinem Pult zurückkehrt. Dann hakt sie ein: »Sie waren mir gerade zu nah!« Plasberg verteidigt sich, er habe zwei Meter Abstand eingehalten, doch Brinkmann beharrt freundlich: »Je weiter, desto besser, Herr Plasberg.«

So geht Exzellenz: unter Druck charakterstark reagieren. Entschlossen in der Sache, aber verbindlich im Stil. Nicht unterkühlt, aber auch nicht überemotional. Denn in einer unruhigen Welt kann nur positiv Einfluss nehmen, wer selbst die Ruhe bewahrt. Auch wenn man angesichts der Ignoranz und Aggression der anderen gern aus der Haut fahren möchte. Gerade dann.

Das Spektrum der Emotionen

Die Zeiten, in denen Leader sich hinter Rationalität verschanzten wie hinter übergroßen Chefschreibtischen, gehören der Vergangenheit an. Bis in professionelle Umfelder hinein hat sich herumgesprochen: Emotionale Zustände gehören zum (Geschäfts-)Leben. Manager und Mitarbeiter arbeiten besser, wenn sie mit ihren Aufgaben und Zielen emotional verbunden sind. Kunden wollen nicht nur Funktionalität, sondern Gefühle, Geschichten und Identifikation. Menschen mit einem reichen Gefühlsleben scheinen körperlich und seelisch in einer besseren Verfassung zu sein als Menschen mit einer weniger bunten Gefühlswelt, und nicht nur positive, auch negative Emotionen haben ihre guten Seiten.

»Stay hungry, stay foolish« – diesen Gedanken gab Steve Jobs in seiner legendären Stanford-Rede der Abschlussklasse 2005 mit auf den Weg. Hungrig bleiben, albern sein – das sind starke, emotionale Worte. Zwei Jahre, bevor das erste iPhone auf den Markt kam, klangen sie im Kontext von Business und Karriere aufregend anders. In den Bürotürmen regierte damals noch das Rationale, das Nüchterne, die Vernunft. Erst einige iPhone-Generationen später wurde auch jenseits des Silicon-Valley der Gedanke verstanden: Viel mehr als der rationale Verstand bringen uns unsere Emotionen (lat. *emovere* = herausbewegen, emporwühlen) in Bewegung.

Egal, ob wir vor Begeisterung brennen oder vor Neid: Emotionen verrücken uns. Sie befördern uns in neue Gefilde. Sie bewirken, dass wir uns aus der Deckung wagen und mit vollem Herzen bei der Sache sind. Selbst unerwünschte Gefühle wie Gier, Angst oder Wut haben ihr Gutes, beispielsweise, weil sie unseren Ehrgeiz anspornen, unsere Aufmerksamkeit schärfen oder eine kompetitive Seite in uns zum Vorschein bringen, von der wir nicht einmal wussten, dass wir sie besitzen. Herausragende Wirtschaftsleistungen leben von der Dynamik der Gefühle genauso wie umwerfende Geschäftsideen. Es ist vielleicht kein hehres Gefühl, es sich oder anderen beweisen zu wollen oder Chancen forsch beim Schopf zu ergreifen. Aber es verleiht denen, die davon getrieben sind, herkulische Kräfte.

Alle Emotionen sind also nützlich. Doch manche sind nützlicher. Wir reifen als Menschen, wenn wir lernen, echte Begeisterung von künstlichem Hype zu unterscheiden, die feinen Unterschiede zwischen Neid und Missgunst zu verstehen, Trauer zuzulassen und die ganze Gefühlsbandbreite zwischen himmelhochjauchzend, zu Tode betrübt zu empfinden und nachzuempfinden. Tatsache ist aber auch:

Unsere Exzellenz verwirklichen wir bevorzugt in einem Gefühlsbereich der wohldosierten Emotionen.

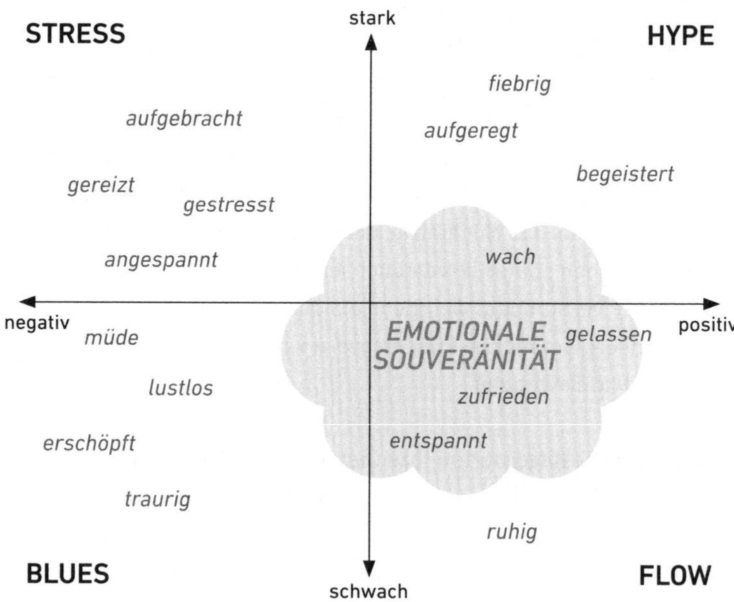

Quelle: Circumplex-Modell, adaptiert

Welche Emotionen das sind und in welchem Spektrum sie angesiedelt sind, verdeutlicht der amerikanische Psychologe James A. Russell. Aus dem von ihm entwickelten Circumplex-Modell des affektiven Befindens geht hervor: Unser Gefühlserleben ist in jedem Moment durch zwei Dimensionen gekennzeichnet: Wie intensiv ist ein Gefühl? Und wie positiv oder negativ fühlt es sich an?[2] Kombiniert man beides, bewegen wir uns in vier grundlegende Gefühlswelten: Stress, Hype, Blues und Flow. Gehen wir sie systematisch durch.

Stress. Im normalen Alltag finden wir uns häufiger als uns lieb ist in der Gefühlswelt links oben wieder: stark aktiviert, wobei sich die Erregung mehr negativ als positiv spürbar macht. Angst nagt an uns, Ärger flackert auf, Wut kocht hoch, die Zeit drängt, Stresshormone putschen den Körper auf. Die mächtigsten Menschen der Welt von Ex-US-Präsident Donald Trump bis Amazon-Chef Jeff Bezos mögen es sich leisten können, inneren Druck und explosive Stimmungen in starken Worten nach außen zu tragen. Das Verhalten entlastet, befriedigt Machtgelüste und pusht das Ego. Doch es gibt Nachteile: Ein hoher negativer Erregungszustand löst ein reflexartiges und damit weniger situationsangemessenes und überlegtes Handeln aus.[3] Nimmt Stress überhand, verlieren wir das Gefühl für unsere Umwelt. Hohe intellektuelle Leistungen und kluge Entscheidungen erfordern ruhigere emotionale Fahrwasser.

Hype. Selbst fühlen wir uns in der Regel am großartigsten, wenn wir uns emotional oben rechts befinden: also strahlend, hellwach, freudig-erregt. Dieses Wolke-sieben-Gefühl beschert uns das Belohnungssystem des Gehirns. Passiert etwas unerwartet Positives, wird Dopamin ausgeschüttet und erzeugt ein Hochgefühl, das süchtig macht. Wir fühlen es, wenn wir frisch verliebt sind, die Position erringen, auf die wir seit Jahren hinarbeiten, durch die Nacht tanzen oder die Lederjacke im Sale bekommen, auf die wir schon lange ein Auge geworfen haben. Der Kick der Euphorie schafft so gesteigerte Gefühle, dass wir es jedem übelnehmen, der uns jetzt herunterzieht. Und uns beispielweise darauf aufmerksam macht, dass die Lederjacke einen winzigen Riss am Ärmel hat. Je großartiger wir uns fühlen, desto mehr neigen wir zu Selbstüberschätzung, desto leichter passieren Fehler und Fehleinschätzungen, desto öfter übersehen wir Warnzeichen und Gegenwind.

Blues. Im linken unteren Quadranten herrscht jene eingetrübte Stimmung, die sich gern am Ende eines langen Wochenendes einstellt. Wir fühlen uns traurig, lustlos, deprimiert, gelangweilt, bedrückt und wissen oft nicht einmal, warum. Obwohl wir genügend Zeit und eigentlich einen freien Kopf haben, bringen wir nichts zuwege. Wir können uns schwer konzentrieren, wirken auf andere distanziert und desinteressiert, fühlen uns leer, das Leben mutet sinnlos an, der Antrieb fehlt – fatalerweise auch der, uns selbst beim Haarschopf aus dem Sumpf zu ziehen. In dieser Stimmung fühlen wir uns nicht nur lahm, wir wirken auch so. Unsere Leistungsfähigkeit bleibt genau wie die Qualität unserer sozialen Kontakte weit hinter unserem Können und Wollen zurück.

Flow. Hier liegt unser Exzellenzfeld. Im rechten unteren Quadranten mit kleinen Ausläufern nach links unten und rechts oben pendeln wir uns auf einen gemäßigt positiven Zustand ein. In dieser gleichschwebenden Stimmung arbeiten wir am schöpferischsten und vertreten unsere Anliegen und Themen gesammelt und souverän. Anders als in den drei anderen Zustandsbereichen überwältigen unsere Gefühle uns nicht, sie tragen uns. Wir fühlen uns wohl in unserer Haut, ohne deshalb in Champagnerlaune zu sein. Wir sind offen für neue Impulse, die Ideen fließen frei, wir treffen intuitiv stimmige Entscheidungen. Hier liegt ein großer Teil unserer emotionalen Souveränität. Nur im untersten, erregungsarmen Bereich des Flow-Quadranten lässt der leistungssteigernde Effekt nach. Stattdessen driften wir in Wellness-Wohligkeit und tiefe Entspannung ab.

Der Boden für neue Großtaten wird bereitet …

Im Zustand der emotionalen Souveränität sind wir in unserem Element. Hier erbringen wir einen Großteil unserer exzellentesten Leistungen, und es fühlt sich nicht einmal mühevoll an. Allerdings wissen Sie vermutlich selbst: Flow ist kostbar und alles andere als selbstverständlich. Während Stress, Hype und Blues uns einfach so überfallen, erweist sich souveräne Gelassenheit als zurückhaltender Gast im Gefühlshaushalt. Wenn wir ihre Gesellschaft wollen, müssen wir uns um sie bemühen.

Aufdringliche Emotionen regulieren

Eine Emotion ist ein Vorgang, der den Organismus darauf vorbereitet, »mit seiner Umwelt in einer effizienten Weise zu interagieren.«[4] So nüchtern erklärt der Neurowissenschaftler Dieter Vaitl das, was unser Herz rasen lässt, den Atem zum Stocken bringt, uns den Schweiß auf die Stirn treibt, auf den Magen schlägt oder in Freudentaumel versetzt. Den großen und kleinen Gefühlen voraus geht immer das Gleiche: ein wie auch immer gearteter äußerer Reiz, den das Gehirn zu einer Emotion verarbeitet. Ohne unser Zutun signalisiert sie uns, wie es uns jetzt im Moment geht und für uns läuft. Das gibt uns die Chance, unser Verhalten im Handumdrehen anzupassen. In manchen Fällen kann uns das den Kopf retten, etwa wenn aufkommende Angst uns warnt, dass der Fahrradreifen unter uns wegrutscht. Mit etwas Glück kratzen wir intuitiv noch irgendwie die Kurve oder stürzen zumindest so, dass wir angezählt sind, aber nicht schwer verletzt.

In anderen Fällen erweisen unsere Emotionen sich zwar als nützliche Informanten, taugen aber schlecht als Ratgeber.

Zum Beispiel würden wir auch im Corona-Winter gern unserem Gefühl folgen, wenn uns die Wiedersehensfreude drängt, einer Geschäftspartnerin die Hand zu schütteln oder einen Freund zu umarmen. Wir wissen aber: Es wäre Schwachsinn, diesem Impuls nachzugeben. Das müssen wir auch nicht. Denn im Grunde sind Gefühle wie Pop-up-Werbebotschaften: Zwar sind sie so gut auf uns abgestimmt, dass es uns schwerfällt, ihnen zu widerstehen. Doch wozu sie uns reizen, ist nicht immer und in jeder Situation das Beste für uns und einen positiven Ausgang. Zum Glück können wir unsere Gefühle ernst nehmen, ohne sie ausleben zu müssen. So wie uns nichts und niemand zwingt, die Sneaker zu bestellen, die schon zum dritten Mal an diesem Vormittag verführerisch im Display aufpoppen, so entscheidet auch niemand außer uns selbst, ob und in welcher Weise wir einem Gefühl folgen wollen.

Man kann es sich nicht oft genug klarmachen: Ein Gefühl ist ein Gefühl ist ein Gefühl. Es gibt uns nichts vor, es wird nicht von sich aus aktiv. Egal, wie sehr es uns drängt, reizt, vereinnahmt: Ein Gefühl ist nur eine Handlungsdisposition, keine Handlung. Es liegt an uns, wie wir darauf reagieren wollen. Wann. Und ob überhaupt. Wahr ist allerdings auch: Manche Gefühlsregungen sind so stark, dass wir sie kaum bändigen können. Ob es um die Lust auf ein zweites Dessert geht, um die Rachegefühle gegen den Kollegen, der zum wiederholten Mal eine essenzielle Information für sich behält, oder um den Sog, die schwarze Abfahrt ein letztes Mal zu wagen, obwohl schon die Schenkel glühen, es gibt Emotionen, die machen uns heiß.

Schuld daran ist mal wieder unser Gehirn: Im dritten Jahrzehnt nach der Jahrtausendwende erweist sie sich als bedauerlich veraltet. Denn wenn wir nicht aufpassen, springen unsere Emotionen, egal ob positiv oder negativ, uns mit der Unbändigkeit eines Bernhardiners an. Sie auf Abstand zu halten, das muss man erst einmal schaffen. Wieder und wieder stehen wir deshalb vor der Frage: Wie sollen wir souverän auftreten, wenn wir vor Lampenfieber Bauchweh haben? Wie bleiben wir wertschätzend, wenn wir vor Wut kochen? Wie geben wir anderen Sicherheit, wenn wir selbst nicht wissen, wo uns der Kopf steht? Wie halten wir unser Überlegenheitsgefühl im Zaum, wenn uns doch so leicht niemand das Wasser reicht? Unter der Wucht der Emotionen können wir zwar schnell und kraftvoll reagieren. Aber im Digitalzeitalter kommt eher selten ein Säbelzahntiger auf uns zu. Deshalb liegen wir mit unseren Impulsen oft daneben. Mal sind sie zu heftig, mal zu undifferenziert, mal schlicht und einfach nicht vorzeigbar.

Zwei brillante Köpfe. Beide halten nichts von Panikmache. Auch, wenn es um Covid-19 geht. Tesla-Chef Elon Musk machte seinem Ärger darüber ungefiltert Luft. »The coronavirus panic is dumb«, twitterte er am 6. März 2020 an 33 Millionen Follower. Diese Corona-Viruspanik ist bescheuert. Bill Gates äußerte sich auf seinem Blog zurückhaltender: »Ich hoffe, dass es nicht so schlimm ist, wir sollten aber davon ausgehen, dass es das ist, bis wir Genaueres wissen.« Nach dem Auftakt, der die Gefühlslage zwar anspricht, aber nicht dramatisiert, folgt Aufklärungsarbeit: Sachinformationen, Hintergründe, Lösungsvorschläge.

Man kann Elon Musk nicht vorwerfen, er mache aus seinem Herzen eine Mördergrube. Sein Tweet ist Emotion pur und wurde vermutlich impulsiv rausgehauen. Das kann man machen. Zwei Millionen Likes und Hunderttausende von Retweets geben Musk Recht. Dass jemand Aufmerksamkeit auf sich zieht, ist allerdings kein Ausweis von Exzellenz. Bezogen auf die vier Gefühlswelten bewegt Musk sich in den affektgeladenen Bereichen von Hype und Stress. Bill Gates lenkt seine Emotionen in gemäßigtere Bahnen. Aus Ton und Inhalt seines Beitrags spricht das Bewusstsein: Mit dem Ernst der Lage, der Größe der Plattform, dem Grad der Bekanntheit steigt die Verantwortung. Eine Äußerung eines der berühmtesten Staatsmänner oder Top-CEOs der Welt hat Gewicht. In den sozialen Medien erreicht sie mehr Reichweite als die meisten journalistischen Leitartikel. Direkt und indirekt beeinflusst sie die Meinung und das Verhalten von Millionen von Menschen, weit über den unmittelbaren Wirkungskreis hinaus. Im besten Fall rettet solch ein Post Leben. Im schlechtesten befördert er Verschwörungstheorien.

»Zwischen Reiz und Reaktion liegt ein Raum«, heißt ein berühmter Satz des österreichischen Neurologen und Holocaust-Überlebenden Viktor Frankl. »In diesem Raum liegt unsere Macht zur Wahl unserer Reaktion.« Je mehr Menschen auf uns schauen und hören, desto mehr hängt Exzellenz von der Fähigkeit ab, einen zugleich authentischen und situationsangemessenen Gefühlsausdruck zu finden. »To lower the temperature«, darum bat Joe Biden in der ersten Rede als President-Elect. Die Temperatur absenken. Weder reagiert man lau oder gefühlskalt noch hitzig oder vor Eifer brennend. Warmherzigkeit in Denken und Ton wäre der ideale Level. Mindestens wägt man seine Worte ab, ehe man den Mund aufmacht, auf Senden drückt, von Betrug spricht oder eine unumkehrbare Verpflichtung eingeht.

Ja, Reize überraschen, überrollen, überrumpeln uns. Hilflos ausgeliefert sind wir ihnen trotzdem nicht. In unserer Reaktion zeigt sich unsere Persönlichkeit, unser Charakter, unsere Exzellenz. Idealerweise können wir uns, wenn es darauf ankommt, in einen Gefühlszustand einschwingen, der eher der Wohltemperiertheit einer Bach-Kantate als einer Hard-Rock-Hymne entspricht. Positive Gestimmtheit bei gemäßigter Erregung ist die emotionale Basis, auf der Exzellenz gedeiht.

Ex-US-Präsident Barack Obama ist ein Mensch, den der Zustand der emotionalen Souveränität so gut wie nie zu verlassen scheint. So freigebig er Stolz, Freude und Liebe verströmt, so diszipliniert mäßigt er Frust und Zorn. Selbst seinem irrlichternden Nachfolger Donald Trump gegenüber hielt er sich vier Jahre lang mit direkter Kritik zurück. Die Presse nannte Obama deshalb gern »no drama Obama«. Sein persönliches Motto lautet: »When they go low, we go high.« Frei übersetzt: Wenn andere Tiefschläge austeilen, verhalten wir uns hochanständig.

Obama sagt von sich selbst, er habe ein ausgeglichenes Temperament.[5] Doch was ist, wenn man von Natur aus zu Gefühlsausbrüchen, Begeisterungsstürmen, Panik oder impulsiven Handlungen neigt? Wenn man brennt für das, was man glaubt, und findet: Berechtigten Ärger muss man ausdrücken dürfen, selbst wenn es nicht jedem gefällt? Gibt es dann überhaupt einen Weg, über Hype und Stress hinauszuwachsen und in den Zustand der emotionalen Souveränität zu finden? Eine zeitlos-zeitgemäße Antwort finden wir in der römischen Antike.

Die Lehre von der Gelassenheit

Was im Sport der Marathon ist, ist in der Philosophie der Stoizismus. Beides weist einen Weg, scheinbar Unmögliches aus sich herauszuholen. Auf der Langstrecke trainiert und beweist die Exzellenzliga Disziplin, bei den stoischen Philosophen holt sie sich den praktischen Kompass, wie man Emotionen unter Kontrolle bringt. Nicht umsonst haben sich Politiker, Wirtschaftsführer und Tech-Größen zu allen Zeiten für die Lehren der stoischen Philosophen interessiert. Heute zeigt sich der Verwaltungsratschef von Condé Nast Jonathan Newhouse von der Stoa fasziniert, US-Rapper Lupe Fiasco bekennt sich in den sozialen Medien dazu, und auch die neue amerikanische First Lady Jill Biden sagt von sich, als Frau eines Politikers käme ihr ihr Stoizismus oft sehr zugute.

Das hohe Ansehen, das die Weisheit der Stoiker bei erfolgreichen Menschen genießt, wirft Fragen auf: Kann es sein, dass wir das Adjektiv »stoisch« bisher falsch verstanden haben? Ist ein stoischer Lebensstil am Ende gar nicht der Kalt-duschen-und-Knäckebrot-Lebensstil, für den Uneingeweihte ihn manchmal halten? Auf jeden Fall greift die Einschätzung zu kurz. Stoiker sind keine Spartaner. Sie üben sich nicht in Leidensbereitschaft, sondern in Nervenstärke. Ja, sie muten sich etwas zu. Sie verzweifeln nicht an Widrigkeiten. Nehmen wir ein Alltagsbeispiel: Einen unerwarteten Regenguss stoisch hinzunehmen, bedeutet nicht, dass man sich selbstquälerisch nassregnen lässt. Man zieht einfach die Regenjacke über, die man bei sich hat, weil zu den Säulen der stoischen Philosophie die »premeditatio malorum« gehört, das Vorherbedenken des Worst Case. Aufgrund dieser geistigen Übung sind Stoiker mental und praktisch besser als andere auf schlechtes Wetter vorbereitet, weniger freundliche Mitmenschen, ausverkaufte Opernkarten, Härten, Kränkungen, Niederlagen und sogar den Tod. Das aber heißt: Praktizierende Stoiker sind weder freudlos noch gefühlsarm. Sie erleben das Leben genauso intensiv wie alle anderen auch. Sie haben genauso starke Gefühle. Sie leben Euphorie und Frust nur mit mehr Besonnenheit aus. Daraus erwächst eine innere und äußere Ruhe, die nicht nur beeindruckend wirkt. Sie erleichtert es auch, emotional über den Dingen zu stehen.

Die Philosophen der jüngeren Stoa, der politische Berater Seneca, der freigelassene Sklave Epiktet und der römische Kaiser Mark Aurel bilden ein bemerkenswertes Trio. Zusammen verkörpern sie Vielfalt wie aus dem modernen Management-Lehrbuch. Gemeinsam hinterlassen sie uns eine praxisbezogene Lehre, die Fülle des Lebens mit Verstand zu genießen und Herausforderungen souverän zu meistern. Den wenigsten Menschen ist diese stoische Ruhe und Gelassenheit von Natur aus gegeben. Man bekommt sie auch nicht automatisch angeliefert, weil das Leben es gut mit einem meint und man die große Liebe findet, eine lukrative Geschäftsidee verwirklicht, eine Spitzenposition erringt und fortan eins mit sich und der Welt dem Sonnenuntergang entgegenreitet. Im Chaos der inneren und äußeren Aufreger stoische Ruhe zu bewahren, ist ein lebenslanges Projekt. Egal, wie angesehen, reich oder erfolgreich man ist.

In einem *Spiegel*-Interview berichtete Erich Sixt, der Gründer und Vorstandsvorsitzende des gleichnamigen Autovermieters, wie ein stoischer Lebensstil seinen Erfolg als Unternehmer prägt: »Wenn ich nicht schlafen kann, greife ich zu Marc Aurel. Er spricht dann über Tausende von Jahren zu mir und schenkt meiner Seele Frieden. Es wird mir dann schnell bewusst, dass viele Probleme, über die wir uns aufregen, Scheinprobleme sind. Unser Unterbewusstsein vergrößert diese Probleme, aber wir haben unsere Vernunft, um sie wieder wegzuschieben. Das geht, ist aber ein ständiges Training. Man trainiert ein Leben lang.«[6]

Der Philosoph und römische Kaiser Marc Aurel besaß eine Fähigkeit, die man bei modernen Leadern als »walking the talk« bezeichnet: Er wusste, wovon er sprach, und praktizierte, was er predigte. Seine Grundsätze, die er in seinen an sich selbst gerichteten *Selbstbetrachtungen* notierte, gehören bis heute zu den bekanntesten Texten der Weltliteratur. Doch

Marc Aurels Regierungszeit war keine glückliche. In seinem Kaiserreich wütete über zwanzig Jahre lang die Antoninische Pest. Fast zehn Millionen Menschen fielen der Pandemie zum Opfer. Obwohl Marc Aurels Name für vorbildliche Herrschertugenden stand, neigte sich unter seiner Führung das Goldene Zeitalter des Römischen Reiches zu seinem Ende.

Vor diesem Hintergrund gewinnen Marc Aurels Betrachtungen doppelt an Gewicht: »Denke lieber an das, was du hast, als an das, was dir fehlt.« Und weiter: »Suche von den Dingen, die du hast, die besten aus und bedenke dann, wie eifrig du nach ihnen gesucht haben würdest, wenn du sie nicht hättest.« Aus Marc Aurels Worten klingt Gefasstheit. Auf knappster Form vermitteln sie: Wenn wir unsere Gefühle beruhigen können, wachsen wir über Angst, Neid, Stress und Unzufriedenheit hinaus. Höhenflüge und Tiefschläge werfen uns weniger aus der Bahn. Wir können anderen wohlwollender und großzügiger begegnen. Wenig beeinflusst unser privates und berufliches Leben so sehr wie die Fähigkeit, Emotionen zu regulieren. Auch wenn es eine Zeitlang so wirken mochte:

Selbstbeherrschung ist weder unauthentisch noch von gestern.

Heute wie vor über zweitausend Jahren gehört sie zu den Spielregeln eines gelungenen Lebens und einer ambitionierten Karriere. Aus diesem Grund empfehlen die international tätigen Münchener Topmanagement-Beraterinnen Dorothea Assig und Dorothee Echter: »Selbstdisziplin ist die bewährte und universelle Methode zum Zusammenarbeiten, wie auch überall sonst, beim Zusammenleben, Zusammensein, Heiraten, bei Freundschaften, mit Kindern. Immer. Sich die eigenen Gefühle bewusst machen, statt sie auszuleben.«[7]

Stoizismus ist das neue Cool

Stoisches Gefühlsmanagement lebt von einer zentralen Unterscheidung: Was können wir nicht ändern? Dem schenken wir auch keine Beachtung. Und worauf haben wir Einfluss? Darauf richten wir unsere Aufmerksamkeit. An diesem Punkt setzen wir an. Nicht ändern können wir den Stau, die nervende Kollegin oder die lärmende Baustelle auf dem Nachbargrundstück mitten in den Sommerferien. Ändern können wir die Art, wie wir auf den Stau, die nervende Kollegin oder die Dauerbaustelle reagieren. In jeder einzelnen Situation des Lebens stehen wir daher vor der Frage: Richte ich meine Energie gerade auf etwas, was in meiner Macht steht? Oder beschwere ich mir das Leben mit Dingen, die sich meinem Einfluss entziehen?

Mit diesem zentralen Gedanken beginnt Epiktets *Buch vom geglückten Leben*: »Einige Dinge stehen in unserer Macht, andere nicht. In unserer Macht stehen: Meinungen, Bestrebungen, Begierden, Abneigungen, kurz alles, was Produkt unseres eigenen Willens ist. Nicht in unserer Macht stehen: Leib, Besitz, Ansehen, Ämter, kurz alles, was nicht unser eigenes Werk ist. Was in unserer Macht ist, ist seiner Natur gemäß frei, kann nicht verboten oder verhindert werden; was aber nicht in unserer Macht steht, macht abhängig, kann verwehrt werden, ist fremder Verfügung unterworfen.«

Noch vor Epiktet erläuterte der Politiker und Philosoph Cicero die stoische Dichotomie der Kontrolle: Stellen Sie sich einen Bogenschützen vor. Es steht ihm frei, mit höchster Sorgfalt zu zielen. Er kann aber beim besten Willen nicht sicherstellen, dass er wirklich trifft. Ist der Pfeil abgeschossen, endet der Einfluss des Schützen. In zweitausend Jahren Geschichte hat sich daran nichts geändert:

Entweder wir haben über etwas die Kontrolle oder wir haben sie nicht.

Dazwischen gibt es keine Grauzonen. Deshalb stellen wir uns selbst ein Bein, wenn wir unser Glück davon abhängig machen, dass Menschen und Dinge sich zu unseren Gunsten wandeln. Dass die Partnerin sich ändert, der Chef familienfreundlicher denkt oder das Wetter aufklart, wenigstens zum Wochenende hin. Sicher hören Sie diesen Gedanken nicht zum ersten Mal. Aber stoische Menschen kennen das Prinzip nicht nur, sie leben danach. Sie haben verinnerlicht oder rufen sich immer wieder ins Bewusstsein: Es ist verschwendete Lebenszeit, sich über das zu sorgen, zu beklagen, zu beschweren, was sich unserem Einfluss entzieht – die Vergangenheit, andere Menschen, die Steuergesetze, die Wirtschaftskrise, die selten dämlich getaktete Ampelschaltung. Das klingt fatalistisch. Ist es aber nicht. Stoische Menschen sind Pragmatiker. Sie identifizieren punktgenau die Stellschrauben, auf die sie Einfluss haben: die Zukunft, ihr persönliches Wachstum, die Auswahl von Weggefährten und Freunden, die Playlist, die die Laune hebt. Diese Strategie befähigt sie, ihre Energien dorthin zu leiten, wo sie am meisten bewirken. Sie fühlen sich souverän und handlungsfähig, auch wenn nicht alles nach ihren Wünschen verläuft.

Aus dieser Haltung erwächst ein innerer Friede, der weit jener angestrengten Selbstbeherrschung überlegen ist, mit der wir Druck und Versagensangst zu überspielen suchen. »Ich messe jeden Morgen und jeden Abend mein Handeln an den Optionen und Möglichkeiten, die mir zur Verfügung stehen«, sagte Barack Obama während seiner zweiten Amtszeit dem Magazin *The New Yorker*. »Und ich verstehe, dass uns Grenzen gesetzt sind, was wir an Gutem bewirken und an Schlechtem verhindern können [...], aber dass, wenn ich mein Bestes gebe [...], die Dinge am Ende des Tages eher besser als schlechter sein werden.«[8]

Egal, wie exzellent man ist, vieles, sehr vieles, hat man nicht in der Hand: Das Spitzenamt erringen. Die Tennismeisterschaft gewinnen. Beim Pitch alle Konkurrenten ausstechen. Die Beste im Team sein. Bloß nie in einen schweren Unfall verwickelt werden. Wir können uns noch so sehr anstrengen und es noch so klug anstellen, letztlich entscheiden andere und anderes darüber, ob wir solche Vorhaben verwirklichen können. Nehmen wir sie trotzdem als Ziel, machen wir uns zum Opfer der Verhältnisse. Wir unterwerfen uns Maßstäben und Umständen, die sich unserer Kontrolle entziehen. Man hat einen schlechten Tag, das Publikum ist launisch, Entscheider verfolgen ihre eigene Agenda, die Stimmung im Wahlgremium dreht sich, aus irgendeinem Grund kommt die Konkurrenz besser an. Wir spüren, dass uns die Kontrolle entgleitet, werden unruhig, fühlen uns machtlos, die Leistung sinkt, die Geistesgegenwart auch. Erreichen wir unser Ziel trotz aller Anstrengungen nicht, leiden wir doppelt: Der begehrte Preis bleibt aus, und wir fühlen uns von uns und der Welt enttäuscht. Diesen Teufelskreis können Sie vermeiden.

Wer die Stoa richtig versteht, setzt sich Ziele, deren Ausgang er selbst kontrollieren kann.

Ein erreichbares Ziel ist es etwa, den Pitch wieder und wieder zu proben, zu verfeinern, neu zu üben, tagelang. Ein Fahrsicherheitstraining zu absolvieren. Sich so gut für das Tennisturnier in Form zu bringen, wie es zwischen Job und Familie und mit angeschlagenem Meniskus überhaupt möglich ist.

Der Vorteil solcher Zielformulierungen liegt auf der Hand: Wir hören auf, nach dem äußeren Erfolg zu schielen und dem Wohlwollen derer, die darüber entscheiden. Stattdessen konzentrieren wir uns darauf, unsere Sache gut zu machen. Eine stärkere Motivation für Trainingsfleiß und Konzentration gibt es nicht. Natürlich kann es trotzdem passieren, dass man am Ende die Wahl, die Goldmedaille oder den Jackpot nicht gewinnt. Aber die Welle der negativen Emotionen wird durch das gute Gefühl gemildert: Wir haben getan, was wir konnten. Die Anstrengung hat uns klüger gemacht. Wir sind unserer persönlichen Exzellenz näher gekommen. Der Rest ist Schicksal. »Never explain, never complain«, lautet ein Motto, von dem ich finde: Man kann es sich nicht oft genug ins Bewusstsein rufen. Wer sich fragt, wie man die nötige Coolness dafür aufbringt, findet bei den Stoikern die Antwort: Man akzeptiert, dass man nicht Wonderwoman oder Superman ist. Alles andere nimmt man in die Hand. Mit allem, was einem dafür zur Verfügung steht.

Westwing-Gründerin Delia Fischer zieht einen Energieschub daraus, Machbares und Im-Moment-nicht-Machbares zu trennen. Ihrem jüngeren Ich würde sie aus heutiger Sicht raten: »Viel öfter durchatmen und nicht mehr so viel Energie zu verschwenden. Ich habe mich früher unfassbar in alles reingesteigert, und alles musste bei mir immer sofort und perfekt sein. Wenn etwas nicht funktioniert hat, hat mich das wahnsinnig gemacht! Heute versuche ich, ein bisschen mehr Coolness an den Tag zu legen und mich nicht zu ärgern, sondern die Energie lieber positiv einzusetzen, um eine Lösung zu finden.«[9]

Auf alles vorbereitet

Die stoische Philosophie ist eine Philosophie des Auf-dem-Teppich-Bleibens. Genau das macht sie für Exzellenzsucher so bedeutsam. Denn Menschen, die viel von sich erwarten, neigen dazu, dass alles perfekt sein soll. Die Karriere, minutiös geplant. Kind 1, Kind 2, Kind 3, sorgfältig terminiert. Das Workout, regelmäßig durchgezogen. Selbst die Zahnpastamarke ist auf RDA- und Fluorid-Werte abgeklopft. Der hohe Anspruch an sich und das Leben birgt eine Gefahr. Erfolgsgewohnte Menschen fühlen sich fast unweigerlich als etwas Besonderes. Gleichzeitig quält sie die Sorge: Sie haben viel zu verlieren. Beides zusammen mündet in einen unguten Mix aus Überheblichkeit und Verlustangst. Stoische Menschen beugen dem gezielt vor. Natürlich genießen auch sie Erfolg, Bewunderung, Ehrungen und den Dienstwagen mit Fahrer. Natürlich ziehen sie schönes Wetter schlechtem vor, verfolgen konsequent ihre Ziele, wären am liebsten nie krank und führen gern ein entspanntes, angenehmes, interessantes Leben. Aber sie finden Wege, von diesen Dingen einigermaßen unabhängig zu bleiben. Deshalb ruhen sie mehr in sich als Menschen, die sich ein Leben ohne Besitz, Status und Bequemlichkeit nicht mehr vorstellen können. Wie schaffen Stoiker das? Wie bleiben sie gefasst in Situationen, die einem selbst die Fassung rauben? Der Preis dafür klingt unattraktiv. Er heißt: freiwilliger Verzicht.

Ganz bewusst gönnen Stoiker sich nicht jede Annehmlichkeit – obwohl sie anders könnten.

Wenn bei der englischen Queen die Cornflakes in der Tupperware-Dose auf dem Frühstückstisch stehen, Greta Thunberg sich im ICE mangels Sitzplatz auf dem Fußboden niederlässt oder eine Unternehmerfamilie die Urlaubsgestaltung nicht am Privatvermögen, sondern an der mäßigen Auftragslage des Betriebs orientiert, steht dies im Einklang mit den Lehren von Seneca: »Reich ist derjenige, der mit der Armut gut zurechtkommt.«[10] Oder wenigstens mit einem No-Name-Handy, einer Hochzeitsfeier ohne hundertfünfzig Gäste oder einem Sommer ohne Urlaub in einem Risikogebiet.

Stoiker haben verstanden: Luxus und Status kommen mit verdeckten Kosten daher. Viele Menschen arbeiten sich dafür ab, jeden Komfort zu genießen, das Image zu polieren, anderen zu gefallen und das meiste aus dem Leben herauszuholen. Gelingt das nicht, sinkt die Stimmung in den Keller. Schon ein Instagram-Post, der keine Resonanz erzeugt, vermittelt ein schlechtes Gefühl. Ein blöder Spruch eines Kunden verhagelt den Tag. Wir bekommen keine Karten für die Schlossfestspiele mehr und das Gehirn schaltet auf Overdrive. Oder der Klassiker: Wir stellen fest, das Handy liegt zu Hause, und geraten außer uns, als würden wir ohne Wasservorrat die Wüste Gobi durchqueren.

Gegen solche emotionalen Überreaktionen können wir uns wappnen. Nach stoischem Verständnis müssen Sie sich dazu regelmäßig der Erfahrung aussetzen: Mich wirft so schnell nichts um. Das bedeutet: Man immunisiert sich freiwillig in kleinen Dosen gegen die Härten, die jeden von uns jederzeit treffen können. Die kleinen Zumutungen trainieren unsere Resilienz. Ist man darin geübt, gelegentlich ohne die gewohnten Annehmlichkeiten zu leben, bleibt man auch im Ernstfall ruhiger: Wer zumindest gelegentlich kalt duscht, braucht nicht den Notdienst, wenn die Heizung ausfällt. Wer im Harz ebenso vergnügt urlaubt wie auf Hawaii, verkraftet es leichter, dass der Jahresbonus in diesem Jahr kleiner ausfällt. Wer die Sticheleien des Schwagers großzügig überhört, weiß auch, wie man auf ein ungerechtes Kundenfeedback souverän reagiert. Jeder kleine Verzicht, jede Unbequemlichkeit, die wir uns freiwillig antun, stärkt unser Vermögen, emotionale Irritationen auszugleichen.

Wenn wir kleine Unbilden sportlich nehmen und sogar in den Alltag einbauen, sind wir besser aufgestellt, wenn es dicke kommt.

Warum also mal nicht eine Woche lang ohne Coffee to go auskommen? Eine halbe Stunde früher aufstehen? Den E-Bike-Motor nicht beim kleinsten Gegenwind auf Turbo jagen? Einen dummen Spruch überhören? Einen Glückwunsch aussprechen, obwohl der Geschäftspartner umgekehrt nie auf die gleiche Idee käme? Kleine selbstgewählte Härten wie diese wirken wie ein emotionales Hanteltraining auf uns ein. Sie fördern unsere Selbstkontrolle und machen uns mental von Mal zu Mal stabiler.

Für viele von uns spielten sich die Zumutungen der Corona-Krise auf hohem Niveau ab. Unangenehm waren sie trotzdem. Dafür haben wir kollektiv erlebt: Man kann auch ohne Maidult, Hafermilch und Festspielsommer ein sinnvolles Leben führen. Die Erfahrung hat uns cooler gemacht. Wir haben gelernt, uns auf das zu besinnen, was wir haben: funktionierende Supermärkte zum Beispiel, einen großzügigen Balkon und ein Gesundheitssystem, dessen Stärken die Schwächen überwiegen. Wir haben JOMO kennen gelernt: *the joy of missing out*, also die Freude am Verpassen. Wir haben auf die Beine gestellt, was wir uns nie zugetraut hätten: zum Beispiel den Laden ohne die Summe der gewohnten Routinen und Abläufe am Laufen zu halten. Die emotionale Souveränität, die wir aus dem Weniger beziehen, bringt uns weiter als das neueste Automodell, das sich im Moment vielleicht weniger gut als gewohnt finanzieren lässt.

Gefühle brauchen Raum, aber nicht das Penthouse

Emotionen sind Signale an uns selbst. Sie lassen uns wissen, was uns Angst, stolz, rasend macht. *That's it.* Am besten nehmen wir sie zur Kenntnis, tun das Notwendige und kehren zurück zur Tagesordnung. Nicht anders, als käme auf der Autobahn ein Polizeiauto mit Sirene: Wir fahren zur Seite, lassen den Wagen passieren und setzen danach unseren Weg fort. Genauso gleichmütig gehen wir idealerweise mit unseren Gefühlen um: Wir hören ihnen zu und geben ihnen Raum. Nur eben nicht zu viel.

Anderenfalls nämlich entgleitet uns das Geschehen. Was als leises, nützliches Alarmsignal angelegt war, beherrscht, wenn wir nicht aufpassen, unser Denken und Handeln. Nehmen Sie an, ein Mitglied in Ihrem Team profiliert sich auf Ihre Kosten. Je nach Temperament spüren Sie Verwunderung oder nackten Zorn, auf jeden Fall aber ein irritierendes Gefühl. Die stoische Frage wäre nun:

Was muss ich tun, damit ich meine innere Ruhe bestmöglich erhalte?

Vier Reaktionen sind denkbar:

Ausrasten	**Diskutieren**
Wir machen unserer Empörung Luft, sei es in Gestalt eines ungebremsten Ausbruchs, sei es in Form von Aktionismus. Das mag authentisch sein. Emotional souverän ist es nicht.	Wir suchen das Gespräch. Das galt bislang als Mittel der Wahl. Man sollte allerdings wissen: Die Jahrgänge ab 1980 sind mehr auf positives Feedback gepolt als auf Grundsatzdiskussionen.
Schlucken	**Entwaffnen**
Wir beißen uns auf die Zunge, und der Ärger wütet noch Stunden später in uns. Das ist kontrolliert, aber unbefriedigend und keine Lösung, zumal wenn das Problem öfter auftritt und sich zu viel Unausgesprochenes aufstaut.	Man verzichtet auf schädliche Kommunikationsmuster, greift möglichst behutsam und keinesfalls im falschen Moment ein, lernt aus dem Vorfall und ist künftig vorgewarnt. Das wirkt souverän und hält alles offen.

Menschen, die sich von der stoischen Philosophie leiten lassen, schalten also ihre Gefühle nicht ab. Sie halten sie aber auf einer innerlich angenehmen und äußerlich angemessenen Stufe. Selten muten sie anderen Tageslaunen oder persönliche Animositäten zu. Noch seltener wird man sie als Hitzkopf oder Drama-Queen erleben. Auch vorschnelle Entscheidungen sind ihre Sache nicht. Trotzdem zeigen sie Gefühl. Schließlich sind Emotionen das Mittel der Wahl, sich nahbar zu zeigen und Menschen zu bewegen. Wohldosiert tragen beschwingte, aber auch besorgte Gefühle zu Wachstum und Veränderung bei.

»Ich glaube, es ist schon nicht so schlecht, wie wir das machen in Deutschland.« Christian Drosten, der Direktor des Instituts für Virologie an der Berliner Charité, zählte in der Corona-Krise zu den meistgefragten Experten. Die Deutsche Forschungsgemeinschaft (DFG) ehrte ihn für seine exzellente Kommunikation mit einem Preis. Drosten verbirgt seine Gefühle nicht, formuliert aber mit Understatement: »Dann können wir eben in eine Winterwelle kommen, und darüber mache ich mir schon Sorgen.« Mit seiner Kommunikation prägte er nicht nur die Pandemie-Maßnahmen in Deutschland. Er übernahm auch Verantwortung für die Stimmung im Land und wirkte auf die Einstellung und Mitmachbereitschaft der Bevölkerung ein.

Menschen, die sich von der stoischen Philosophie inspirieren lassen, sind exzellent darin, ihre Gefühlsregungen mit gemessenen Worten auf den angemessenen Level zu bringen. »Jeder kann wütend werden, das ist einfach«, heißt es bei Aristoteles. »Aber wütend auf den Richtigen zu sein, im richtigen Maß, zur richtigen Zeit, zum richtigen Zweck und auf die richtige Art, das ist schwer.« Wer seine Emotionen reguliert, fördert bei sich wie bei anderen eine Stimmung der produktiven Gelassenheit: Nicht »Panik«, sondern »Besorgnis«. Nicht »Stress«, sondern gemeinsame »Anstrengung«. Nicht »beeindruckend«, sondern, wie es Drosten formuliert, »nicht so schlecht«. Durch einen unaufgeregten Habitus bis in die Wortwahl hinein leben stoische Menschen die Stimmung in der Gesellschaft, im Unternehmen oder in der Familie vor, die exzellente Leistungen gedeihen lässt.

Exzellenz-Briefing: 7 Strategien für den positiven Umgang mit negativen Gefühlen

Greta Thunberg müsse an ihrer Wutbewältigung arbeiten, ätzte Ex-US-Präsident Donald Trump in einem seiner berüchtigten Tweets. Am besten sähe sie sich zur Entspannung mit einer Freundin einen schönen alten Film an. »Chill, Greta, chill.« Ich wette, Greta Thunberg war von Trumps Angriff irritiert. Doch sie widerstand dem Drang, zurückzuschlagen. Statt sich mit Trump auseinanderzusetzen, änderte sie ihre Twitter-Bio: »A teenager working on her anger management problem. Currently chilling and watching a good old fashioned movie with a friend.« Ein souveräner, entwaffnender Schachzug. Emotional instabil wirkte jetzt nur noch einer: der amerikanische Präsident.

1 Abwarten und Tee trinken

Wenn sich vor uns ein Säbelzahntiger aufbaut, kann instinktives Handeln höchst sinnvoll sein. In menschlich komplizierten Situationen ist (Noch)-nicht-Agieren dagegen oft die beste Option. Runterkühlen. Keine Mine verziehen. Durchatmen. Einen Schluck Wasser trinken. Der positive Umgang mit negativen Gefühlen kann so einfach sein. Und so effektiv. Wer sich erst einmal zurückhält, merkt: Viele Dinge regeln sich von allein, und Erfolg hängt auch vom Timing ab. Drastische Maßnahmen gehen dagegen oft mit Kollateralschäden einher: Beziehungen leiden, das eigene Ansehen auch. Leicht fällt kluge Zurückhaltung trotzdem nicht: Es kostet Nerven, abzuwarten, wenn es einem in den Fingern juckt, sich über eine Ungerechtigkeit zu empören, einen Angriff zu kontern, fallende Aktien loszuwerden oder einen Erfolg in die Welt zu posaunen.

2 Ängsten ins Auge schauen

Eine Managerin mit Flugphobie kann in einem internationalen Unternehmen schwer ihren Aufgaben nachgehen. Einem Juristen mit Redeangst bleiben viele Möglichkeiten einer Rechtskarriere verwehrt. Eine Mutter, die beim Autofahren Herzrasen bekommt, muss den Traum vom Leben auf dem Land knicken. Manche Ängste machen es unmöglich, Exzellenz dort zu verwirklichen, wo man sie verwirklichen möchte. Nicht umsonst stammt das deutsche Wort Angst vom lateinischen *angustus* = eng, beschränkt, schwierig ab. Wenn Angststörungen Ihre Ambitionen behindern, gibt es nur zwei Alternativen. Entweder Sie arbeiten mithilfe von Coaches, Kursen oder Desensibilisierung gegen die Angststörung an. Oder Sie gestalten Ihr Leben so, dass Sie auf das angstbehaftete Verhalten möglichst selten angewiesen sind.

3 Auf das Schlimmste gefasst sein

»Ich habe ein starkes Immunsystem«, gehörte zu den Sätzen, die man während der Corona-Pandemie besonders oft hörte. Nichts gegen positives Denken. Es stimmt uns zuversichtlich, und allein das stärkt die Abwehr. Wunder sollten wir uns allerdings von einem positiven Denken nicht erwarten. Grenzenloser Optimismus trübt unseren Realitätssinn. Emotionale Souveränität stellt sich paradoxerweise eher ein, wenn wir auch die Risiken betrachten. Die Stoiker empfehlen sogar, selbst großen Lebensängsten ins Gesicht zu schauen. Dahinter steht der Gedanke: Wenn wir die Möglichkeit einschneidender Verluste – Tod, Krankheit, Trennung, Entlassung – ins Auge fassen, begegnen wir Katastrophen zumindest besser vorbereitet. Doch auch kurzfristig lohnt sich die negative Visualisierung: Sie macht uns bewusst, wie reich wir eigentlich sind. Das relativiert kleine Ärgernisse und Enttäuschungen.

4 Das Gas wegnehmen

Mit unserem Leben ist es wie mit modernen Blockbuster-Filmen: Der Trend geht zu kürzeren Einstellungen und schnelleren Schnitten. Die Folge beschreibt die Regisseurin Uta Briesewitz, die unter anderem die Regie bei *Orange is the new Black* führte: »Alles knallt einfach so an einem vorbei.«[11] Im Leben ist es ähnlich: Wir schlafen weniger, jonglieren größere und komplexere Beziehungsgeflechte, wollen unseren Körper gesund erhalten und in immer mehr Lebensfeldern erfolgreich sein: nicht nur als Manager, auch als Partner, Vater, Stadtrat, Rennradfahrer. Die Suche nach dem perfekten Leben kostet Kraft, und das schlägt aufs Gemüt. Eine Irritation zu viel, und Ungeduld und Druck brechen sich Bahn. Den Zusammenhang beschrieb bereits Seneca: »Ein Ermüdeter sucht Streit. Dasselbe gilt vom Hungrigen und Durstigen und überhaupt von jedem Menschen, den etwas quält. Denn wie Geschwüre bei leichter Berührung, ja schon bei dem Gedanken, sie könnten berührt werden, schmerzen, so wird ein leidendes Gemüt bei geringster Ursache gekränkt, so dass ein Gruß, ein Brief, eine Rede oder eine Frage zum Streit führen kann.« Filmemacher beugen dem Zuviel an Reizen vor, indem sie zwischen schnell geschnittene Szenen und langsamen Passagen wechseln. Wer im realen Leben das Gleiche tut, bewahrt leichter die Nerven und strahlt auch in hektischen Phasen mehr Ruhe aus.

5 Selbstherrlichkeit mit Vorsicht genießen

Es ist ein großartiges Gefühl, sich großartig zu fühlen. Was also soll daran falsch sein? Mehr als die Betroffenen ahnen. Wer exzellente Leistungen auf seinem Gebiet bringt, hält sich für unangreifbar, unanfechtbar, unverwundbar. Je länger der Erfolg anhält, desto mehr ist man von sich überzeugt. Man schiebt an, setzt um, treibt Innovation. Andere hängen einem an den Lippen. Was man auch anpackt, es ist von Erfolg gekrönt. »Alles geben die Götter, die unendlichen, Ihren Lieblingen ganz«, heißt es bei Goethe. »Alle Freuden, die unendlichen«. Aber eben auch: »Alle Schmerzen, die unendlichen, ganz.«[12] Daran ist nicht allein das Schicksal schuld. Wer zu sehr von sich begeistert ist, verliert die Bodenhaftung. Womöglich zieht man sich den Missmut von Menschen zu, mit deren Einfluss zu rechnen ist: Mitarbeiter, Kunden, Wähler, das Finanzamt. Die Gegenmittel zu Hype und Hybris heißen: Dankbarkeit, Wertschätzung, Demut. Zusammen tragen sie dazu bei, dass man sich selbst nicht ganz so wichtig nimmt. Oder jedenfalls das eigene Ego nicht über das der anderen stellt.

6 Unter Druck gelassen bleiben

Wenn wir empört auf unser Recht pochen oder passiv-aggressiv unseren Groll vermitteln, tun wir das selten, weil wir eine solche Reaktion wirklich gut finden. Oft fehlt uns einfach eine Idee, wie wir unsere Ziele auf angemessenere Art erreichen. Das macht uns nervös und instabil. Am besten halten wir in solchen Fällen die Luft an und klären: Was will ich eigentlich erreichen? Sobald wir das herausgefunden haben, ergeben sich die richtigen Worte wie von selbst. An die Freunde, die einen auch längst mal wieder einladen könnten: »Ich würde mich freuen, wenn wir uns bald mal wiedersehen.« An den Partner, mit dem man im Moment keinen gemeinsamen Nenner findet: »Ich denke, wir sollten das Thema vertagen.« An die Mitarbeiterin, die ein Detail nicht ausreichend bedacht hat: »Meine Vorstellung ist, dass Sie sich noch einmal daransetzen.« Die Strategie wandelt Emotionen in Lösungsvorschläge um und schafft eine produktive Gesprächsgrundlage.

7 Ausgewählte Emotionen in die Welt tragen

Spiegelneuronen sind ein Resonanzsystem im Gehirn. Das bedeutet: Wir bringen unsere Gefühle auch bei unseren Gesprächspartnern zum Erklingen. Mit unserer Gestimmtheit, unserer Zuversicht, unserem Wohlwollen, aber eben auch mit unserem Neid oder Missmut stecken wir andere Menschen im Unternehmen, in der Familie oder im Freundeskreis an. Das Phänomen der Spiegelneuronen entdeckten der italienische Physiologe Giacomo Rizzolatti und sein Team in einer Gehirnmessung bei Schimpansen. Sah ein Tier, dass ein Mitarbeiter des Forschungsteams nach einer Nuss griff, reagierten die Nervenzellen des Tiers exakt so, als würde es selbst danach greifen.[13] Als logische Konsequenz ergibt sich daraus: Tragen wir diejenigen unserer Emotionen in die Welt, die wir dort wiederfinden möchten. Alle anderen behalten wir, so gut es geht, für uns.

7

Empathie

Weil Menschenversteher die Welt mit offenen Augen sehen

In den ersten Tagen des Corona-Lockdown ging es mir wie vielen Menschen: Meine Sensibilität für das soziale Miteinander schärfte sich. Wie von selbst wurde das Ego kleiner als sonst, das Denken an andere größer. Bei einem Gang durch die leblose Stadt kam ich an einer Buchhandlung vorbei. An der verschlossenen Tür hing ein Schild mit der Bitte, Bücher direkt beim örtlichen Handel zu bestellen. Spontan beschloss ich, in nächster Zeit auf die Ein-Klick-Bestellung beim Online-Versandhändler zu verzichten, der meine Kreditkartennummer besser kennt als ich selbst. Stattdessen fasste ich meine Titelwünsche vergleichsweise zeitaufwändig in einer Mail zusammen, verbunden mit den besten Wünschen an das Buchhandelsteam, gesund durch diese Tage zu kommen. Nach zwei Stunden erhielt ich den Bescheid: »Ihre Bestellung wird heute per Post versendet. MfG/« Bei allem Respekt für die prompte Bearbeitung wirkte der Ton der Nachricht auf mich wie aus der Welt gefallen. Eine vergleichbar unsensible Botschaft bekam ich erst ein halbes Jahr später wieder: Mitten in der schönsten Auguststimmung erreichte mich eine Werbe-Mail. Betreffzeile: »Wenn's draußen dunkel wird …«

Manchmal zeigt sich ein entscheidender Punkt an Kleinigkeiten. Natürlich gehört nicht jede Emotion überallhin. Schon gar nicht im Business. Aber ob in der alten oder der neuen Normalität – wer gute Geschäfte machen will, muss individuelle Stimmungen und gesellschaftliche Strömungen empathisch aufnehmen. Denn Loyalität und Begeisterung hängen genau wie Kooperation und Innovation davon ab, dass Menschen sich verstanden, wertgeschätzt und mitgenommen fühlen. Egal, ob als Konsumenten, Patienten, Mitarbeiter, Teamkollegen, Bewerber oder gesellschaftliche Gruppen.

Die drei Facetten von Empathie

Der Begriff Empathie geht auf das altgriechische Wort *empatheia* = »Einfühlung« zurück. Es bedeutet, wie gut man die Gefühle, Gedanken und Sichtweisen anderer Menschen und Gruppen versteht und akzeptiert, ohne sie deshalb zu teilen. Nehmen Sie einen Liebhaber von Filetsteak und Entenbrust. Als empathischer Mensch kann er nachvollziehen, dass die Kollegin sich lieber von Rote-Beete-Schnitzel und mariniertem Tofu ernährt. Er redet nicht dagegen an, spart sich Witzeleien, lobt die schöne Farbe des Essens, freut sich, wenn es der Tischgenossin schmeckt, würde aber selbst niemals auf Fleisch und Fisch verzichten wollen.

Wir sehen: Empathie vereint ein ganzes Bündel von Haltungen und Verhaltensweisen. Man erkennt die Gestimmtheit anderer, schätzt ihr zukünftiges Verhalten und ihre Erwartungen ab und reagiert darauf durch angemessene eigene Gefühlsäußerungen und Verhaltensweisen – auch wenn man selbst anders empfindet. Empathie erweist sich damit als fundamentale Voraussetzung für emotional exzellentes Handeln in allen Lebensbereichen.

Der Gedanke ist nicht neu. Trotzdem hält sich in den Köpfen die Vorstellung, Gefühle hätten am Arbeitsplatz nichts verloren, und wenn doch, dann gehörten sie der Domäne irgendwelcher Marketingabteilungen und Trendforscher an, die arglosen Verbrauchern emotional aufgeladene Produkte andrehen. Richtig ist: Eben diese Marketingabteilungen und Trendforscher erfassen bereits, was sich flächendeckend erst noch durchsetzen muss: Unternehmen werden von Menschen für Menschen gemacht. Natürlich sind dabei Gefühle im Spiel. Und zwar nicht zu knapp.

Während die Paarbeziehungen, Freundeskreise und die besser gestellten Wohnviertel sozial und kulturell immer homogener werden, prallen im Geschäftsleben unterschiedliche Alters- und Anspruchsgruppen mit ihren unterschiedlichen Hintergründen, Werten, Vorlieben und Absichten aufeinander. Ausgerechnet in der vermeintlich kalten Welt der Wirtschaft bewegen wir uns also in besonders komplexen, vielschichtigen Beziehungsgeflechten. Menschen mit einer exzellent ausgeprägten

Empathie finden sich in einer solchen Umgebung müheloser zurecht als fachlich versierte, aber sozial weniger begabte Kollegen. Ihr Vorsprung rührt daher, dass sie sich wie selbstverständlich auf mehrdeutige soziale Situationen einstellen und besser als andere mit schwierigen Menschen zurechtkommen. Als Menschenversteher zerstreuen sie Ängste und Vorbehalte und bereiten den Boden für Kooperation und Innovation.

Allerdings ist Empathie nicht gleich Empathie. Es gibt verschiedene Formen von Empathie, und etwas davon steckt in jedem von uns: emotionale Empathie, kognitive Empathie und soziale Empathie. Ein exzellentes Einfühlungsvermögen lebt von der hohen Ausprägung und dem Zusammenspiel aller drei Formen, doch es zeigt sich: Eine Empathieform ist bei herausragend erfolgreichen Menschen besonders reichlich vorhanden.

Emotionale Empathie befähigt uns, uns sensibel in die Gefühlswelt anderer hineinzuversetzen, uns mit ihnen zu freuen oder mit ihnen zu leiden. Sie ist im Spiel, wenn uns bei einer Hochzeit die Tränen kommen oder wir bei einem Thriller mit den Charakteren mitfiebern. Angesteckt von den Stimmungen anderer, fühlen wir das Gleiche wie sie, ergreifen für sie Partei und können uns mit ihnen identifizieren. Ihr Schicksal betrifft uns. Im realen Leben entstehen so persönliche Anteilnahme, Unterstützung und Resonanz.

Kognitive Empathie unterscheidet sich von emotionaler Empathie wie ein Pizzarezept von einer geteilten *Pizza quattro stagioni.* Im Zustand der kognitiven Empathie haben wir an der Gefühls- und Gedankenwelt anderer nicht unbedingt teil. Wir stecken nicht in ihrer Haut. Vielmehr betrachten wir die Situation aus der Vogelperspektive, mit professioneller Distanz. Aufgrund verbaler und non-verbaler Signale entschlüsseln wir, was andere umtreibt, beschäftigt und emotionalisiert, wie sie vermutlich reagieren werden und welche Kreise dies ziehen könnte. Menschen mit hoher kognitiver Empathie besitzen die Gabe, ihre Worte und Gesten mit Gespür zu wählen, um andere abzuholen und mitzunehmen.

Soziale Empathie bedeutet: Jemand versteht und beeinflusst die Stimmung und das Verhalten von Gruppen, vom Projektteam bis zu Millionen von Kunden oder Wählern. Menschen mit einer großen sozialen Empathie blicken weit über den Tellerrand des persönlichen Erlebens und der eigenen Lebenssituation hinaus. Sie wissen Strömungen und Trends zu deuten, erfassen politische und gesellschaftliche Zusammenhänge und denken sich in fremde Kulturen und andere Lebensformen ein. In der Praxis befähigt uns unsere soziale Empathie, eine produktive Unternehmenskultur zu schaffen, Stimmungen zu drehen, Menschen für die eigenen Anliegen zu mobilisieren und das meiste aus einer Gruppe herauszuholen.

Für unternehmerischen Erfolg, politische Leadership oder eine herausragende Karriere ist die soziale Empathie am bedeutsamsten, gefolgt von der kognitiven Empathie. Das ging aus einer Untersuchung des Instituts für Management-Innovation mit rund 17 000 Teilnehmern hervor. Dabei wurden die Empathiewerte des beruflich erfolgreichsten Zehntels mit den Werten des erfolglosesten Zehntels verglichen.[1] Spätestens an diesem Punkt wird deutlich:

Weder ist Empathie die Gutmenscheneigenschaft, für die viele sie halten, noch bedeutet sie, dass man in anderen nur das Gute sieht.

Eine mit viel Empathie ausgestattete Managerin beispielsweise ist keinesfalls Wachs in den Händen ihrer Teams. Im Gegenteil. Mit ihrer Empathie erfasst sie besser als andere, welche Mitarbeiter den Projektfortschritt befördern und welche eher nicht. Ihr Feedback bringt sie empathisch zur Sprache: klar, aber ohne zu verletzen.

Empathisch zu sein, bedeutet also nicht, dass man eigene oder Unternehmensziele aus den Augen verliert. Zwar erfüllt der Aspekt der emotionalen Empathie die landläufige Vorstellung von Mitgefühl und Achtsamkeit. Kognitive und soziale Empathie lassen sich dagegen sehr gut mit einem kühlen Kopf und nüchternem Geschäftsdenken vereinbaren. Wie keine andere Managementfähigkeit befähigt uns eine exzellent ausgeprägte Empathie, die Gefühle, Gedanken und Beweggründe anderer zu entschlüsseln und Beziehungen wertschätzend zu gestalten. Ein leichter Gegner ist man deshalb aber nicht.

Der frühere US-Präsident Bill Clinton galt als Virtuose der Empathie in einer Zeit, als der Begriff in Politik und Wirtschaft noch ein Fremdwort war. Fast wie auf Knopfdruck stellte er einen emotionalen Kontakt zu wildfremden Menschen her, hörte zu, zeigte Interesse, war der Erste, der zum Telefonhörer griff, wenn es jemandem nicht gut ging. Dass er die Anliegen von Menschen empathisch nachempfand, bedeutete aber nicht, dass er ihre Ansichten teilte und ihre Absichten unterstützte. Robert Rubin, der unter Clinton Finanzminister war, erinnert sich: »Clinton hörte so einfühlsam zu, dass Menschen, die nicht an ihn gewöhnt waren, ihm ein doppelbödiges Spiel unterstellten, wenn er am Ende doch eine gegenteilige Position einnahm.«[2]

Warum uns die Empathie gerade abhanden kommt …

Kunden und Nutzer verstehen, sich in Bewerber und Mitarbeiter hineinversetzen, die Perspektive wechseln – Empathie gilt als großartige Inspirationsquelle für Kundenerlebnisse, Produktdesigns, zeitgemäße Führung und ein innovationsförderliches Klima. Das ist uns bewusst. Wir hören und lesen es oft genug. Weniger bewusst ist uns: Im Moment lassen wir in Sachen Empathie eher nach, als dass wir zulegen. Schuld daran ist unsere immer weiter ausufernde Bildschirmzeit. Wenn wir am Computer kommunizieren oder per Display wischen, vergessen wir leicht, dass unser Handeln sich auf reale Menschen auswirkt. »Cyber-Disinhibition«, also Internet-Enthemmungseffekt, hat der amerikanische Psychologe John Suler diese unsichtbare Gefahr für unser menschliches Miteinander genannt.

Cyber-Disinhibition äußert sich darin, dass Menschen ihre Impulse online unbedachter hinausfeuern als im konkreten Kontakt. Dabei verletzen sie andere oder lassen sie umgekehrt zu nah an sich heran. In anderen Worten: Die einen vergessen die gute Kinderstube, die anderen die notwendige Vorsicht. Cyber-Disinhibition zieht aber noch viel größere Kreise: Unser Gehirn ist auf Erfahrungen von Angesicht zu Angesicht und sofortiges Feedback ausgelegt. Genau das aber bekommen wir am Bildschirm nicht. Während wir texten, googeln, gamen und tindern, bleiben wir im Wesentlichen mit uns allein. Beim gemeinsam-einsamen Leben auf Zoom und Teams schauen wir aneinander vorbei, beim WhatsApp-Chat sind häufig nicht alle Beteiligten gleichzeitig anwesend. Je mehr Alltägliches wir digital erledigen, desto seltener bietet sich die Gelegenheit, in den Gesichtern anderer zu lesen, aus dem Klang einer Stimme das Unbehagen herauszuhören oder Gefühle zu zeigen, die sich nicht durch ein Daumen-hoch-Emoji ausdrücken lassen.

Die Folgen sind absehbar: Mangels Training entwickeln wir uns zu zwischenmenschlichen Grobmotorikern. Schleichend verkümmern unsere neuronalen Strukturen für Empathie. »Wenn alles virtuell passiert im Miteinander«, sagt die Wiener Wirtschaftspsychologin Elisabeth Pechmann, dann fehlen »unserem Sensorik-Gehirn die meisten Hinweise, die wir sonst automatisch in Millisekunden verarbeiten, um situative Einschätzungen treffen zu können und unser Verhalten anzupassen.«[3] Aus den Pixel-Gesichtern am Bildschirm lässt sich beispielsweise kaum ablesen, ob jemand zustimmt, abschweift oder sich ärgert.

Zugleich waren Menschen in allen Berufen und auf allen Ebenen noch nie so sehr auf ihr Einfühlungsvermögen angewiesen wie gerade jetzt, wo wir uns aus einer infektiösen Welt ins Digitale flüchten müssen. Wenn wir nämlich KIs und deren zunehmend beeindruckenden Fähigkeiten auf absehbare Zeit noch etwas voraushaben, dann unsere humane Empathie. Zwar nutzen wir auch für das Zwischenmenschliche längst technische Tools, vom Customer-Relationship-Management-System über Chatbots bis hin zum Recruiting-Tool. Als Hilfsmittel unterstützen sie positive Kunden- oder Bewerbererfahrungen. Doch allein ihre Benennungen verraten:

Das Wahre, Persönliche sind technische Tools nicht. In letzter Konsequenz werden Beziehungen, auch die geschäftlichen, immer von einzelnen Menschen mit Leben erfüllt.

Die soziale Sensibilität der Mitarbeiterinnen und Mitarbeiter entscheidet wesentlich darüber mit, wie ein Unternehmen wahrgenommen wird. Die Call-Center-Mitarbeiterin spielt dabei genauso eine Rolle wie der CEO. Der Produktspezialist muss mit Menschen und gesellschaftlichen Stimmungen ähnlich viel anzufangen wissen wie die Pressefrau. Alle im Unternehmen tragen dazu bei, ob Konsumenten sich in einer Marke wiederfinden, Talente sich angezogen fühlen, Produkte Relevanz besitzen oder Lieferanten positiv über eine Organisation sprechen. Das empathische Entgegenkommen einzelner Mitarbeiter wirft ein strahlendes Licht auf das Gesamtunternehmen, einzelne kleine Fehlleistungen machen teure Image-Arbeit zunichte.

In unserem neu bezogenen Haus spritzt aus einem der Wasserhähne das Wasser in alle Richtungen. Banal. Allerdings nicht, wenn außer dem Sanitärhandel auch die Baumärkte im Lockdown sind. Ich rufe bei der Herstellerfirma an. Die zuständige Mitarbeiterin erreiche ich im Homeoffice, im Hintergrund toben ihre Kinder. Kaum habe ich das Problem geschildert, bietet sie mir an, zwei Perlatoren zu schicken nebst passendem Imbusschlüssel. Am nächsten Tag ist das Päckchen da. Gratisleistung steht auf dem Lieferschein.

Warum tut eine Sachbearbeiterin in einer Situation, die kein Vorbild kennt, intuitiv das Richtige? Wieso andererseits kommt ein Buchhandelsmitarbeiter nicht von sich aus auf den Gedanken, dass eine nie dagewesene Krise eine emotionalere Kommunikation als sonst bedingt? Oder: Woran erkennt ein Architekt, ob eine Bauherrenfamilie bei einem kühnen Entwurf mitgehen wird? Wie kann eine App-Designerin abschätzen, ob eine mobile Applikation von der ersten Interaktion an überzeugt? Warum erwischen manche Menschen genau den richtigen Moment, um eine Gehaltserhöhung durchzusetzen, und andere nicht? Und wie merkt ein Oberbürgermeister, dass die Annahme einer größeren Spende zwar legal sein kann und den Bürgern trotzdem wie Vorteilsannahme erscheint? Weiter gefasst: Wie erahnt man die Gedanken und Gefühle wildfremder Kunden, externer Dienstleister, neuer Teamkollegen oder schwer einzuschätzender Projektleiter?

Viele Fragen, eine Antwort: Am Ende läuft es auf Empathie hinaus. Wer Menschen intuitiv versteht, auf jeden Fall aber aufmerksam wahrnimmt, erfüllt anderen zwar nicht unbedingt jeden Wunsch. Auf keinen Fall aber trampelt er über ihre Gefühle und Verletzlichkeiten hinweg. Zu etwa 10 Prozent ist diese Einfühlungsfähigkeit genetisch bedingt. Des Weiteren hilft ein liebevolles Elternhaus. Die Erfahrung, dass die eigene Persönlichkeit respektiert und nicht unterdrückt wird, stärkt die Empathie. Schulen, in denen empathisches Verhalten genauso zu den Bildungszielen gehört wie die Fähigkeit, Gleichungen mit zwei Unbekannten zu lösen, tragen dazu bei.

Wie die meisten Persönlichkeitseigenschaften wird Empathie aber nicht durch Vererbung und Erziehung zementiert. Wir können sie jeden Tag und bei jeder Begegnung leben und verfeinern. Auch wenn wir nicht jeden Menschen intuitiv verstehen, auch wenn uns eine Gesprächspartnerin fremd bleibt – uns bewusst in die Situation anderer zu versetzen, geht immer. »You can't understand someone until you've walked a mile in their shoes«, gab Atticus Finch in Harper Lees Weltbestseller *Wer die Nachtigall stört* seinen Kindern mit auf den Weg. Du kannst Menschen nur verstehen, wenn du eine Meile lang in ihren Schuhen gegangen bist. In Sneakers, in High-Heels, barfuß, in Budapestern …

Man muss sich also nicht blind mit Menschen verstehen, um empathisch zu sein. Es ist schon ein exzellenter Anfang, ihre Emotionen, Gedanken und Motive mitzudenken und zu respektieren. Das bloße Bewusstsein dafür lässt uns sensibler agieren: Wie würde ich mich in dieser Situation fühlen? Wie ginge es mir damit? Was fühlt mein Gegenüber dabei? Was erhofft er sich, was treibt sie an? Das Gleiche wie ich? Etwas Ähnliches? Oder etwas völlig anderes? Welche Maßstäbe legt jemand an? Welche unbefriedigten Bedürfnisse stecken hinter einem

Verhalten? Darüber kann man nachdenken. Die erforderlichen Maßnahmen folgen im nächsten Schritt.

Empathie und Fantasie: So gehören sie zusammen

Eigentlich ist es mit den Gefühlen ganz einfach. Die eigene Persönlichkeit, die Zuversicht, den Glauben an das Gute im Menschen und der Welt bringt man ein. Die Wucht eigener Negativgefühle macht man dagegen mit sich selbst aus. Exzellenzsucher arbeiten an sich, die Schadenfreude über den Fall des hochgehypten Rivalen oder die Ungeduld über eine unentschlossene Kundin möglichst wenig hochkochen zu lassen, geschweige denn, sie nach außen zu tragen. Ganz anders verhält es sich mit den Gefühlen der anderen: Sich in andere Menschen hineinzuversetzen und ihre Stimmungen und Erwartungen zu ergründen, gehört genauso zu den Voraussetzungen von Exzellenz wie die fachliche Kompetenz, effiziente Prozesse oder die Qualität der Produktpalette.

Denn ob E-Bike, Unternehmenssoftware oder Hochzeitsplanung: Produkte und Services gewinnen ihren wahren Wert erst, wenn Konsumenten sich dafür begeistern können.

Das Gleiche trifft übrigens auch auf Bewerber und Mitarbeiter zu: Auch sie wollen gewonnen sein. Nur wenn Mitarbeiter und Talente sich in ihren Wünschen und Lebensvorstellungen, auch den privaten, erkannt fühlen, bringen sie sich voll ein. Erfolg nach außen und innen setzt deshalb voraus, dass man die Insights der angesprochenen Menschen und Gruppen entschlüsselt – also das, was Anspruchsgruppen im Innersten beschäftigt: Hoffnungen, Träume, Sehnsüchte, Ängste, Probleme. Wer diese Punkte empathisch erspürt, erfragt oder heraushört, hat den Schlüssel gefunden, Menschen zu faszinieren, zu erstaunen und zu binden. Dann kann es sein, dass schon kleine Gesten einen großen Unterschied machen.

Das britische Unternehmen *The White Company* verkauft Bettwäsche, Kleidung und Wohnaccessoires. Aber eigentlich geht es um Rückzug, Entspanntheit, Wohlgefühl. Dazu passt, dass jede Bestellung des Unternehmens von Seidenpapier umhüllt und begleitet von einem Kärtchen ins Haus kommt. Darauf steht: »Für Sie verpackt von«, ergänzt um die handschriftliche Unterschrift der Person, die die Ware versandfertig gemacht hat. Nach dem gleichen Prinzip umwirbt eine bekannte Unternehmensberatung ihre Topbewerber: Mit einer Flasche Champagner soll der Arbeitsvertrag noch prickelnder wirken.

Die kleinen persönlichen Gesten gehören zum Customer- beziehungsweise Talent-Relationship-Management. Einmal erdacht sind sie nicht mehr von der Sensibilität und Initiative einzelner Mitarbeiter abhängig. Läuft alles nach Plan, leistet die Extraanstrengung dennoch, was sie leisten soll: Sie löst im Gehirn der Adressaten Überraschung und Vorfreude aus. Allerdings ist nicht ganz auszuschließen, dass eine White-Company-Kundin den Verpackungszauber als umweltschädlich ablehnt. Oder dass ein zukünftiger Associate lieber Craft Beer trinkt als Dom Pérignon.

Standardisierte Empathie ist daher ein guter Anfang. Sie bleibt allerdings auf vorhersehbare, wiederkehrende Situationen beschränkt. Allen oder ausgewählten Ansprechpartnern wird die gleiche Behandlung zuteil. Deshalb greift sie nur bedingt. Die meisten Menschen ticken heute hochgradig individuell, und so wollen sie sich auch behandelt fühlen. Erst wenn sie spüren, dass ihre ureigenen Werte und Stimmungen, ihre Bedürfnisse und ihr Geschmack erkannt werden, fühlen sie sich angezogen. Beim Friseur fängt es schon an: Ein empathischer Auszubildender legt nicht irgendwelche Zeitschriften hin, sondern erkundigt und merkt sich, welche Magazine man gern liest. Beim Recruiting-Prozess um die besten Talente gilt es zu ergründen, was bei Bewerbern den Ausschlag gibt: Dem einen bedeuten zwei Tage Homeoffice viel, dem anderen die Möglichkeit, bei voller Bezahlung einen weiteren Abschluss zu erwerben. Selbst bei der Akzeptanz intelligenter Avatare spielt Empathie eine Rolle: Menschen nehmen die Hilfe von Robotern erstaunlich bereitwillig an, wenn diese Sprache, Gestik und Mimik der Anwender auswerten und darauf abgestimmt interagieren.

Daran lässt sich ablesen: Ob menschliches oder künstliches Gegenüber, Menschen tauen am meisten auf, wenn sie sich als Mittelpunkt fühlen dürfen. Der Weg dorthin führt über die Empathie-Exzellenz all derer, die mit Menschen oder für Menschen arbeiten. Leitbilder, Schulungen oder das Vorbild des Topmanagements schaffen der dafür erforderlichen Sensibilität den Rahmen. Vorgaben und Anregungen können Interaktionen aber nur vorstrukturieren und die gewünschte Richtung vermitteln. Denn ob privat oder am Arbeitsplatz, ein komplexes Umfeld ist kein Schauspiel, das im Regietheater-Stil einstudiert, aufgeführt und über mehrere Spielzeiten hinweg fast unverändert auf die Bühne gebracht werden kann. Im realen Leben haben wir es mit Menschen und Gruppen zu tun, die in Gespräche und Verhandlungen ihre jeweils eigenen Agenden, Vorstellungen und Haltungen einbringen.

Im Einzelfall kommt es deshalb auf das Feingefühl und die Imaginationskraft der einzelnen Mitarbeiterinnen und Mitarbeiter an. Die exzellentesten unter ihnen machen es sich zur Aufgabe, auf die Insights anderer einzugehen. Mindestens kalkulieren sie sie ein. Und ja, das erfordert Improvisation und geistigen Aufwand. »Vernünftiges Handeln in der menschlichen Sphäre ist nur möglich, wenn man die Gedanken, Motive und Befürchtungen des anderen zu verstehen versucht, so dass man sich in seine Lage zu versetzen weiß«, sagte Albert Einstein, der uns neben der Relativitätstheorie auch ein treffendes Zitat zu fast jedem Thema hinterlassen hat. Mit von oben angeordneten Verhaltensstandards (allein) gelingt das nicht.

Zu den besonderen Merkmalen eines Four Seasons Hotels und Resorts gehört, dass Mitarbeiter keine Mühe scheuen, auch noch so überraschende Gästewünsche zu erfüllen. Christian Clerc, President of Worldwide Hotel Operations nennt das Servicekonzept »unscripted care«, also eine Art des Für-die-Gäste-Daseins, die nicht im Drehbuch steht. Es besagt, dass die Mitarbeiter alles daransetzen, sich der Gästewünsche sensibel und situativ anzunehmen.[4]

Das Konzept der »unscripted care« trägt der Tatsache Rechnung: Menschen halten sich nicht an ein Skript. Sie sind in ihren Vorlieben, Denkstrukturen und Launen so vielfältig wie die Welt, in der wir leben. Sie sind anspruchsvoll, zerstreut, nervös und wissen manchmal selbst nicht, was sie wollen. In der Four-Seasons-Hotelgruppe gehen die Mitarbeiter darauf so großzügig und auch mal nachsichtig ein, wie auf die Freundin mit den heiklen Essgewohnheiten oder den Großvater mit den ein wenig aus der Welt gefallenen Ansichten. Damit das gelingt, setzt Four Seasons auf die drei Säulen Persönlichkeit, Empowerment und »Be the guest«-Policy.

Persönlichkeit. Bei der Besetzung seiner teilweise hart umkämpften Positionen legt Four Seasons auf die Persönlichkeit noch mehr Wert als auf die fachlichen Kompetenzen. Dahinter steht die Erfahrung: Fachkenntnisse können leichter erworben werden als sozial sensibles Handeln. Ich erinnere mich bis heute, wie ich mich in London kurz vor dem Abitur und mit knappem Budget in ein Four Seasons Hotel zum Afternoon-Tea wagte. Die Mitarbeiterin, die mich in Empfang nahm, kam mir mit ausgestreckter Hand entgegen, und ich ergriff sie perplex. Sie schüttelte mir die Hand, als wäre es das Normalste der Welt, um dann zu fragen, worum es von Anfang an ging: »May I take your coat for you?« Das ist Empathie: Lieber verstößt man gegen die Etikette, als einen Gast bloßzustellen.

Empowermen. Die Mitarbeiter an der Front erhalten die Freiräume und Ressourcen, »sie selbst zu sein«. Es steht in ihrem Ermessen, Gästen nach eigenem Gutdünken den für sie besten Service jenseits der ohnehin vorhandenen Standards und Routinen zu bieten. Gewünscht sind natürliche, spontane Interaktionen von Mensch zu Mensch, kein steif abgespultes Programm. »Wenn Sie ins Hotel gehen, sehen Sie nicht den Geschäftsführer, Sie sehen nicht das Managementteam«, sagt Christian

Clerc. »Sie interagieren mit den Servicemitarbeitern. Deshalb empowern wir unsere Leute, intuitiv und authentisch auf die Gäste zuzugehen.«[5]

»Be the guest«-Program. Four Seasons bietet den Mitarbeiterinnen und Mitarbeitern die Chance, selbst in einem der über siebzig Luxushotels der Kette zu Gast zu sein. Die Hotelgruppe trägt damit dem psychologischen Prinzip der Selbstempathie Rechnung: In der Gastrolle erleben die Mitarbeiter, wie es sich anfühlt, in den Genuss der Goldenen Regel der Serviceexzellenz bei Four Seasons zu kommen: Andere so einfühlsam zu behandeln, wie man selbst gern behandelt werden möchte.

Die Idee klingt einfach, ist aber nicht ohne. Ein empathischer Architekt entwirft ja gerade nicht für Sie oder mich das Haus, das er in gleicher Lage für sich selbst realisieren würde. Eine empathische Scrum-Masterin widersteht dem Drang, beim Zoom-Meeting direkt auf den Punkt zu kommen und gibt erst mal ihre Einschätzung zur Begegnung zwischen FC Bayern und Borussia Dortmund ab. Und eine Hochzeitsplanerin wäre alles andere als empathisch, setzte sie eine Hochzeit um, deren Instagrammability das bodenständige Brautpaar und seine Gäste latent überfordert. Menschen mit exzellenter Empathie haben ihre Kunden und Zielgruppen im Blick. Sie schauen hin und hören zu, zeigen Möglichkeiten auf, deuten Reaktionen und schnüren ein Paket, das unausgesprochene Erwartungen erfüllt und übertrifft. Auch wenn sie persönlich eine andere Lösung bevorzugen würden.

»Jedes Brautpaar sagt, es soll ›schön‹ werden«, sagt die Hochzeitsorganisatorin Melanie Goldberg. »Aber was ›schön‹ wirklich bedeutet, liegt im Auge des Betrachters, und es liegt an mir, die entsprechende Übersetzungsarbeit zu leisten, was genau dieses Paar als ›schön‹ empfindet.«[6]

Darum also geht es: anderen das fantastische Gefühl zu geben, das man bei gleicher Gelegenheit gern für sich selbst hätte. Die Mittel dafür können höchst unterschiedlich gewählt sein. Exzellente Empathie geht deshalb weit über fluffige Nettigkeit oder spontanes Mitgefühl hinaus. Sie braucht Einfallsreichtum und den Blick über die Enge des eigenen Horizonts hinaus. Katherine Bell, die Chefredakteurin des Online-Portals für Wirtschaftsnachrichten *Quartz*, bezeichnet Empathie deshalb sehr treffend als einen »Akt der Phantasie«. Sie vollziehe sich darin, die Welt aus der Perspektive einer anderen Person zu betrachten, »einem menschlichen Wesen, dessen Geschichte und Sichtweise so komplex sind wie Ihre eigenen.«[7]

Wie Empathie zum Innovations- und Wachstumstreiber wird

Das Konzept Empathie hat einen steilen Aufstieg hingelegt. Er ist mit dem der Microsoft-Aktie vergleichbar, deren Kurs sich in fünf Jahren mehr als verdreifacht hat.[8] Beides ist Microsoft-CEO Satya Nadella zu verdanken. Der im indischen Hyderabad geborene Informatiker leitet den größten Softwarekonzern der Welt und macht dabei, so *t3n*, das Magazin für digitales Business: »viel richtig«.[9] Nadella stieß nicht nur in seinem eigenen Unternehmen eine Kulturrevolution an. Mit seinen innovativen Herangehensweisen ist er auch zum Guru des Businessmanagements aufgestiegen. Fragt man ihn nach seinem Erfolgsgeheimnis, sagt er: »Empathie« – denn nichts sei effektiver und ergiebiger, als in den Schuhen anderer zu gehen.[10] Wie niemand vor ihm erkannte er:

Das Gespür für unerfüllte, unausgesprochene, schlummernde Bedürfnisse von Kunden legt den Keim für Innovation.

Denn Kunden sind unersättlich nach Lösungen, die das Leben einfacher, spannender, bedeutungsvoller oder sicherer machen. Selbst Menschen, die scheinbar alles haben, suchen nach neuen Anregungen und Annehmlichkeiten. Zugegeben: Sinnfreies wie der millionenteure Aston-Martin-Klassiker DB 5 mit Pseudo-Agenten-Ausstattung für Menschen, denen der Ferrari 812 Superfast schon langweilig geworden ist, können den Eindruck entstehen lassen, Kundenempathie sei eine Luxus-Emotion, dazu gedacht, sich den Wünschen zahlungskräftiger Konsumenten zu nähern. Genau dafür steht Satya Nadella nicht. Denn der Microsoft-Chef hat Einfühlung nicht im Soft-Skills-Kurs gelernt.

Zum ersten Mal erahnte Nadella die Bedeutung von Empathie als Innovations- und Management-Tool, als er sich als junger Entwickler bei Microsoft bewarb. Am Schluss eines toughen Fachgesprächs über Betriebssysteme überraschte ihn einer der Recruiter mit der Frage, was er täte, wenn an einer Kreuzung ein Kind hinfällt und weint. Nadella witterte in der Frage eine Falle und antwortete, er würde die Polizei rufen. Das Erlebnis wurde für Nadella zu einem Aha-Moment: »Der Typ begleitete mich hinaus und sagte: ›Wissen Sie was? Sie müssen mehr Empathie entwickeln. Wenn ein Kind hinfällt, helfen Sie ihm hoch und trösten es. Danach rufen Sie jemanden an.‹« Ein paar Jahre später wurde Nadellas Sohn mit zerebraler Kinderlähmung geboren. Das Leben mit ihm hat Nadella einen »tiefen Sinn für Empathie und Mitgefühl« gelehrt.[11]

Das Thema Barrierefreiheit liegt dem Microsoft-CEO persönlich am Herzen. Unter seiner Führung unterstützt der Softwarekonzern eine Fülle von KI-Projekten, die Menschen mit Behinderungen unabhängiger und produktiver machen. Die daraus resultierenden Tools und Apps sind keine Nischenprodukte. In zunächst unerwarteter Weise stärken sie die Innovationskraft und damit den unternehmerischen Erfolg des Unternehmens. Beispielsweise entwickelte Microsoft auf Anregung einer von Geburt an tauben Ingenieurin ein Feature, das bei Videokonferenzen den Hintergrund verschwimmen lässt. Gehörlose Menschen können auf diese Weise besser von den Lippen ihrer Gesprächspartner ablesen. Inzwischen wurden die Videokonferenztools Microsoft Teams und Skype mit ähnlichen Eigenschaften ausgestattet. Der Grund: Das Feature eignet sich ideal dazu, bei Online-Meetings vom Homeoffice aus Einblicke in das Privatleben zu verhindern. Innovationen wie diese bestätigen Nadellas Überzeugung: Empathie ist nicht nur eine menschliche Tugend, sondern ein Wirtschaftsfaktor. Denn:

Wer von den Kundenbedürfnissen her denkt, entwickelt Produkte und Geschäftsmodelle, die ebenso menschlich relevant wie technisch innovativ sind.

Das ewige Beispiel dafür ist das iPhone. Seinen Megaerfolg verdankt es nur teilweise seiner Technologie. Vor allem hat es Menschen Möglichkeiten des Lebens und Kommunizierens eröffnet, auf die die Welt, ohne es zu wissen, gewartet hatte. Heute sind es die Beyond-Meat-Produkte, die bei Essern auf der ganzen Welt auf Resonanz stoßen. Die veganen Burger ahmen Fleisch so ziemlich perfekt nach, dass sie Anfang 2020 einen fast irrwitzig anmutenden Kursanstieg am Aktienmarkt hinlegten. Aber nicht nur in der Produktentwicklung, auch im Marketing bringt Empathie passende Antworten hervor, wenn man sich die Insights der Kundinnen nur genau genug ansieht.

Der Markt für Tampons und Slipeinlagen ist ein Selbstläufer. Jetzt plötzlich mischt das Berliner Start-up Einhorn die Branche auf. Die Innovation ist nicht das Produkt. Es ist eine Botschaft, die längst überfällig war: »Wir wollen die Perioden-revolution. Oder zumindest wollen wir das Gefühl verändern, das mit der Periode, ihren Begriffen, ihren Realitäten einhergeht. Wir haben keine Lust mehr, einmal im Monat ganz diskret die fiesesten Bauchkrämpfe ertragen zu müssen und Luxussteuer auf Periodenprodukte zu zahlen, uns zu fragen, ob nun Formaldehyd in Tampons enthalten ist oder nicht, was das überhaupt ist und was es in unserem Körper macht.«[12] Mit Verpackungen im Stil von Chips-Tüten, Produktnamen wie TamTampon piccolo und der Verwendung von 100 Prozent Bio-Baumwolle enttabuisiert Einhorn die Tage. Dahinter steht die Erkenntnis: Millennials mögen Marken, die die Welt verbessern und an eine überfällige Botschaft gekoppelt sind.

Menschen sind keine offenen Bücher

»Innovation beginnt mit Empathie«, sagte Evan Spiegel, der Gründer des Instant-Messaging-Dienstes Snapchat. Das Gleiche gilt für Kooperation: Bunt gemischte Allianzen können ihr Innovationspotenzial nur entfalten, wenn die Teamplayer aus ihren Silos herauskommen und sich gegenseitig zu spannenden Ideen anspornen. Dass es dafür reichlich sozialen Klebstoff in Form eines empathischen Verstehens braucht, liegt auf der Hand. Wenn die gestandenen Softwareleute mit der frisch promovierten Marketingfrau und dem temporär ins Team geholten indischen Designer konträre Wissensgebiete und Zugänge kombinieren sollen, spielt Empathie gleich eine Doppelrolle: Einerseits geht es darum, tief in die Welt der Nutzer einzutauchen und empathisch deren Bedarf zu ergründen. Andererseits erfordert der Projekterfolg, dass die Projektmitarbeiter unterschiedliche Prägungen und Wissensstände überbrücken und in ihrer Vielfalt fruchtbar machen. Beides zusammen heißt: Nur wenn Leader und Teamplayer Empathie können, sichern sie sich das Engagement und die Begeisterung aller. Vieles, was es dazu braucht, haben wir von zu Hause aus mitbekommen. Anderes bedarf einer bewussten Anstrengung. Ein fiktives Beispiel verdeutlicht den Unterschied:

Anna strauchelt auf einem Küstenweg und rutscht drei Meter weit eine steile Klippe hinunter. Ben sieht den Unfall und steigt spontan zu der Unfallstelle hinunter. Die Folge: Nun hängen zwei Menschen am Abhang und kommen weder vor noch zurück. Clara hört, wie Anna und Ben um Hilfe rufen. Sie schaut sich die Situation an und überlegt, wie sie am besten helfen kann. Dann holt sie Verstärkung, Seile und Klettergurte. Ben hat mit Anna Mitgefühl empfunden. Sein Versuch, ihr zu helfen, war ehrenwert, hat aber die Situation verschärft statt entspannt. Clara setzt mehr ihre kognitive als ihre emotionale Empathie ein. Ihre vergleichsweise kühle, aber überlegte Reaktion ermöglicht es den beiden anderen, sich aus ihrer Notlage zu befreien.

Von den Gefühlen anderer angesteckt zu werden, zählt zur emotionalen Grundausstattung jedes sozialen, mitfühlenden Menschen. Denken Sie an die Bilder der Särge von Bergamo, die im Frühling 2020 um die Welt gingen. Ihr Anblick löste Empathie in Reinform aus. Wer sie gesehen hat, konnte fast nur entsetzt sein. Fehlt einem Menschen die Fähigkeit zu dieser Art des spontanen, empathischen Mitgefühls, geht ihm jene wesentliche menschliche Komponente ab, die Michelle Obama meinte, als sie über den inzwischen abgewählten Präsidenten Trump sagte: »He simply cannot be who we need him to be for us.«[13] Er kann einfach nicht der sein, der er für uns sein sollte.

Emotionales Einfühlen ist viel. Menschen mit einer exzellent ausgeprägten Empathie tun aber noch mehr. Sie fühlen nicht nur intuitiv mit Menschen mit. Sie haben auch gelernt, einen Schritt zurückzutreten und sich bewusst und kognitiv in Menschen und Situationen hineinzudenken. Weil sie darauf achten, sehen sie, was Menschen antreibt, was ihnen Stress macht, was sie vorhaben, stimmen ihre Worte und ihr Verhalten darauf ab und schlagen daraus Kapital:

Geglückte private Beziehungen, inspirierte Mitarbeiter, loyale Kunden und begeisternde Innovationen fußen auf einem exzellenten, mit Wertschätzung und Respekt gepaarten Verständnis für Menschen und deren Emotionen.

»Menschen werden versuchen, euch davon zu überzeugen, dass ihr eure Empathie aus eurer Karriere heraushalten sollt. Akzeptiert diese falsche Prämisse nicht.« Das gab Apple-CEO Tim Cook dem Abschlussjahrgang 2017 des Massachusetts Institute of Technology, kurz MIT, mit auf den Weg.[14] Sich empathisch in andere hineinzuversetzen, bereichert das Leben und beflügelt die Karriere. Für Exzellenzsucher stellt sich daher die Frage: Wie komme ich dorthin? Wie kann ich meine natürliche Empathie steigern und zu dem Erfolgsfaktor ausbauen, als der sie gilt? Denn egal, ob Kunden, Nachbarn, Mitarbeiter, Kollegen, Geschäftspartner, die Schwiegerfamilie oder sogar die breite Öffentlichkeit: Jenseits des engsten Kreises offenbaren sich die wenigsten Menschen wie ein offenes Buch.

Natürlich gibt es Konzepte und Modelle. Demografische Faktoren wie Alter, Nationalität, Bildung, Beruf, Einkommen und Lebensverhältnisse gehören dazu. Typenmodelle wie das DISG-Modell, die Myer-Briggs-Indikatoren oder das Bochumer Inventar zur Berufsbezogenen Persönlichkeitsbeschreibung (BIP) deuten auf Verhaltensvorlieben hin. Die Sinus-Milieus beschreiben Lebensstile, Werte und Einstellungen der verschiedenen sozialen Milieus. Auch der Blick auf den Habitus – den Lebenszuschnitt, das Interesse, die Herkunft – erlaubt Rückschlüsse auf das erwartbare Denken und Handeln von Menschen.

Zweifellos schärft die Beschäftigung mit Demografie, Persönlichkeit, Lebensstilen und kulturellen Vorlieben die kognitive und soziale Empathie. Wir verstehen Unterschiede, die uns vorher vielleicht nicht bewusst waren, und können komplexe Lebenswelten immer feinkörniger erfassen. Dennoch lassen sich Menschen nicht klassifizieren wie Spargelstangen. Dafür sind wir alle viel zu sehr VUKA: oft *volatil* in unseren Stimmungen, ein *Unsicherheitsfaktor* für andere, zu *komplex*, um völlig berechenbar zu sein, und verdammt *ambivalent* in unseren Werten, Zielen und Wünschen. Deshalb wäre es beispielsweise eine irrige Schlussfolgerung zu sagen, jemand, der grün wählt, fährt Bahn, nicht SUV. Menschen denken und handeln hybrid. Die Avocados im Porsche Cayenne beim Discounter zu holen, mag widersinnig sein. Aber es ist menschlich. Selbst wenn wir glauben, den stabilen Kern einer Person zu kennen, genügen ein verändertes Umfeld, eine neue Situation, eine spannende Herausforderung oder auch nur eine viel zu kurze Nacht, um andere Seiten hervorzubringen als die gewohnten. Mechanistische Einordnungen können daher nur ein Hilfsmittel sein.

Was also dann? Am besten fangen wir damit an, im Umgang mit Menschen unsere eigenen Annahmen und Vorurteile zurückzustellen. Sie sind zu sehr von unseren eigenen Meinungen und Vorerfahrungen eingefärbt, um ungeprüft valide zu sein.

Betrachten wir stattdessen jeden Gesprächspartner und jede Anspruchsgruppe unvoreingenommen und ohne ihr Verhalten zu bewerten.

Menschen mit einer exzellent ausgeprägten Empathie nehmen diese beobachtende Haltung wie selbstverständlich ein. Wer so weit erst noch kommen möchte, muss sich immer wieder neu daran erinnern – ähnlich wie beim Meditieren, wo wir die aufdringlichen Gedanken auch wieder und wieder beiseiteschieben müssen. Mit den folgenden Herangehensweisen können Sie Ihre Empathie trainieren und professionalisieren.

Sich wohl in der eigenen Haut fühlen. Stress macht egoistisch und ungeduldig. Deshalb sind Zeitdruck, Statusangst, Rivalität oder die Befürchtung, die eigenen Ziele könnten missachtet werden, die denkbar schlechteste Voraussetzung für eine empathische Haltung. Fühlen wir uns dagegen selbst wohl und sicher, bringen wir auch für andere mehr Verständnis auf. Begegnungen, bei denen Ihre Empathie gefordert ist, finden deshalb am besten statt, wenn Sie physisch und psychisch in Bestform sind. Dann ist die Wahrscheinlichkeit am größten, dass Sie sich ohne eigene Wertungen in die Bedürfnisse und Befindlichkeiten anderer einfühlen können.

Die Wahrnehmung auf Empfang stellen. Lassen Sie sich voll und ganz auf Ihr Gegenüber ein. Schenken Sie ihm oder ihr Ihre ungeteilte Aufmerksamkeit. Wie hält er sich? Was sagt sie? Wie klingt sie? Ruht er in sich? Welche Gefühle und Bedürfnisse äußert sie? Wie ist er gestimmt? Wenn Sie merken, dass Ihre Gedanken zu Ihren eigenen Wertungen und Urteilen abgleiten (und das werden sie!), lenken Sie den Fokus auf den Gesprächspartner zurück. Hören Sie zu. Fühlen Sie mit. Denken Sie mit. Vielen Menschen fällt die Konzentration auf andere ungeheuer schwer, besonders, wenn sie selbst ganz anders empfinden. Ihre empathische Exzellenz steht und fällt aber damit, dass Sie zunächst einmal darauf verzichten, mit Ihrer eigenen Sichtweise, Ihrem Widerspruch, aber auch mit vorschneller Zustimmung herauszuplatzen. Verbiegen müssen Sie sich deshalb nicht. Es trägt schon weit, wenn Ihre Gesprächspartner sich sicher sein können: Auch wenn Ihre Meinung eine grundsätzlich andere ist – Sie maßen sich nicht die Deutungshoheit an.

»Ich gebe zu, ich bin für Atomkraft. Aber es ist klar, dass das von Land zu Land anders gesehen wird.« Der Schwede Magnus Hall, der sechs Jahre lang den schwedischen Energiekonzern Vattenfall leitete, hält mit seiner Meinung nicht hinter dem Berg. Aber er setzt sie nicht absolut und verknüpft sie empathisch mit dem Verständnis für das Unbehagen anderer.[15]

Die Welt durch andere Augen sehen. Je weiter die Lebenswirklichkeit eines anderen Menschen von der eigenen entfernt ist, desto weniger regt sich Empathie in uns. Um diesem Manko entgegenzuwirken, brauchen wir nicht über uns hinauszuwachsen. Es genügt, wenn wir aufmerksam in uns hineinsehen. Diese Übung regt der Philosoph Alain de Botton zur Schulung der kognitiven Empathie an, und ich finde sie enorm überzeugend: Schauen Sie sich in einer Gemäldegalerie oder auf Google Arts ein Aristokratenporträt an. Der Rahmen aus Gold, die üppigen Stoffe, die Kopfhaltung, der selbstgewisse Blick – nichts könnte von der eigenen Welt, zumal im Homeoffice, weiter entfernt sein … Wirklich? Schauen Sie länger hin, genauer. Vielleicht erinnert Sie die feine Spitze an das Kleid, das Sie zum Abschlussball getragen haben. Vielleicht wendet die porträtierte Person dem Betrachter die linke Gesichtsseite zu, so wie Sie es auf Selfies tun. Oder Sie erkennen den Anflug jener indignierten Mine, mit der Sie Menschen bedenken, die Ihnen zu nahe kommen … Jetzt sind Sie dem Geheimnis empathischer Menschen auf der Spur: Sie vermögen in jedem Menschen etwas von sich selbst zu erkennen, und dieser Zustand lässt sich bewusst und immer wieder neu herstellen. Vielleicht ist es nur eine Winzigkeit, ein Erlebnis als Kind, eine kleine Marotte. Aber schon eine belanglose Gemeinsamkeit bringt uns Menschen näher, die uns soeben noch fremd erschienen.[16]

Empathie gehört zum Geschäft

Empathie kann so einfach sein. Hinhören, hinschauen, sich fragen: Wie würde ich in vergleichbarer Situation denken, fühlen, urteilen? Wie kommt es dann, dass ausgerechnet die erfolgreichsten Unternehmen und höchstbezahlten Manager gelegentlich so unempathisch anmuten, als gehörten sie einer fernen Galaxie an? Während manche Menschen schon leiseste Stimmungen und verborgenste Trends erahnen, scheint die Empathie anderer so gering, dass sie selbst naheliegende Reaktionen weder vorhersehen noch nachempfinden können.

April 2020. Es ist der Höhepunkt des Corona-Lockdowns. Im Interview mit *Tagesthemen*-Moderator Ingo Zamperoni fordert VW-Chef Herbert Diess dringend ein Konjunkturprogramm. Das Automobil böte sich an. Zufällig wusste ich: VW hatte mit 20 Milliarden Euro Vorjahresgewinn eines der erfolgreichsten Jahre seiner Geschichte geschrieben. ›Sollte man eine Krise, durch die man besser gefedert als die meisten braust, nicht aus den eigenen Rücklagen bestreiten können?‹, schoss es mir durch den Kopf. So wie es viele kleine Betriebe und Soloselbstständige gerade tun? Offensichtlich dachte Ingo Zamperoni in die gleiche Richtung: Ob man bei VW vielleicht bei den Milliarden-Dividenden kürzen könnte, warf er ein. Die Frage perlt an dem VW-Chef spurenfrei ab: »Als letztes Mittel werden wir das überlegen.«[17]

Als letztes Mittel? Manager wie Diess studierten Betriebs- oder Ingenieurwissenschaften in einer Zeit, als Bilanzen und Benchmarks das Maß der Dinge waren, nicht Kundenbeziehungen und Mitarbeiterbedürfnisse. Heute gehört das Gespür, was bei der breiten Öffentlichkeit ankommt, in jeder Branche zum Geschäft. Unternehmen und darin allen anderen voran die CEOs sind Vorbilder und Vorreiter. Sie und die Leute, die für ihre Außenwirkung zuständig sind, brauchen ein tiefes Verständnis für aktuelle Stimmungen, latente Strömungen und sich anbahnende Trends, lange bevor sie Mainstream sind. Mehr als je zuvor bedeutet das: Sie müssen nicht nur wissen, wie Menschen heute mobil sind, sich gesund erhalten, verreisen und so weiter und so weiter. Sie müssen auch nachempfinden, welche Trends und Werte in der Luft liegen – weit über Produktnutzen, Servicequalität und High-Tech-Lösungen hinaus.

Alles zusammen erfordert soziale Empathie im Superhelden-Maßstab, und ohne sie geht gar nichts mehr.

Denn Kunden, Stakeholder und Talente sind schnell vergrämt, wenn sie ihre Werte verletzt sehen. Allen voran die 20- bis 40-Jährigen, das verdeutlicht der Deloitte Millennial Survey 2018, wenden sich von Unternehmen und Arbeitgebern ab, wenn sie mit deren Geschäftsgebaren und politischen Tendenzen nicht einverstanden sind. Ebenso selbstverständlich belohnen sie Marken und Persönlichkeiten, die sich multikulturell, offen, sozial engagiert und nicht nur am Geldverdienen interessiert zeigen.[18] In der VUKA-Welt erweisen sich Konsumenten und Anspruchsgruppen zunehmend als komplizierte Diven. Wofür sie selbst brennen (ohne es freilich immer umzusetzen), dazu sollen auch Unternehmen Haltung beziehen.

Welche Themen das sind, hat das Meinungsforschungsinstitut YouGov erforscht: »Generell punkten bei den Verbrauchern die Themen Umwelt, Menschenrechte, Tierquälerei und Bildung. Weitestgehend abgelehnt werden dagegen Positionierungen in den Bereichen Unterstützung einer politischen Partei, Religiöse Fragen, LGBT, Regionale Autonomie, Genderfragen (Metoo, Feminismus) oder Brexit.«[19] Diese Erkenntnisse liegen in der Luft. Man muss deshalb kein Empathiekünstler sein, um sich mit den Werten der Zeit auch geschäftlich vorteilhaft zu positionieren. Denkt man. Eine weltweite Studie des IT-Dienstleisters Capgemini kommt zu einem anderen Ergebnis:

80 Prozent der Führungskräfte glauben, ihre Marke kenne die Werte und Wünsche der Kunden. Aber nur 15 Prozent der Verbraucher stimmen dem zu.

»Die meisten Organisationen agieren binnenfokussiert, finanzorientiert und effizienzgetrieben«, analysiert die Management-Beraterin Anne M. Schüller im Frühjahr 2020.[20] So gesehen passte der Auftritt des VW-Chefs am Ende doch ins Bild. Wenn auch nicht in die Zeit. Vielleicht hat man das auch bei VW erkannt. Keine zwei Monate nach dem *Tagesthemen*-Interview musste Diess die Führung der Kernmarke VW abgeben. In den gleichen Tagen zeigte ein Beispiel einer ganz anderen und in diesem Fall erheblich jünger aufgestellten Branche, was soziale Empathie zu leisten vermag.

Im März 2020 hatte auf der Streaming-Plattform Hulu die TV-Miniserie *Little Fires Everywhere* ihre Premiere. Die Verfilmung des Familienthrillers von Celeste Ng wurde von der Schauspielerin Reese Whitherspoon, Jahrgang 1976, produziert. Im Mittelpunkt stehen zwei Frauen, die darum ringen, was Muttersein bedeutet. Doch anders als in der Buchvorlage ist die eine Protagonistin weiß, die andere schwarz. Aufgrund dieser Konstellation lenkt die Serie den Blick auch auf die Illusion liberaler Weißer, keine rassistischen Vorurteile zu kennen. Zwei Monate nach Erscheinen der TV-Serie erschüttert der Tod des Afroamerikaners George Floyd durch rassistische Polizeigewalt die Welt. Plötzlich erscheint *Little Fires Everywhere* wie ein Zeitkommentar. Zufall? Oder Empathie? Aus einem Artikel des *Atlantic* geht hervor: Die Drehbuchschreiber hatten sich im Vorfeld intensiv mit aktuellen gesellschaftlichen Entwicklungen auseinandergesetzt. Auf ihrer Leseliste stand unter anderem der Bestseller *Wir müssen über Rassismus sprechen*.[21]

Wer soziokulturelle Strömungen beobachtet und empathisch aufnimmt, kann kommerziell höchst erfolgreich sein. Der Oldenburger Professor für Gründungsmanagement Alexander Nicolai und sein Team haben untersucht, wie die erfolgreichsten Gründer der Welt auf ihre bahnbrechenden Ideen kamen. Das Ergebnis: Die Hälfte der untersuchten digitalen Unicorns wie der Fahrservice Uber, der Zahlungsanbieter Klarna oder der Instant-Messaging-Dienst Slack entstanden als Reaktion auf einen erkannten Bedarf. Gescheiterte Start-ups gründeten deutlich seltener auf einem Kundenbedürfnis.[22]

Die Empathie für Themen, die in der Luft liegen, Ärgernisse, sehnliche Wünsche oder ungelöste Probleme kann jeder Einzelne, aber auch jedes Unternehmen kultivieren. Die Zauberformel dafür lautet: Genau hinschauen, in die Gesellschaft hineinhorchen, eigene Annahmen bewusst zurückstellen. Erst beim Verlassen der eigenen Blase erkennt man, welche Themen in den Fokus des Interesses rücken und welche Ansichten keine Zukunft mehr haben. Moralpuristen mögen diese Herangehensweise kalkuliert und vielleicht sogar berechnend finden. Sie haben damit nicht unrecht.

Die Schattenseite von Empathie

Definitiv hat Empathie auch eine dunkle Seite und ein paar verwischte. Schlimmstenfalls nutzen Menschenversteher ihr gutes Gespür, um andere zu täuschen, zu manipulieren oder für die eigenen Interessen zu instrumentalisieren. Big-Data-Analysen durchleuchten Nutzer und Kunden. Emotionserkennungstechnologien analysieren unsere Stimmungen. Großkonzerne dringen tief in unsere Privatsphäre ein, bombardieren uns mit Werbung und nehmen unser Unterbewusstsein in den Blick. Narzisstische Kolleginnen oder machiavellistische Chefs spielen mit unseren Gefühlen und nutzen sie aus. Es wäre daher ein Fehler zu glauben, die empathische Übernahme fremder Perspektiven mache die Welt automatisch zu einem integeren, moralisch einwandfreien Ort.

Empathie und Menschlichkeit sind keine Synonyme.

Anderen empathisch zu begegnen und zuzuhören, rechnet sich. Das kann zu herausragenden Produkten führen, exzellenten Kundenerlebnissen, mehr gesellschaftlichem Verantwortungsbewusstsein, kreativen Allianzen und divers aufgestellten Teams, in denen auch Leisere, Out-of-the-box-Denker und die einzige Geisteswissenschaftlerin unter den Ingenieuren eine Stimme haben. Empathie kann aber auch dazu missbraucht werden, Konsumenten noch besser zu durchleuchten, Mitarbeiter noch geschickter für Firmenzwecke einzusetzen, Kollegen aufs Glatteis zu führen oder Charity-Aktionen für den eigenen Vorteil zu nutzen.

Die Sozialwissenschaftlerin und Design-Thinking-Trainerin Eva Köppen hat sich mit Empathie im Organisationskontext beschäftigt, auch mit deren Schattenseiten. Ihr ist vollkommen bewusst, dass Empathie missbraucht werden kann. Trotzdem empfiehlt sie, dass wir uns mehr als bisher für fremde Lebenswelten interessieren: »Das trainiert unsere Fantasie für andere Lebensformen und verschafft uns ein breiteres Vokabular für all die Weisen, in denen Menschen ihr Leben leben können. Nicht um andere manipulieren zu wollen, sondern um liberale Grundwerte zu leben und dazuzulernen.«[23]

Die Chancen für einen positiven und auch ethisch exzellenten Einsatz von Empathie stehen besser denn je. Denn es gibt ein Korrektiv gegen fehlende oder missbrauchte Empathie: Verbraucher und Anspruchsgruppen, die wachsamer sind denn je. Wer Empathie allzu offensichtlich zum eigenen Vorteil ausnutzt oder sie umgekehrt ganz vermissen lässt, wird bloßgestellt, abgestraft, abgewählt. Nicht immer. Aber deutlich öfter. Diese Erfahrung macht auch die bis dahin so mächtige Autoindustrie. So hielt die Hamburger Rechtsanwältin Andrea Braun auf Twitter den Ansprüchen der Branche und ihrer Fürsprecher mit einer Gegenforderung den Spiegel vor: »Ich fordere bedingungsloses Grundeinkommen, Kulturprämien für Theater und co. und ein niedliches Alpaka für jeden!«[24] Da ist sie wieder: die Komplexität und Ambivalenz der VUKA-Welt. Es gibt keine einfachen, eindeutigen Wahrheiten mehr.

Exzellenz-Briefing:
7 Anregungen für empathisches Handeln

Studien haben ergeben, dass 80 Prozent der Führungskräfte Empathie damit verwechseln, »nett oder weich zu sein« oder zu tun, was der andere möchte.[25] Wer Empathie für Gefühlsduselei hält, hat ihr Wesen nicht verstanden. Richtig eingesetzt ist Empathie, so formuliert es die Empathieforscherin Eva Köppen, »ein sehr bewusst gewählter Zugang zum anderen, eher rational gesteuert.«[26] Wenn wir die Achtsamkeit dafür entwickeln, liefert Empathie uns die Daten, die wir brauchen, um Menschen und gesellschaftliche Gruppen besser zu verstehen. Sie befähigt uns, Einfluss zu nehmen, Allianzen zu schmieden, Entrüstungsstürme zu entschärfen, Mitarbeiterpotenziale zu entfalten und Konsumenten und Talente anzuziehen. Sie hilft uns darüber hinaus auch, Menschen, die uns unter der Maske der Nettigkeit übelwollen, zu durchschauen. Die gute Nachricht ist: Mit der Empathie ist es wie mit der körperlichen Fitness. Wer trainiert, wird stärker. Wer nicht, verkümmert.

1 Mit sich selbst empathisch sein

Der Weg zu mehr Empathie führt über mehr Selbstempathie. Denn wir können nur geben, was wir in uns haben. Sprich: Wer schon die eigenen Gefühle, Motive und Ziele nicht versteht, denkt sich noch schwerer in die anderer hinein. Beachten und achten Sie daher Ihre Gefühle. Gehen Sie über Ihre Lebensfreude, Ihre Wut, Ihre Stimmungsschwankungen, Ihren Wunsch nach Sinn, Ihre Unwohlgefühle nicht hinweg. Und vor allem: Seien Sie gut zu sich. Bleiben Sie fünf Minuten länger auf der Parkbank sitzen, gestehen Sie es sich zu, den Nachmittag für das Fußballspiel Ihrer Tochter freizuhalten, nehmen Sie Stress, Erschöpfung oder Ärger wah, und fragen Sie sich, was Sie tun können, um sich wieder besser zu fühlen.

2 Raus aus der Empathie-Falle

Einfühlen, Mitdenken, Mitfühlen, Mitleiden: Der Unterschied zwischen den kognitiv-sozialen und den affektiven Facetten von Empathie ist signifikant und sogar neurophysiologisch erkennbar. Die empathischsten Menschen integrieren beides. Sie können mit Menschen fühlen und zugleich Ihre eigenen Ziele im Blick behalten. Ist Empathie dagegen vornehmlich von Mitgefühl und Mitleid geprägt, steigt die Gefahr, dass wir uns ausnutzen lassen oder Menschen den Steigbügel halten, nur um sie kalt lächelnd an uns vorbeiziehen zu sehen. Machen Sie sich klar: Sie müssen nicht in jedem Fall mit anderen mitfiebern oder mitleiden, um empathisch zu sein. Besonders in beruflichen Situationen genügt es, gedanklich einen Perspektivwechsel zu vollziehen. Wie Sie das schaffen? Allein das Wissen um die unterschiedlichen Formen von Empathie macht einen Unterschied. Der Rest ist Selbstbeobachtung. Sobald Sie feststellen, Ihre Empathie lässt Sie Ihre eigenen Anliegen vergessen, nehmen Sie sich ein wenig zurück. Der *Ze.tt*-Autor Till Ecker hat dafür ein einprägsames Bild gefunden: Es gehe darum, in der Gedankenwelt einer anderen Person zu Gast zu sein, aber eben nicht an ihr teilzuhaben.[27]

3 Die Balance finden zwischen Machiavelli und Mutter Teresa

Es gibt Menschen, denen keine Regung anderer entgeht. Selbst bleiben sie dabei leidenschaftslos. Das heißt: Ihre kognitive und/oder soziale Empathie ist hoch, die affektive schwach ausgeprägt. Daraus resultiert eine unbeteiligte, »coole« Haltung, die sich beim Verhandeln, im Kundenkontakt, bei Machtkämpfen und bei der Führung von Mitarbeitern als vorteilhaft erweisen kann. Auf Dauer wird eine nur kognitive Empathie von anderen allerdings zu Recht als machiavellistisch und sogar unangenehm empfunden. Niemand lässt sich gern in die Tiefe seiner Seele blicken, keiner fühlt sich gern als Spezies unter dem Sezierglas. Achten Sie daher bewusst darauf, Menschen nicht nur zu beobachten, sondern ihnen beizustehen: Zeit und Geduld für andere aufbringen, sich ihnen zuwenden, für ihr Wohlbefinden sorgen, ihre Gedanken und Motive nachvollziehen, das Leben mit ihren Augen sehen.

4 Empathie üben

Empathie lernt man nur ansatzweise aus dem Lehrbuch. Die Gefühle und Agenden anderer mitzudenken, obwohl sie uns vielleicht völlig fremd sind, muss geübt, verinnerlicht und zur zweiten Natur werden. Das geht in der Familie, in Freundschaften, im Job, beim gesellschaftlichen Engagement, beim Abtauchen in einen Roman, beim Musikhören, beim Netflix-Schauen, eigentlich in jeder Lebenslage. Gespräche und Kultur bringen uns mit anderen Lebensrealitäten und Gefühlwelten in Verbindung. Wir erkennen, dass unser Leben und unsere Art, die Welt zu betrachten, nur eine Möglichkeit von unendlich vielen darstellt.

5 Empathiekiller kennen

Wenn wir müde, angestrengt oder krank sind, bringen wir meist nur für einen Menschen Empathie auf: uns selbst. Auch im kreativen Fluss oder unter Druck empfinden wir es als disruptiv, wenn die Gefühle und Bedürfnisse anderer unsere Aufmerksamkeit fordern. Machen Sie sich deshalb klar: Die meisten Menschen denken und handeln bei geistiger Beanspruchung, Stress oder Aufregung (übrigens auch positiver Aufregung!) eher egoistisch als emphatisch. Manchmal empfiehlt es sich deshalb, Worte und Entscheidungen zu überdenken, die in solchen Phasen gefallen sind.

6 Gegen unbewusste Vorurteile ansteuern

Bayern-München oder Schalke? Familienmenschen oder Singles? Urmünchener oder Zugezogener? Am meisten Empathie empfinden wir für Menschen mit ähnlicher Einstellung. Das ist menschlich. Doch es gibt einen Haken: Je seltener wir uns mit Andersdenkenden oder Anderslebenden austauschen, desto mehr schwindet das Verständnis für deren Belange. Der polnische Sozialpsychologe Henri Tajfel hat diesen Zusammenhang in einem berühmt gewordenen Experiment nachgewiesen. Dazu teilte er einander unbekannte Menschen aufgrund minimaler Unterschiede in Gruppen ein: beispielsweise anhand der Vorliebe für die Maler Klee oder Kandinsky.[28] Bereits nach wenigen Minuten bauten die Gruppen ein Wir-Gefühl auf. Die meisten Menschen sind sich solcher Vorurteile nicht bewusst. Und wenn doch, entstehen neue Probleme: In bester Absicht begegnet man Menschen mit einem anderen Hintergrund mit extra viel Verständnis. Auch das ist eine Art der Diskriminierung. Dagegen anzusteuern, ist schwer. Um Vorurteile zu identifizieren und abzulegen, braucht es Achtsamkeit, Selbstreflexion, vor allem aber die bewusste Anstrengung, sich mit unterschiedlichen Menschen, Einflüssen und Denkmustern zu umgeben.

7 Innehalten

Wir kennen es alle: Jemand wirft ein Problem auf oder eine vage Idee in die Runde, und jemand anderer weiß die Antwort. Ich an deiner Stelle würde. Sprich doch mal mit der Chefin. Du wirst sehen, alles wird gut … Die meisten von uns sind gut im Beruhigen, Beraten und Belehren. Meistens ist unser Zuspruch nett gemeint, unser Widerspruch sachlich begründet. Doch Analyse, Lösungsvorschläge oder Kritik bringen Sie nicht in Resonanz mit den Gefühlen der anderen. Das gelingt nur, wenn Sie nachfühlen können, wie ihnen zumute ist. Deshalb müssen Sie ihre Sicht der Dinge nicht teilen. Sie müssen auch eine Idee nicht grandios finden oder Geisterspiele vor leeren Rängen tragisch. Aber Sie können versuchen zu verstehen, warum andere etwas bewegt, was Sie selbst vergleichsweise kalt lässt. Das gelingt, wenn Sie die eigenen Maßstäbe einen Augenblick lang vergessen und Sie sich unvoreingenommen auf die subjektive Weltsicht des Gegenübers einlassen. Das ist schwer. Entsprechend viel Anstrengung verlangt es uns ab. »Like any value, empathy must be acted upon«, sagt Barack Obama. Eine hochentwickelte Empathie gehört selten zu unserer Grundausstattung. Wir müssen sie leben, um Exzellenz darin zu erreichen.

8

Agilität

Weil nur geistige Beweglichkeit mehr bewirkt als große Pläne

August 2019. Mitten im Umzug in eine neue Stadt, ein paar Tage vor dem Sommerurlaub, bekam ich eine Anfrage, als Ghostwriterin ein Buch zu schreiben. Das Thema war spannend, die Terminsituation sportlich: innerhalb von knapp zwölf Wochen sollte ein umfangreiches Businessbuch entstehen, *all inclusive*, vom Konzept bis zum 250-seitigen Manuskript. Zu den gewünschten Inhalten gab es ein knapp zehnseitiges Briefing, für vertiefende Interviews fehlte dem Auftraggeber die Zeit.

Würde das gehen können? Wenn überhaupt, dann nur, wenn ich einen Weg fand, meine übliche Recherche- und Schreibzeit zu verkürzen, und zwar nicht um 10 oder 20 Prozent, sondern um ein Vielfaches davon. Ich entwickelte als Probelauf das Buchkonzept, der Auftraggeber fand sich darin wieder, und ich gab mir einen Ruck und beschloss, die geplante Sommerpause zu streichen. Während ich am ersten Kapitel schrieb, befeuerte mich mein Kunde mit Voicemails, Literaturhinweisen und Links, die herunterzuladen, zu sichten und auszuwerten, mir die Zeit fehlte. Wie damit umgehen? Ich entschied zu tun, was ich normalerweise nie tue, und stellte dem Kunden in kurzen Intervallen Zwischenergebnisse zur Verfügung – erste Entwürfe, die einen Eindruck der Inhalte und Gedankengänge vermittelten, aber in Anschaulichkeit und Vertiefung alles andere als druckreif waren. Wir vereinbarten fast tägliche Feedbackintervalle und verständigten uns darauf, einen zweiten Ghostwriter an Bord zu holen.

Der proaktive Umgang mit der Situation baute Vertrauen auf, ich merkte früh, was gut ankam und was eher nicht, wir tasteten uns vor, spielten uns aufeinander ein, und der Auftraggeber bekam in verlässlichen Abständen das, was ihn weiterbrachte: Textentwürfe, in die er Insider-Wissen, Fallgeschichten und eigene Wordings integrieren konnte. Die Bombardements mit Mails und WhatsApps ließen nach. Natürlich gab es trotzdem Stress, Passagen, die in die falsche Richtung gingen, oder inhaltliche Überschneidungen, die dann auch eingeräumt und korrigiert wurden. Nach zwölf Wochen hatten wir ein Manuskript erarbeitet, das sich sehen lassen konnte.

Definitiv, ich kenne bequemere Wege, ans Ziel zu kommen. Erprobte Pfade zum Beispiel, die ich schon Dutzende von Malen erfolgreich gegangen bin. Scheinbar Unmögliches lässt sich dagegen nur verwirklichen, wenn wir ungewisse Strecken agil und experimentierfreudig ergründen. Auch wenn wir dabei gelegentlich holpern und stolpern.

Warum ein agiles Mindset jede noch so agile Methode schlägt

Es gibt Wörter, die nicht positiv besetzt sind, und lange war eines davon das Wort agil. Ein Blick auf die Website des Duden offenbart die wenig attraktiven Vorstellungen, die sich landläufig damit verbinden: *geschäftig, wendig, betriebsam* heißen die bedeutungsähnlichen Wörter, und unwillkürlich denkt man an Menschen, die ihre Meinung drehen und wenden wie eine Fahne im Wind. Doch die Dinge ändern sich. Inzwischen erfährt der Begriff Agilität eine Aufwertung, so ähnlich wie die vielen Großstadtviertel, deren Image fast unbemerkt von zwielichtig zu szenig wechselte.

Bei Wikipedia schlägt sich der Bedeutungswandel bereits nieder. Die Online-Enzyklopädie erklärt Agilität als die Fähigkeit, »flexibel und darüber hinaus proaktiv, antizipativ und initiativ zu agieren, um notwendige Veränderungen einzuführen.«[1] In der Wirtschaft gelten agile Methoden als Antwort auf die immer höhere Geschwindigkeit, mit der Projekte abgewickelt werden. Sie kommen insbesondere bei Vorhaben zum Einsatz, die sich nicht bis ins letzte Detail planen lassen, weil sie komplex, nie dagewesen oder durch unscharfe Kundenwünsche oder Marktanforderungen gekennzeichnet sind. In solchen Situationen stößt das klassische Projektmanagement schnell an seine Grenzen. In einem Umfeld, in dem Planbarkeit und Effizienz das Höchste und Fehler das Letzte sind, lösen nachträglich geäußerte Kundenwünsche Irritation aus, stören unerwartete Anpassungen den Ablauf, bringt der Tag, an dem der Auftraggeber das Projekt erstmals zu sehen bekommt, das Team ins Schwitzen. Das agile Projektmanagement dagegen kalkuliert Fehleinschätzungen, Rückschläge oder Änderungswünsche von vornherein ein.

Schwierigkeiten gelten als Erkenntnisgewinn und Einladung, Prozesse und Produkte immer weiter zu verbessern.

Diese Herangehensweise ist möglich, weil kleine, selbstorganisierte Teams im ständigen Austausch miteinander und mit dem Kunden stehen. Annahmen werden laufend getestet. Visualisierung und Feedbacks helfen, unterschiedliche Vorstellungen rasch zu erkennen, Spannungen zu lösen und schnell wieder ein gemeinsames Verständnis zu erlangen.

2017 erhielt die Webdesign-Agentur IMMERWIEDER DESIGN den Auftrag, die Website der Geigerin Anne-Sophie Mutter zu relaunchen. Das Team entschied sich in diesem Fall von der üblichen Methode, mehrere vollständige Entwürfe zu präsentieren, abzuweichen. Sie hatte sich bereits früher als »Garant für überzogene Budgets« erwiesen. Stattdessen wurden Gestaltungselemente wie Buttons und Überschriften in vier Versionen zu einem je einseitigen Styleboard zusammengefasst und der Künstlerin über eine Kollaborations-Software zugänglich gemacht. Das Feedback kam prompt: der traditionellste Entwurf verfehle den gewünschten modernen Look. Das Team hatte diese Antwort erwartet: »Es war aber wichtig, die kreative Fahrtrichtung auch durch klare *Neins* zu definieren, anstatt auf *Jas* zu hoffen. Unser Motto: »Kill your darlings, and kill them early!«[2]

Ob man eine Website entwirft, ein Haus plant oder eine individuelle Softwarelösung entwickelt, viele Kundenwünsche präzisieren sich erst im Projektverlauf. Deshalb genügt es nicht mehr, die Erwartungen der Kunden am Projektanfang abzufragen und zu hoffen, dass am Projektende das Ergebnis passt. Immer mehr Auftraggeber wollen an den einzelnen Projektschritten teilhaben, sie verstehen und daraus lernen. Der Anspruch ist nachvollziehbar: Die Auftraggeber, nicht die Auftragnehmer, bezahlen das Produkt, leben damit, stehen dafür gerade und wollen ihre Vision verwirklicht sehen.

Die gewachsenen Kundenerwartungen sind für Auftragnehmer nicht einfach zu erfüllen. Ich weiß selbst sehr gut, wie unberechenbar sich Kreativ- und Entwicklungsprozesse gestalten. Deshalb fällt es schwer, Kunden den Blick hinter die Kulissen zu gewähren. Entstandenes frühzeitig aus der Hand zu geben, obwohl man selbst am besten weiß: Der große Wurf ist das noch nicht. Bereits geleistete Arbeit auf den Prüfstand zu stellen, weil Kunden mit Einfällen kommen, die interessant sein mögen, aber das Ausgangskonzept auf den Kopf stellen. Fallschirmspringen stelle ich mir so ähnlich vor. Natürlich geht die Unternehmung in der Regel gut aus, schließlich bereitet man sie akribisch vor. Trotzdem kostet es Überwindung, sich fallenzulassen, dem Boden der Tatsachen entgegen.

Doch es gibt einen Gegenwert. Die intensive Kooperation mit Kunden bringt Klarheit und Fokus. So wurde bei der Entwicklung der Künstlerinnen-Website ein Vorschlag verworfen, der drei anderen dagegen gefiel: die Zeitlosigkeit des einen, die Farbwelt des anderen, die Übersichtlichkeit des dritten. Das Entwicklungsteam wusste nun, worauf es ankam und welche Erwartungen noch nicht erfüllt waren: »Hier zeigt sich der Vorteil einer schnellen, abgekürzten Entwurfsarbeit, anstatt komplette Entwürfe zu präsentieren: Mischen ist ausdrücklich erwünscht! Es entstand der finale Entwurf.«[3]

Es zeigt sich: Wir dürfen Agilität nicht nur als eine Sammlung von Techniken und Tools begreifen. Zuallererst ist sie eine Art des Denkens. Mit Scrum, Design Thinking oder User-Centered-Design hat ein agiles Mindset deshalb genauso viel oder wenig zu tun wie ein Trainingsfußball von Adidas mit einem guten Ballgefühl. Nur weil Menschen mit bunten Haftzetteln hantieren, denken sie nicht Wirtschaft und Technik neu. Jedenfalls gibt es dafür keine Garantie. Zwar verändern Menschen ihr Herangehen, wenn neue Methoden suggerieren, die alten sind nicht mehr so gefragt. Allerdings zeigen Transformationen wie der Übergang vom Diesel-SUV zum Elektroauto, wie lange sich ein solcher Prozess hinziehen kann. Lassen wir uns also von agilen Methoden und Werkzeugen nicht blenden. Sie können agiles Denken unterstützen. Ein kreativer Wundertrank sind sie aber nicht. Denn Agilität lässt sich nicht organisieren, trainieren oder kaufen. Sie ist ohne Kanban und Scrum möglich. Aber nicht ohne kluge, kühne Köpfe.

Siebzehn solch kluge kühne Köpfe haben 2001 beim Skiurlaub in Utah das Agile Manifest formuliert, das bis heute als Meilenstein der agilen Bewegung verehrt wird. Einer seiner Kernsätze lautet: »Individuals and interactions over processes and tools« oder kurz »people over process«. Individuen und Interaktionen sind wichtiger als Prozesse und Werkzeuge. Damit haben wir es schwarz auf weiß:

Das agile Potenzial steckt in uns Menschen.

Agil denkt der Scrum-Master, der den einzelnen Teams Spielräume einräumt, die sein Vater, ein Mittelmanager der Boomer-Generation, für verwegen hält. Agil handelt die Sopranistin, die kurzentschlossen für die erkrankte Starkünstlerin einspringt und sich binnen Stunden in eine für sie völlig neue Inszenierung einfädelt. Agil zeigte sich jede Familie während der Corona-Krise, als sie neue Routinen für Homeoffice, Homeschooling und Homecooking ausprobierte.

Sie merken: Agilität geht nicht nur IT-Leute und Projektmanager an. Sie ist in jedem Bereich und jeder Rolle die Antwort auf eine Welt, die privat und beruflich immer mehr VUKA wird. Seit Beginn der Corona-Pandemie erleben wir: Die Fähigkeit, auf komplexe, noch nie dagewesene Situationen und anders geprägte und entsprechend unterschiedliche Menschen zu reagieren, bringt jedem von uns einen persönlichen Exzellenzzuwachs. Nicht nur irgendwelchen digitalen Talenten in Open-Space-Büros mit Smoothie-Maker und Kickertisch.

Das haben wir noch nie so gemacht? Von wegen!

Von dem Fotografen Peter Lindbergh stammt der bedenkenswerte Satz: »Dann denkt man, dass es früher so viel einfacher war. Es war nie einfacher. Es ist auch heute nicht schwieriger. Es ist einfach so, wie es ist.« Auch wenn der Hype um agile Methoden den gegensätzlichen Eindruck vermittelt: Agilität als Exzellenztreiber wurde nicht erst im Silicon Valley erfunden. Sie ist auch nicht das Privileg der komplett digital aufgewachsenen Generation Z. Geistige Beweglichkeit half Menschen zu allen Zeiten dabei, sich auf unerwartete Gegebenheiten einzustellen und über nicht mehr verwirklichbare Pläne hinauszuwachsen.

Die Katakomben des Kölner Doms lassen erkennen: Schon im Mittelalter reagierten Menschen auf veränderte Bedingungen agil. Die Pfeilerfundamente der Kathedrale ragen dort bis zu 16 Meter tief in den Boden. Doch sie sind nicht alle mit der gleichen Sorgfalt gebaut. Ein Pfeiler aus dem Jahr 1330 beispielsweise ist sehr viel solider und akkurater ausgeführt als ein anderer aus dem Jahr 1449. Als Grund dafür gilt die Pestwelle, die Europa im 14. Jahrhundert erfasst hatte. In ihrer Folge explodierten die Löhne. Die Dombaumeister berücksichtigten den neuen Kontext und entschieden sich für eine einfachere Bauweise.[4]

Unbewusst folgten die Dombaumeister mit ihrem Vorgehen dem vierten Grundsatz des Agilen Manifests: »Responding to change over following a plan«. Auf Veränderungen reagieren, statt an einem Plan festzuhalten. Wer sich an diese Maxime hält, darf nicht perfektionistisch, engstirnig oder wehleidig sein. Stattdessen geht es darum, eine Lösung zu finden, die auf andere Art gut ist: Beim Kölner Dom war das eine Bauweise, die technisch ausreichend solide war, um 600 Jahre zu überdauern. Aber nicht so detailverliebt, dass die Kosten aus dem Ruder gelaufen wären. Ein pragmatischer Ansatz, finde ich. Ob es um die Kosteneindämmung angesichts sinkender Umsätze geht oder darum, mit ein paar Resten aus dem Kühlschrank ein leckeres Essen zu kochen – agil ist, wer aus den Gegebenheiten das Beste macht. Damit meine ich keine zweitbeste, lieblose Lösung. Sondern eine, die verblüfft. In ihrer Einfachheit, Innovationskraft, Intelligenz.

Die Corona-Bedingungen für klassische Konzerte brachten den Konzert- und Festivalbetrieb zum Erliegen. Beim Mozartfest Würzburg wollte man sich damit nicht abfinden. Ohne jede Planungssicherheit erdachte man das Format Circles als Möglichkeit, Konzerte pandemiegerecht aufzuführen. Das Ergebnis fasziniert: »Jeweils ein projizierter Lichtkreis schließt dabei einen Musiker, einen Hörer oder auch eine Familie ein, nimmt sie schützend in ihre Mitte und hält sie gleichzeitig auf Distanz von der Umgebung.«[5] Bis zum Schluss war jeder Besucher von seinem persönlichen Lichtkreis umgeben, zum Schluss verschmolzen die Lichter zu einem einzigen großen Kreis, der alle Zuschauer und Musiker umfloss.

Agilität ist eine Art des Denkens, das nicht neu, vielen Menschen aber noch nicht unmittelbar vertraut ist. Den meisten Führungskräften und Mitarbeitenden ist dies bewusst. Das geht aus dem Future Organization Report 2019 hervor. Für die Studie wurden 517 Führungskräfte und Mitarbeitende befragt, die in agilen Unternehmen arbeiten.[6] Alle Befragten kannten sich mit agilen Methoden aus. Sich selbst als Persönlichkeit schätzten sie allerdings als wenig agil ein:

Nur die Hälfte der Managerinnen und Manager und nur ein Viertel der Mitarbeitenden sprachen sich ein agiles Mindset zu.

Das Verharren in gewohnten Denkmustern ist menschlich: Die meisten von uns mögen es berechenbar und schön nach Plan. Agile Grundwerte fliegen uns nicht mal eben zu, nur weil neuartige Kundenanforderungen oder Absatzmärkte sie erfordern. Dafür sind wir zu sehr auf Sicherheit, Stabilität und Bequemlichkeit gepolt. Am liebsten macht man weiter, was man schon immer mit einigem Erfolg gemacht hat. Wobei aufgeklärte Menschen wissen, dass man solche Gedanken eher für sich behält.

Eher bewegt uns schon ein Jahrhundertereignis wie Covid-19, unsere geistige Beweglichkeit zu aktivieren. Wenn die Umstände es erfordern, zeigt sich plötzlich: Was man muss, das kann man auch. In irgendeiner Form bekamen wir alle in dieser Zeit den Bogen heraus, damit zu leben, dass sich alles ändert und niemand sicher sagen kann, wie es weitergeht. Wir lebten von Tag zu Tag und entschieden intuitiv und individuell, »welches Vorgehen in der aktuellen Situation den meisten Mehrwert generiert«. Mit genau diesen Worten beschrieb René Kräling, der Mitinitiator des Future Organization Report 2019, den Wesenskern eines agilen Mindset.[7]

It's the outcome, not the output

Fühlen Sie sich unruhig, wenn Sie Ihr Smartphone zu Hause vergessen haben? Macht es sie nervös, wenn Sie Ihre Tagesschrittzahl unterschreiten? Zweifeln Sie an Ihren Gastgeberqualitäten, wenn der Kuchen für die Geburtstagseinladung misslingt? Bringt es Sie aus dem Konzept, wenn eine Auftraggeberin sich von Ihrem Entwurf nicht 100-prozentig überzeugt zeigt? Haben Sie schon vor der Geburt Ihrer Kinder die besten Kitas, Schulen und Unis recherchiert? Und haben Sie mehr als die doppelte Menge der in Ihrem Haushalt üblichen Mengen an Toilettenpapier, Dinkelmehl, Flüssigseife und Backhefe bevorratet, um für weitere Pandemie-Höchststände gerüstet zu sein? Je öfter Sie mit Ja antworten, desto größer ist die Wahrscheinlichkeit: Sie gehören der großen Gruppe der klassischen Planer an. Sie arbeiten strukturiert und systematisch auf ein Ziel hin. Die saubere Vorarbeit ist Ihre Stärke. Unerwartbare Veränderungen, Abweichungen und Missgeschicke allerdings sind in Ihrem Plan nicht vorgesehen. Wenn sie passieren (was das Normalste der Welt ist), neigen Sie dazu, am Rad zu drehen.

Menschen mit einem agilen Mindset haben neben den klassischen Planungsinstrumenten ein zweites Ass im Ärmel. Heißt das, sie lassen es darauf ankommen, dass Gäste vor leeren Tellern sitzen, eine Auftragsarbeit in die falsche Richtung läuft oder die Flüssigseife ausgeht, wenn Händewaschen das Gebot der Stunde ist? Natürlich nicht. Sie planen auch. Aber die Richtschnur ihres Handelns ist kein minutiös geplanter Ablauf, sondern eine kraftvolle Vision. Deshalb wirft Unvorhergesehenes sie weniger leicht aus der Bahn.

Nehmen wir eine Einladung zum Kaffee. Vielleicht schaut ein Studienfreund auf der Durchreise vorbei, den Sie seit Ewigkeiten nicht gesehen haben, vielleicht kommt die Chefin mit ihrer Familie. Sie backen Kuchen, normal und vegan, decken den Tisch, Prosecco steht kalt, für die Kinder gibt es Schokoerdbeeren, die Kaffeebohnen mahlen Sie erst, wenn die Gäste da sind, damit sie ihre Aromen behalten. Dann fällt der Strom aus, niemand weiß, wie lang der Zustand dauern wird, die Gäste kommen zehn Minuten zu früh und in dem Durcheinander macht sich die Katze über die Sahnetorte her. Sie sind dem Nervenzusammenbruch nahe und hoffen nur, dass es keiner merkt.

Agil denkende Menschen hätten sich den Ablauf auch anders gewünscht. Doch noch ist für sie nichts verloren. Denn sie messen Erfolg nicht am Output, also dem Einsatz, mit dem sie ihre vordefinierte To-do-Liste abarbeiten: Instagram-reife Tischdeko, passendes Essen für diverse kulinarische Vorlieben, Kaffeespezialitäten wie vom Barista, etwas Gutes für hinterher. Ihr wichtigster Erfolgsmesser ist der Outcome: das Ergebnis. Im Fall der Kaffeetafel wäre das ein entspannter Nachmittag: lächelnde Menschen, gelungene Gespräche, ins Spiel versunkene Kinder, schöne Stunden, an die sich Gäste und Gastgeber gern erinnern. Diese Atmosphäre lässt sich auch mit minimalem Aufwand und zur Not sogar ohne Strom verwirklichen: Man offenbart die Situation, macht den Prosecco auf, jemand holt beim Italiener Eis, das Gespräch fließt, aus den Augenwinkeln sieht man, dass die Kinder ein bisschen gelangweilt sind. Und weil es jetzt eh schon egal ist, stattet man sie mit Gartenhacken aus und gibt ein Stückchen Rasen zum Graben frei …

Sie merken den Unterschied. Klassische Planer würden hektisch versuchen zu retten, was zu retten ist. Agile Planer zeigen sich wendiger. Sie vergessen den gefassten Plan, nehmen das gewünschte Ergebnis in den Blick und konzentrieren sich auf das Hier und Jetzt. Behutsam tasten sie sich auf unsicherem Terrain voran und vergewissern sich laufend, ob die Richtung stimmt. Denn bei aller Offenheit für alternative Lösungen gibt es eine Art Punkt ohne Wiederkehr. Im agilen Projektmanagement heißt er Last Responsible Moment. Was in diesem Moment nicht gelöst wird, kann später nur durch hohen Mehraufwand kompensiert werden. Unzufriedene Kinder sind so ein Punkt …

Was so lässig wirkt, erfordert eine stete wache Aufmerksamkeit. Klassische Vorausdenker können sich irgendwann zurücklehnen. Wenn sie Glück haben, spulen sich ihre sorgfältig ausgetüftelten Pläne wie am Schnürchen ab. Eine Garantie dafür gibt es allerdings nicht. Für agile Mitdenker hingegen hört Planung nie auf. Wenn sie das Projekt starten, folgen sie zunächst einer groben Linie. Nur die Dinge, die man als Nächstes umsetzen und bewirken will, werden sehr genau geplant. Statt Einzelheiten Monate oder Stunden im Voraus festzulegen, nimmt man Details erst im letzten möglichen Moment in den Blick. Um beim Beispiel der Kaffee-Einladung zu bleiben: Fühlen sich alle wohl? Sind die Gläser gefüllt? Stockt irgendwo die Unterhaltung? Ist es zu heiß, zu kalt, zu zugig? Sind die Kinder beschäftigt? Das Geniale dabei ist: So kompliziert sich eine Situation auch gestaltet, alle diese Details können Sie lösen. Denn in Echtzeit handeln Sie dicht an der Wirklichkeit.

Pläne dagegen sind Träume. Sie sind oft zu schön, um wahr zu sein.

Entsprechend schwer fällt es uns, uns ohne Bedauern davon zu lösen. Entsprechend stur versuchen wir, das einmal Angestrebte doch zu erreichen. Daraus resultiert ein Paradox, das der amerikanische Organisationstheoretiker Russell Ackoff hellsichtig eingefangen hat: »Je effizienter Sie das Falsche tun, desto falscher handeln Sie. Es ist viel besser, das Richtige falscher zu tun als das Falsche richtiger. Wenn Sie das Richtige falsch tun und Sie sich dann korrigieren, werden Sie besser.« Für Vorausdenker bedeutet das: Perfektionismus und Ehrgeiz können uns in die Irre leiten. Der schönste Plan nützt gar nichts, wenn er sich als falsch erweist, weil die Situation oder die Mitspieler sich nicht danach richten. Das ist bei einem beruflichen Projekt nicht anders als bei einer privaten Einladung. Je unübersichtlicher die Lage, je ungewisser die Entwicklung, je widersprüchlicher die Erwartungen, desto weniger können wir einen Ablauf durchplanen. Angesichts der hohen Veränderungsgeschwindigkeiten der VUKA- und Nach-Corona-Welt können wir nicht ein Jahr, ein paar Wochen und manchmal nicht einmal einen Tag im Voraus wissen, wie wir jedes einzelne Detail lösen. Aber wir können unser Mindset erweitern:

Zum Fahren nach Plan tritt das Fahren auf Sicht.

Beides zusammen ermöglicht uns, spontan auf Hindernisse zu reagieren und ebenso agil Chancen beim Schopf zu ergreifen.

Mit Covid-19 entgleisten die Pläne. Doch Modezeitschriften haben einen langen Planungsvorlauf. Die meisten Magazine publizierten deshalb im Corona-Frühling ihre schon vorher produzierten Ausgaben. Nur die italienische *Vogue* dachte noch einmal neu. Im April erschien *Vogue Italia* mit einem leeren, komplett weißen Cover. Auch im Innenteil wurde auf die vorproduzierten Bilder verzichtet. Stattdessen zeigten Models und Fotografen Momentaufnahmen aus dem Lockdown. »Wir Italiener haben ja sowieso den Ruf, alles auf die letzte Minute zu machen«, kommentierte Chefredakteur Emanuele Farneti das agile Vorgehen. »In diesem Fall hat es uns zur Abwechslung geholfen, schnell zu reagieren.«[8]

Einfach mal sagen: Ich weiß es nicht!

Ein unbeständiges Umfeld, undurchsichtige Wirkungszusammenhänge, hohe Veränderungsgeschwindigkeiten und unklare Entwicklungen lösen Ängste aus. Zu Recht bezeichnen Wissenschaftler Ungewissheit als festen Bestandteil der neuen Normalität.[9] Für uns bedeutet das: Das Gefühl zu schwimmen, gehört in der VUKA-Welt zum Leben, auch zum geschäftlichen. Wir brauchen uns unserer Unwissenheit nicht zu schämen. Wir müssen unsere Unsicherheit nicht verbergen. Im Gegenteil:

Je transparenter wir kommunizieren, was wir wissen und was nicht, desto mehr Vertrauen und Respekt ernten wir.

Diese Erkenntnis läutet auch in der Kommunikation eine neue Ära ein. Bis vor kurzem taten Entscheider und Entscheiderinnen gut daran, als Alleswisser und Alleskönnerinnen Orientierung zu geben – etwas anderes, so hieß es, sei Mitarbeitenden und Wählern überhaupt nicht vermittelbar. Beispielsweise wurden die rigiden und anfangs wenig differenzierten Corona-Lockdowns auch damit begründet, man könne Lockerungen nicht erst einführen und dann wieder zurücknehmen. Doch Krisen sind große Lehrmeister, wenn man sie lässt. Entsprechend lernten wir in der Pandemie neue, ungewohnte Kommunikationsformen kennen und siehe da: Sie stießen auf Zustimmung und förderten die Mitmachbereitschaft.

Ich erinnere mich sehr gut, wie ich im März 2020 den mir damals völlig unbekannten Charité-Virologen Christian Drosten zum ersten Mal bei *Maybrit Illner* sah. Sein Erklärstil gefiel mir. Vor allem hatte ich nie vorher erlebt, dass ein Talkshow-Gast so vorsichtig abwägt, sich so selbstverständlich korrigiert, noch nicht vorhandenes Wissen offenlegt und ihm dabei absolut kein Zacken aus der Krone bricht. Konnte es sein, dass unangefochtene Grundregeln der Kommunikation mit einem Mal von gestern waren: bloß keine Unsicherheit zeigen, ja keinen Konjunktiv wagen und immer schön cool auch unter Feuer bleiben? Und dann plötzlich Drosten, der freimütig erklärte, dass man das alles ganz genau noch nicht wisse? Der einen Mund-Nasen-Schutz erst für überflüssig hielt, später das Gegenteil empfahl und an alledem »schon so ein bisschen, na ja« reifte?[10] Deutete sich hier eine zeitgemäßere Art des Kommunizierens an?

Im Nachhinein vermute ich: Drostens Kommunikationsstil ist nur die Speerspitze dessen, was wir demnächst alle lernen werden. Die neue Normalität ist widersprüchlich. Das Wissen ändert sich ständig. Wenn sich womöglich morgen als falsch erweist, was heute nach bestem Wissen und Ermessen richtig war, bereitet man Zuhörer sinnvollerweise darauf vor, dass es keine abschließenden Antworten gibt. Die Bundestagsabgeordnete Christine Aschenberg-Dugnus hat den Gedankenschwenk bereits vollzogen: »Die Leute sind doch keine Kinder.« Entscheider müssten deshalb häufiger »einfach mal sagen: Ich weiß es nicht!«[11] Im Grunde hätten wir längst darauf kommen können. Wenn die Welt schon eine Volte schlägt, folgen Menschen am bereitwilligsten Leadern, die transparent, aber ohne Panikmache informieren, auf welcher Grundlage Entscheidungen getroffen werden – auch dann, wenn die Wissensbasis unvollständig ist.

Auch die US-Senatorin für New York Kristen Gillibrand setzt sich für einen unabsoluten Kommunikationsstil ein: »Wenn du die Tür zu Offenheit und Transparenz öffnest, folgen dir nach meiner Erfahrung viele Menschen hindurch.« Eine transparente Informationspolitik nimmt Veränderungen ihre Bedrohlichkeit. Richtig kommuniziert werden Justierungen und Korrekturen als notwendige und erwartbare Reaktion auf neue Erkenntnisse und wachsendes Wissen erlebt. Zugleich eröffnet Unabsolutheit Handlungsspielräume. Nach wie vor gilt bei uns als besonders aufrichtig, wer zu seinem Wort steht. Wandel hingegen wird oft mit Wankelmut gleichgesetzt. Das macht es schwierig, zu wachsen und über sich hinauszuwachsen.

Im Sommer 2020 treibt Deutschland die Frage um: Kann Söder auch Kanzler? Will er das überhaupt? Vieles sieht danach aus. In Umfragen zur Kanzlerkandidatur liegt der bayerische Ministerpräsident klar in Führung. Doch ein Problem bleibt: Söder sah seine Zukunft bisher in Bayern. Daran wird er gemessen. »Wenn Söder erklärt, er bleibt in Bayern, dann bleibt er auch in Bayern«, sagt Kilian Sendner, der Vizechef der CSU-Fraktion im Nürnberger Stadtrat. »Söder ist da gradlinig.«[12]

Diese Denkweise ist typisch. Viele von uns haben sie verinnerlicht. Aber sie hat sich überlebt. Wie sollen wir exzellent oder wenigstens adäquat auf veränderte Umstände reagieren, wenn es die Glaubwürdigkeit beschädigt, einen einmal geäußerten Plan umzustoßen? Verhalten wir uns wirklich wie Wendehälse, wenn wir an Aufgaben wachsen, Ziele höher stecken und Möglichkeiten nutzen, die sich plötzlich auftun? Natürlich nicht. Wir handeln agil im besten Sinne: Wir rütteln uns immer wieder wach. Wir verbessern uns laufend. Unser Können, unsere Exzellenz und ja, wenn es sich so ergibt, auch unsere Position. Gut ist in diesem Fall dran, wer nie einen Hehl daraus macht, dass die Zeiten sich ändern und er sich mit ihnen.

Was am Ende zählt

Woran zeigt sich eigentlich, dass ein Produkt- oder Serviceangebot Exzellenzniveau hat? Ihre Entwickler und Verantwortlichen vermuten hinter Markterfolgen bevorzugt eine klare Linie, hohen Einsatz, eine starke Hand und ein Feuerwerk ausgefallener Features. Die Öffentlichkeit, Kunden, Zielgruppen oder das Publikum legen andere Maßstäbe an. Sie messen Erfolg am Ergebnis und Erlebnis, weniger an der Effizienz von Prozessen und der detailverliebten Umsetzung von allem, was machbar und wünschenswert ist.

Den Beweis dafür liefern neue und alte Produktlegenden wie die Hamburger Elbphilharmonie, das iPhone oder der Austin Mini. Die

Elbphilharmonie sprengte das Budget um das Zehnfache, das iPhone war bei seiner Einführung alles, aber nicht serienreif, und der 1959 entwickelte Austin Mini setzte zwar technische Maßstäbe, verkaufte sich aber schlecht und war mit seiner spartanischen Optik am Kundengeschmack vorbeipositioniert. Zum Kultobjekt mauserte sich der Ur-Mini erst, als der Rennwagenkonstrukteur John Cooper sein Potenzial als kleinen Sportwagen für alle erkannte.[13] Ob Mini, iPhone oder Elbphilharmonie: Als Projekte waren sie kein Ruhmesblatt. Als Endprodukte erweisen sie sich als wahr gewordene Kundenvisionen.

John Lennon bestellte 1964 den Mini Cooper S – obwohl er nicht einmal einen Führerschein besaß. Bis heute kampieren Menschen vor den Apple-Stores in aller Welt, um als Erste die neueste iPhone-Generation zu ergattern. Und die Elphi? Ist atemberaubend. Oder wie Ulrike Knöfel im *Spiegel* schrieb: »Es könnte ein Vuvuzela-Ensemble aus Georgsmarienhütte auftreten, der Saal wäre rammelvoll.«[14]

Das ist das Geheimnis menschenorientierter Lösungen: Sie treffen einen Nerv. Sie begeistern und elektrisieren, als habe die Menschheit auf sie gewartet. Was sind im Vergleich dazu schon Serienreife, Termine, Budgets …? Ganz so einfach ist es natürlich nicht. Verständlicherweise können und wollen Managerinnen und Manager, Teams und Auftraggeber sich nicht darauf verlassen, dass ein unbequemer Projektverlauf zu einem genialen Produkt führen wird. Und auch im Privatleben treiben uns die Themen »in budget and in time« sehr wohl um. Beim Bau des eigenen Hauses zum Beispiel wären Sie und ich vermutlich ruiniert, würden die Baukosten wie bei der Elbphilharmonie um das Zehnfache überzogen werden. Oder auch nur um das Anderthalbfache.

Und dennoch: Versetzen Sie sich in die Kundenperspektive. In den gut organisierten deutschsprachigen Ländern erwarten wir wie selbstverständlich, dass ein Auto sicher fährt, ein Implantat stabil sitzt oder ein Konzerthaus eine professionelle Akustik besitzt. Bei mir selbst nehme ich wahr: Was mich wirklich fasziniert, sind Produkte und Dienstleistungen, die mir Wünsche erfüllen, von denen ich kaum wusste, dass ich sie hatte. Wie die Waldhängematten in meinem Allgäuer Lieblingshotel. Das iPad Pro mit seiner magischen Tastatur. Oder Überraschungseier, die mir bis heute wie ein Geniestreich der nutzerzentrierten Entwicklung vorkommen. Obwohl es diesen Begriff bei ihrer Einführung vermutlich noch nicht gab, liefern Ü-Eier seit bald fünfzig Jahren das, was sich erst jetzt als Standard etabliert: ein Angebot, das strikt am Kunden ausgerichtet ist. Etwas mit Erlebnis-Mehrwert, etwas Überraschendes, etwas, was zu uns passt – und zwar nicht irgendwie, sondern als wäre es für uns gemacht.

Damit so viel nutzerorientiertes Design gelingt, braucht es eine intensive Beschäftigung mit dem Kunden und häufig den direkten Austausch. Oder wie es im Agilen Manifest heißt: »Customer collaboration over contract negotiation«. Die funktionierende Zusammenarbeit mit dem Kunden steht über der Vertragsverhandlung. Genau darin sind agile Projekte stark. Natürlich fußen auch sie auf wasserdichten Verträgen. Doch der Fokus liegt darauf, den Nutzer in die Projektentwicklung einzubeziehen, weit über Vertragsabsprachen und die anfänglichen Spezifikationen hinaus.

In klassisch gemanagten Projekten bleibt so viel Nähe die Ausnahme: Zwar ist der Auftraggeber bei der Auftragserteilung und beim Briefing gefragt. Danach allerdings gleitet die Beziehung zum Kunden oft in eine Art Dornröschenschlaf. Erst bei der Produktvorstellung wird sie wieder zum Leben erweckt. In der Phase dazwischen machen die Auftragnehmer in Ruhe ihr Ding. An ihren Denkprozessen und Fortschritten hat der Auftraggeber wenig Anteil. Im Gegenteil. Mischt sich der Kunde ein, wird er als lästig wahrgenommen, schiebt er zusätzliche Informationen oder gar Änderungswünsche nach, stört er die Effizienz des Projekts.

Die klassische Arbeitsweise kann gutgehen. Sie kann aber auch zu einem bösen Erwachen führen.

Weil das so ist, spielt der Nutzer in agil oder teilweise agil angelegten Projekten von Anfang bis Ende eine Schlüsselrolle. Mit seinen Bedürfnissen und Problemen ist er in den Gedanken und auf den Kanban-Boards der Teams stets präsent. Statt am Projektende wie ein *Deus ex machina* dazwischenzufahren und dem Projekt eine ungeahnte Schlusswende zu geben, bringt er als Feedbackgeber regelmäßig seine Wünsche ein. Unzulänglichkeiten werden so frühzeitig erkannt. Auf zusätzliche Anregungen und Ideen kann reagiert werden, ohne dass die Laune in den Keller sinkt oder die Kosten in die Höhe schießen. Mehr als alles andere weisen also die Kundenwünsche agilen Projekten den Weg, wenn auch möglicherweise mit ein paar Umwegen, denn auch Kunden wissen am Anfang manchmal nur vage, was ihnen vorschwebt und lernen im Projektverlauf dazu.

Bei meinem zeitkritischen Ghostwriting-Projekt schälte sich im Austausch mit meinem Auftraggeber heraus: Anders als eingangs formuliert, wollte er sich überhaupt kein rechercheintensives Sachbuch schreiben lassen. Viel besser gefiel es ihm, im Erzählstil Insider-Erfahrungen aus seinem Agenturalltag zu kommunizieren. Das vereinfachte die Sache, und der Zeitplan, der mir anfangs als Wahnsinn erschienen war, entspannte sich.

Agil aufgestellte Projekte haben einen riesigen Vorteil. In klassischen Projekten misst sich Qualität häufig daran, dass absolut höchste Ansprüche erfüllt werden: der gewagteste Entwurf, die vielfältigsten Features, die neueste Technik, die wahrgewordene Perfektion. Agile Projekte bewerten Erfolg anders: Es geht darum, die Kundenwünsche präzise abzudecken. »Develop just enough to get the job done«, empfiehlt das Agile Manifest. Entwickle gerade mal genug, dass der Kunde bekommt, was er will.

Wer sich diese Grundregel des agilen Denkens zu eigen macht, geht beruflich, aber auch privat manches gelassener an. Weniger perfektionistisch. Mit weniger Aufwand. Und manchmal auch mit geringerem Anspruch. Der Ansatz ist pragmatisch, sprengt aber übliche Denkvorstellungen. Wir müssen erst einmal in den Kopf bekommen: Ob Traumhochzeit, Projektergebnis oder Pausenbrot-Gestaltung für die Kinder, das aus unserer Perspektive denkbar Beste ist nicht das Maß der Dinge. Das beste Ergebnis bleibt wertlos, der größte Aufwand verpufft, wenn die, für die wir das Ganze schaffen, seinen Wert nicht erkennen. Oder, noch schlimmer, sich überhaupt nicht im Ergebnis wiederfinden. Als Experten auf unseren Gebieten müssen wir diesen Unterschied erst einmal akzeptieren. Exzellent ist nicht das, was Sie oder ich für das Beste halten.

Exzellent ist das, was für diejenigen gut ist, für die wir das Beste wollen.

Beides ist nicht das Gleiche. Mitunter liegen sogar Welten dazwischen. Um trotzdem den Weg in die Köpfe und Herzen zu finden, gilt es, die Wünsche der anderen wie einen weißen Fleck auf der Landkarte zu erkunden. Bei dieser explorativen Herangehensweise kommen wir oft auf Möglichkeiten, die wir vorher nicht auf dem Schirm hatten. »Ein produktivitätsgetriebenes Mindset kann unsere Vision auf das beschränken, was machbar erscheint«, sagt Jim Highsmith, einer der siebzehn Unterzeichner des Agilen Manifests. »Ein erkundungsfreudiges Mindset hilft uns, zu erkunden, was uns unmöglich erscheint.«[15]

Agil ist nichts für Feiglinge

Es gibt ein paar Redensarten, die so wohlfeil sind, dass man sie nicht mehr hören kann: Wer weiß, wofür es gut ist. Wenn sich eine Tür schließt, tut sich eine andere auf. Und natürlich: Aus Fehlern wird man klug. Ich weiß nicht, wie es Ihnen geht. Mich tröstet keiner dieser Sprüche so recht. Manchmal bringen sie mich sogar ein bisschen auf. Vielleicht liegt es daran, dass den Formeln meistens etwas vorangeht, was ich lieber vermieden hätte: Unwissenheit. Unachtsamkeit. Falsche Annahmen. Experimente, von denen ich vergeblich hoffte, dass sie gut ausgehen würden.

Es stimmt natürlich. Scheitern gehört zum Lernen und Wachsen wie der verschobene Putt zum Golf. Keiner, der etwas unternimmt, wagt oder ausprobiert, ist gegen Fehlleistungen gefeit. Das wissen wir, erst recht, seit wir landauf, landab vermittelt bekommen, der einzige Fehler sei es, aus einem Fehler nichts zu lernen.[16] Doch unsere Emotionen sind noch nicht so weit. Nach wie vor fühlen wir uns von Fehlern verunsichert und stigmatisiert.

Noch immer wirft die Null-Fehler-Kultur der alten Welt ihre Schatten.

Das offenbart zum Beispiel eine Studie, die die Wissenschaftler Andreas Kuckertz, Christoph Mandl und Martin P. Allmendinger an der Universität Hohenheim durchführten. Zwar gaben 80 Prozent der Befragten an, ein unternehmerischer Fehlschlag könnte langfristig zu positiven Ergebnissen führen. Zugleich schlägt gescheiterten Unternehmern aber eine große Skepsis entgegen. Vor allem selbst verursachte Fehler wiegen schwer. Wenn sich jemand verschätzt hat, wenn es am Geschäftskonzept, an der unternehmerischen Vision oder an der Kunden- oder Mitarbeiterbindung hapert, wachsen auch die Vorbehalte.[17] Nur Krankheit und eine schlechte Wirtschaftslage werden als mildernde Umstände für ein Scheitern empfunden.

Sind also keine Fehler die besten Fehler? Die meisten von uns wurden so sozialisiert. Bloß keine falsche Antwort geben, bloß nicht von der Schaukel fallen, bloß keine falsche Weiche stellen. Die Prägung hat Konsequenzen, privat wie beruflich, in allen Gesellschaftsbereichen. Wenn keiner sich blamieren will, werden Unternehmen nicht gegründet, Entscheidungen nicht getroffen, Positionen nicht bezogen. Innovationen bleiben aus, Ideen unverwirklicht.

Wir brillieren mit dem, was wir können – und kommen gerade deshalb nicht vom Fleck.

Das fängt in der deutschen Autoindustrie an, die noch immer in der Kurve vom Verbrenner zum E-Motor hängt. Und es hört zu Hause am Küchenblock nicht auf. Hand aufs Herz: Wie oft haben Sie schon ein Rezept für Gäste gekocht, ohne es mindestens einmal vorher ausprobiert zu haben? Eben. Lieber geht man mit einem bewährten Rezept auf Nummer sicher als sich mit etwas grundlegend Neuem am Schluss zu blamieren. Schließlich hat man oft genug die Erfahrung gemacht: Der ausgetestete Ansatz bringt vordergründig ein exzellenteres Ergebnis als der transformatorische.

Mit der gleichen Mentalität bleibt die Autoindustrie in veralteter Motorentechnik stecken, hinken deutsche Unternehmen in der Digitalisierung hinterher, sind isländische Gebirgstäler besser mit Gigabit-Netzen versorgt als deutsche ICEs, wird an vielen Schulen im preußischen 45-Minuten-Takt gelernt. Vermutlich würde auf keinem dieser Gebiete mehr Lust auf Neuland gleich den großen Fuck-up bedeuten. Trotzdem steigt mit der Unwegsamkeit des Terrains die Gefahr, dass wir nicht ganz so glänzend dastehen wie gewohnt. Die Strategie »Never change a running system« ist deshalb völlig nachvollziehbar.

Ihr Nachteil ist nur: Wenn wir zu verbissen auf Fehlerfreiheit, Effizienz und Applaus setzen, bleibt unsere Exzellenz auf der Strecke – unsere Schnelligkeit, unser Mut, Neues auszuprobieren, unsere Agilität. Die Angst vor Kritik hemmt die Innovationskraft. Warum das so ist, bringt die Journalistin Pauline Schinkels auf den Punkt: »Wer dauernd negatives Feedback für seine Fehler bekommt, der kommt seltener mit einer neuen Idee um die Ecke. Im Gegenteil: Eine negative Fehlerkultur führt häufig zu noch mehr Stress, Leistungsdruck und Perfektionismus.«[18]

Druck, Schuldzuweisung und Degradierung lähmen den agilen Geist. Wir können unsere Exzellenz nur freisetzen, wenn wir Fehler und Scheitern enttabuisieren. Nicht: Wie konnte das bloß passieren? Wer hat Schuld? Wie kann ich es vertuschen? Sondern: Wie lösen wir das jetzt? Was lerne ich daraus? Wie können wir das für uns nutzen? Wie schaffen wir beim nächsten Mal hilfreichere Rahmenbedingungen? Und natürlich auch: Wie wollen wir das künftig vermeiden? Unternehmen können diesen gedanklichen Wandel durch eine Kultur des Vertrauens fördern. Managerinnen und Manager tragen zu einem offeneren Umgang mit Fehlern bei, indem sie lösungsorientiertes Denken vorleben, auf Schuldzuweisungen verzichten, und (dosiert) offenlegen, dass auch sie nicht gleich Hurra bei jeder Neuerung rufen.

Die Geschäftsführerin des Maschinenbauers Trumpf Nicola Leibinger Kammüller legt Wert darauf, ihren Mitarbeiterinnen und Mitarbeitern die Augen für Kunst zu öffnen, auch für Werke und Künstler jenseits des gängigen Geschmacks. Um zum Blickwechsel zu ermutigen, zeigt sie sich selbst als Lernende und erzählt, wie ihre Eltern sie als Kind in jede Ausstellung mitnahmen, ob Hochbarock oder Moderne, nicht unbedingt zu ihrer Begeisterung: »Am Anfang muss man dazu gezwungen werden, dann wird Kunst zur Bereicherung.«[19].

Empathische, inspirierende Leaderinnen und Leader ebnen Hemmschwellen und setzen bereichernde Impulse. Trotzdem stellt sich Exzellenzsuchern die Frage: Wollen wir tatsächlich darauf warten, bis uns jemand behutsam aus der Wohlfühlzone lockt? Das ist ein bisschen, als würden wir nur in stillen Wohnstraßen aufs Fahrrad steigen. Mittelmaß. Wer Exzellenz von sich einfordert, gibt sich einen Ruck und wird selbst aktiv. Schließlich profitieren wir persönlich am meisten, wenn wir darüber hinauswachsen, Noch-nicht-Wissen und Fehler als unbedingt zu vermeidende Peinlichkeit zu sehen. Denn ob auf dem Mountainbike, beim Aktienkauf oder bei einem Projekt mit ungewissem Verlauf – wir können unübersichtliche Umstände nur meistern, wenn wir der Angst vor Fehlern und Versagen die Stirn bieten. Dafür brauchen wir Resilienz: die Fähigkeit, Krisen standzuhalten. Folgende Verhaltensweisen helfen dabei:

1. Wir halten aktiv nach Gefahrensignalen und möglichen Risiken Ausschau,
2. identifizieren Fehler und Fehlendes so früh wie möglich,
3. korrigieren Mängel, noch ehe sie sich zum Problem auswachsen,

4. suchen kreativ und einfallsreich nach Alternativen,
5. mobilisieren Hilfe,
6. und falls das alles nicht reicht: erholen wir uns von dem Schreck und lernen aus der Erfahrung.

Das klingt nach einem ehrgeizigen Programm. Das ist es auch. Doch Resilienz lässt sich trainieren, und in der unvorhersehbaren und unsicheren VUKA-Welt bringt es uns weiter, einen Fehler als Informationsveranstaltung zu begreifen, statt ihn als Drama zu sehen.[20] Haben wir diese Bewusstseinsstufe erreicht, können wir bei Problemen ohne Scham und Selbstmitleid gegensteuern, den Kurs anpassen und notfalls zurückrudern. Wer dagegen vor unsicheren Unternehmungen zurückscheut, wird zwar nicht nass, kommt aber auch nicht einen Meter voran.

Covid-19 hat uns gezeigt, wie viel eine agile Fehlerkultur bringt. In nie erlebter Weise bekannten sich Politiker wie Virologen zu den Grenzen des eigenen Wissens. Wir alle lernen in dieser Pandemie, fast jeden Tag, offenbarte die Kanzlerin. Nachdem sich die Lage stetig verändert, dürfe man Politikern oder Experten nicht permanent Sätze aus der Vergangenheit vorhalten, forderte die Virologieprofessorin Melanie Brinkmann. Plötzlich wurde es zur Tugend zu revidieren, was gestern als Gewissheit galt, sich heute aber als überholt erweist.

Je komplexer und neuer die Herausforderung, desto weniger kennen wir den richtigen Weg. Desto normaler sind Fehleinschätzungen. Desto größer wird die Versuchung, abzuwarten und zu schauen, wie sich die Dinge entwickeln. Das Problem ist nur: Während die einen noch Machbarkeitsstudien anstellen, Aktiencharts analysieren oder Wetterprognosen vergleichen, sind die anderen schon weiter, treffen Entscheidungen, probieren, was geht, bringen Prototypen auf den Markt, nutzen die Delle am Aktienmarkt, sichern sich die Karten für das Open-Air-Konzert.

Agiles Handeln setzt voraus, dass man Fehler und Fehleinschätzungen als Nebenwirkung einkalkuliert. Falsche Entscheidungen bedeuten zwar einen Umweg. Sie werden aber möglichst zügig korrigiert und zwar sachlich und ohne Blame Game, schließlich waren sie erwartbar, und hinterher ist man schlauer. Ein Vergnügen ist allerdings auch ein agiler Umgang mit Fehlern nicht. Zu einer agilen Fehlerkultur gehört es, dass Schwachstellen und Fehlleistungen öffentlich gemacht werden. Probleme unter den Tisch zu kehren, kommt nicht infrage. »Scrum ist wie deine Schwiegermutter«, warnt Ken Schwaber, der Mitbegründer der Scrum-Methode, »es zeigt dir ALLE deine Fehler.«[21] Im Gegensatz zum herkömmlichen Projektmanagement kommen Fehler in agilen Projekten sogar öfter und früher ans Licht. Deshalb können sie unaufwändig aus der Welt geschafft und als Fortschrittstreiber genutzt werden. Eine derart produktive Fehlerkultur hilft auch im Alltag, komplexe, mit Unsicherheit behaftete Situationen erfolgreich zu meistern. Auf diese Punkte kommt es an:

Regel Nummer 1: Fehler passieren. Sie sind erlaubt, vor allem, wenn wir Neuland betreten und etwas zuvor noch nie getan wurde. Allerdings sollte der gleiche Fehler nicht mehrfach vorkommen. Auch Nachlässigkeit zählt nicht zu den guten Gründen für ein Versagen.

Regel Nummer 2: Zügig anfangen. Ja, ein Schnellstart ist ein Vorstoß ins Ungewisse. Dafür wissen Sie aber schnell, was funktioniert und was in die Irre führt. »Amateure drehen Däumchen und warten darauf, dass die Muse sie küsst, wir anderen packen es an und machen uns an die Arbeit«, so formuliert es Bestseller-Autor Stephen King, der über 60 Romanwelterfolge veröffentlich hat.

Regel Nummer 3: Ein Fehler ist kein Drama. Sofern wir dazu stehen. Dann bedeuten Fehler nämlich einfach einen Lernfortschritt: etwas ausprobieren, es überprüfen, es anpassen, besser werden.

Regel Nummer 4: Iterativ denken. Komplexe Aufgaben löst man nicht aus dem Stand. Sehr wahrscheinlich tasten wir uns in mehreren Schleifen an sie heran. Das kostet Effizienz und stellt nach herkömmlichem

Verständnis einen Fehler dar. Agil denkende Menschen sehen es anders: Besser man mäandert ans Ziel, als geradewegs einen Punkt anzusteuern, der sich als falsch erweist.

Nach dem Gap Year studiert sie Biologie. Die Noten stimmen zwar, doch die Arbeit im Labor ödet sie an. Sie legt eine Pause ein, arbeitet ein halbes Jahr in einer Tierarztpraxis mit und spürt: Veterinärmedizin, das ist ihr Ding. Es folgen zwei Wartesemester, dann bekommt sie den Studienplatz, dreieinhalb Jahre nach dem Abitur weiß sie sich auf dem richtigen Weg. Ein gleichaltriger Freund steckt zur gleichen Zeit schon mitten im Masterstudium. Ohne Auszeiten und Fachwechsel. Noch einmal würde er sich allerdings für Politikwissenschaft nicht entscheiden.

Wer in einer komplexen, unsicheren Welt exzellent sein will, muss sich korrigieren können. Feedback annehmen. Fehler reflektieren. Kritik einstecken. Rückschläge aushalten. Sich von Lieblingsthesen verabschieden. Sich Fehleinschätzungen eingestehen. Bereits fertige Ergebnisse wieder verwerfen. Noch mal von vorn beginnen. Idealerweise mit mehr Wissen und um ein paar Erfahrungen reicher als davor. Es liegt eine große Weisheit in dem Satz der Pianistin und Klavierdidaktikerin Eloise Ristad: »Wenn wir uns erlauben, zu scheitern, erlauben wir uns gleichzeitig, uns selbst zu übertreffen.«[22]

Das Denken der anderen

Wie lernt man also agiles Denken? Wie wird man geistig beweglicher? Wo kommen die wirklich neuen Ideen her? Wie wächst man über tief verwurzelte und oft unbewusste Denkmuster hinaus? Bescheidenheit ist ein guter Anfang. Die meisten von uns sind nämlich von einer Weltsicht besonders überzeugt: der eigenen. Zwar glauben wir selten, dass wir die Weisheit mit Löffeln gefressen haben. Aber wir sind uns doch ziemlich sicher: So ganz falsch liegen wir mit unserem Denken und Handeln nicht. Und genau da liegt unser blinder Fleck. Wir alle sind anfällig für kognitive Verzerrungen. Eine davon ist der sogenannte Bestätigungsfehler (engl. *confirmation bias*). Dahinter verbirgt sich die allgemeinmenschliche Neigung, Informationen so auszuwählen, zu ermitteln und zu interpretieren, dass diese im Einklang mit unserem Vorwissen, unseren Lebenserfahrungen, favorisierten Methoden und ethischen Grundsätzen stehen. Wenn jemand irritierende Meinungen vertritt, dann die anderen, mit ihren Arbeitsweisen, ihren Vorstellungen, ihren Argumenten. In Unkenntnis unserer Beschränktheit wischen wir solche Störungen unseres Weltbilds wie lästige Pop-ups weg, erst recht, wenn wir ohnehin schon mit Informationen überladen sind.

Dabei ahnen wir nicht einmal, welche positiven Auswirkungen auf unser laterales Denken wir uns entgehen lassen. Nehmen Sie ein Beispiel aus dem Alltag: Sie möchten Ihr erstes E-Bike kaufen, haben sich ein wenig vorinformiert und ein ganz bestimmter Fahrradtyp eines ganz bestimmten Herstellers ist Ihnen besonders positiv aufgefallen. Im Fahrradgeschäft schildern Sie Ihre Wünsche, natürlich ergebnisoffen und ohne eine Marke zu nennen. Verkäufer 1 empfiehlt Ihnen mit durchaus überzeugenden Argumenten ein Modell eines Herstellers, dessen Namen Sie noch nie gehört haben. Verkäufer 2 lotst sie genau zu dem Modell, das Ihnen schon bei der Vorrecherche ins Auge gestochen ist. Wem glauben Sie mehr? Vermutlich dem Berater, der Ihre Vorauswahl bestärkt. Die Neigung ist menschlich. Bestätigung fühlt sich gut und richtig an, *mental overload* hingegen stresst. Schon deshalb glauben wir lieber Menschen, die unsere Meinungen verstärken, als solchen, die unser Weltbild durch ihren Widerspruch erschüttern. Oder ihr Anderssein.

Das Phänomen ist bei jedem Get-together zu beobachten: Frauen reden bevorzugt mit Frauen, Männer häufiger mit Männern. Eltern fühlen sich mehr zu Eltern hingezogen als zu Menschen ohne Kinder. Leute mit ähnlichem Fachhintergrund kommen schneller ins Gespräch als Menschen, die beruflich in grundverschiedenen Welten unterwegs sind. Topmanagerinnen und Topmanager bewegen sich in der Gesellschaft von ihresgleichen. Die Vorliebe für Übereinstimmung vereinfacht unser ohnehin schon kompliziertes Leben. Alle nehmen die Welt durch die gleiche Linse wahr und fühlen sich in ihren Ansichten aufs Angenehmste bestätigt. Das ist gemütlich und schafft Nähe. Niemand muss sich mit Positionen und Äußerungen auseinandersetzen, die sich außerhalb des eigenen Overton-Fensters abspielen. Der Begriff stammt von dem Politikwissenschaftler Joseph P. Overton und bezeichnet den Rahmen dessen, was jemand als zeitgemäß, sinnvoll und akzeptabel empfindet.

Übereinstimmung ist schön, hat aber einen Nachteil: Sie geht auf Kosten unserer geistigen Agilität. Ohne dass es uns bewusst ist, verzerrt unsere Vorliebe für Menschen, die so ticken wie wir, unser Bild von der Wirklichkeit. Wenn alle die gleichen oder ähnliche Vorstellungen teilen, brauchen wir uns nicht mit fremden Blickwinkeln auseinanderzusetzen, werden aber auch nicht durch sie bereichert.

Wir hören keine unkonventionellen Gesichtspunkte, bekommen keine interessanten Anregungen, stoßen auf keine verstörenden Fakten, identifizieren keine versteckten Gelegenheiten.

Nichts fordert uns zum Weiterdenken heraus. Unser Weltbild verharrt im Gewohnten. Damit wir in neue Gedankenwelten vorstoßen, müssen wir das gemütliche Nest unserer Lieblingstheorien und vorgefassten Annahmen verlassen. Denn häufig entzünden sich die lohnendsten Ideenfunken, wenn man sich mit Menschen austauscht, die gerade nicht in der genau gleichen Welt leben wie man selbst.

Ein halbes Leben lang hat die Krimiautorin Donna Leon Englisch und englische Literatur unterrichtet. Heute, mit bald achtzig Jahren, veröffentlicht sie ihren neunundzwanzigsten Venedig-Krimi. Die Idee für ihr erstes Buch, das den Grundstein für eine Weltkarriere legte, kam ihr 1992 bei einem Opernbesuch im *Teatro La Fenice*. Die leidenschaftliche Operngängerin besuchte damals den Dirigenten Gabriele Ferro und dessen Frau in der Garderobe. »Wir redeten über einen anderen Dirigenten, und schnell kam es dazu, dass wir über dessen Tod sprachen. Ich fand das eine interessante Art, einen Kriminalroman zu beginnen. Und da dachte ich, ich schreibe mal einen.«[23]

Unserer Exzellenz kommen wir nur näher, wenn wir uns intellektuell anregen lassen. Oder wie es die Agilitätsexperten Melanie und Dietmar Wohnert formulieren: »Wer ein agiles Mindset entwickeln möchte, muss eine geistige Konterbewegung in Gang setzen.«[24] Dazu brauchen wir Vorbilder, Menschen und Informationen, die uns dazu bringen, weiterzudenken. Feedback, um zu überprüfen, ob wir richtig unterwegs sind. Input, der unser Denken verrückt. Nur so kommen wir auf neue Ideen. Nur so tasten wir uns an Gedanken heran, die bis dahin unser Weltbild sprengten.

Kürzlich beim Zahnarzt. Ich habe eine Krone verloren. Während ich fünf endlos scheinende Minuten auf den Abformlöffel beiße, erzählt der Zahnarzt zur Ablenkung von seiner achtzehnjährigen Tochter. Nach dem Abitur ist sie gerade allein mit dem Auto nach Schweden unterwegs. Wohl sei ihm dabei nicht, trotzdem unterstütze er die Reise, mit der sie sich einen Traum erfülle. Dann zitiert er Rousseau, jedes Kind habe das Recht auf einen frühen Tod. Das Zitat war mir so fremd wie der darin ausgedrückte Gedanke. Hätte ich nicht den Mund voller Metall und Silikon gehabt, hätte ich wohl impulsiv widersprochen. So aber konnte die Meinung, die mir ziemlich radikal erschien, nachhallen. Ich weiß bis jetzt nicht, ob ich sie teile. Aber sie bewegt mich und hat mein Overton-Fenster erweitert.

Agiles Denken braucht ein spannendes und spannungsreiches Umfeld. In die Wirtschaft hält diese Erkenntnis Einzug. Immer mehr Unternehmen erkennen: Diversity und Inklusion sind nicht nur eine Frage der gesellschaftlichen Gerechtigkeit. Vielfalt vervielfacht auch das Potenzial. Aus gegensätzlichen Erfahrungen und Lebensentwürfen, Unterschieden in Herkunft und Habitus, Alter, sexueller Orientierung, Glaubensrichtungen und physischen und psychischen Fähigkeiten erwachsen wirtschaftliche Chancen: mehr Inspiration, mehr Innovationskraft, mehr Kundennähe, mehr Produktvielfalt, mehr Mitarbeiterzufriedenheit, mehr Geschäftserfolg. »Letztendlich geht es darum, unterschiedliche Denkweisen und Persönlichkeitsstrukturen zusammenzubringen. In der Diskussion um Alter, Geschlecht und Co. wird das leider hin und wieder vergessen«, erläutert Goran Barić, Geschäftsführer der Personalberatungsgruppe PageGroup Deutschland, die unter anderem für die Diversity Management Studie 2018 verantwortlich zeichnet.[25]

Die amerikanisch-israelische Designerin und Professorin Neri Oxman entwickelt am MIT Media Lab Baumaterialien nach dem Vorbild der Natur. Ihre Arbeitsgruppe besetzte sie wie eine Arche Noah, mit jeweils zwei Fachleuten aus unterschiedlichsten Bereichen: »Als Individuen machen wir den Fehler, die Welt durch eine einzige Linse zu sehen«, erklärt sie ihren Ansatz. »Deshalb wollte ich brillante Ökologen, Materialwissenschaftler, Chemiker, Meeresbiologen, Designer, Produktdesigner, Maschinenbauer, Architekten und Stadtplaner zusammenbringen. Jede und jeder sieht etwas anderes.«[26]

Es gibt die schöne afrikanische Weisheit: Es braucht ein ganzes Dorf, um ein Kind großzuziehen. Nach dem gleichen Prinzip braucht es eine reichhaltige, vielfältige Umwelt, damit wir unsere Exzellenz immer weiter entfalten können. So bequem es sich in der Welt der Silos und Inseln lebt: Mehr als die Welt, in der wir uns auskennen, weiten heterogene interdisziplinäre Einflüsse unseren Blick. Sie stellen unsere Arbeitsprinzipien, Glaubenssätze oder Vorlieben infrage. Unbenommen können die noch unbekannten Qualitäten eines fremden Menschen verunsichern, anstrengen und Mehrarbeit verursachen. Dafür arbeiten sie aber wie ein Ferment, ein gärender, brodelnder Stoff, der unser Wachstum anregt und unsere Wandlungsfähigkeit beschleunigt. »Von fast jedem Menschen«, sagt Sabine Bendiek, die als Chief People Officer und Arbeitsdirektorin in den SAP-Vorstand berufen wurde, »kann man etwas lernen, das der besser kann.« Jeder von uns. Jeden Tag.

Exzellenz-Briefing: 7 Möglichkeiten, agiler zu planen

Wenn die Welt sich laufend ändert, verlieren unser Wissen, unsere Annahmen und Erfahrungen in schnellerem Tempo an Gültigkeit. Was gestern noch richtig war, greift heute vielleicht schon zu kurz. Was lange als undenkbar galt, wird plötzlich doch möglich. Konnte, wer wollte, die Erfordernisse der Digitalisierung noch auf später verschieben, verhandeln wir seit Covid-19 das Leben und die Arbeit neu. Den wenigsten Menschen fällt so viel Umdenken leicht. Sind die ersten, vielleicht sogar großen Erfolge erreicht, halten wir gern an dem fest, was uns zu diesem Zeitpunkt nach vorn gebracht hat. Doch die eingefahrenen Muster sind nicht in Stein gemeißelt. Wir können sie verändern. Agil zu handeln, bedeutet nämlich nichts anderes als die aktive Entscheidung, ein Detail unseres Lebens bewusst anders zu lösen.

1 Malen Sie sich Ihre Vision aus

Weckerklingeln, aufstehen, duschen, E-Mails checken, Kaffeemaschine einschalten, Kinder in den Tag bringen. Selbst wenn wir spüren, es gäbe bessere Wege für die Morgenroutine, nehmen wir in der Regel kein Update vor. Warum eigentlich nicht? Visualisieren Sie als Alltagsexperiment doch einmal Ihre Vorstellung von einem idealen Morgen, völlig frei, ohne Detailfragen zu bedenken. Würden Sie nach dem Aufstehen gern Sport machen? Gesünder frühstücken? Es als Familie entspannter angehen lassen? Oder einfach Zeit gewinnen und eine Viertelstunde länger schlafen als bisher? Wie lässt sich Ihre Vision mit den vermutlich sehr anderen Vorstellungen der anderen Menschen in Ihrem Haushalt vereinbaren? Vielleicht erscheint es Ihnen angesichts dieser Diskrepanz utopisch, Ihre Wünsche umzusetzen. Aber Sie wissen jetzt, was Ihnen vorschwebt.

2 Entwickeln Sie Ihr Minimalprodukt

Der Begriff des minimal funktionsfähigen Produkts stammt aus dem agilen Projektmanagement. Er bezeichnet die Produktversion, die entwickelt werden muss, um einen Bedarf mit geringstmöglichem Aufwand zu decken. Angenommen, Sie wünschen sich, 15 Minuten länger ausschlafen zu können. Ihr Minimalprodukt könnte dann darin bestehen, dass Sie das gewohnte Frühstück durch Overnight Oats ersetzen, über Nacht eingeweichte Haferflocken. Allein mit dieser Neuerung haben Sie ihr Vorhaben bereits erfolgreich verwirklicht.

3 Verwirklichen Sie Unternehmungen schrittweise

Das Minimalprodukt ist ein guter Anfang. Es bringt für sich allein einen Fortschritt, ohne unbedingt schon die ultimative Lösung zu sein. Jetzt können Sie den Erfolg testen, beibehalten, was gut ist (10 Minuten länger schlafen), weiterexperimentieren (weil Haferbrei Ihnen auf Dauer nicht schmeckt). Welche weiteren Schritte bringen Sie Ihrem Ziel näher? Welche Hindernisse tun sich auf? Was lässt sich optimieren, was ergänzen? Was läuft möglicherweise in die falsche Richtung? Formulieren Sie neue kleinschrittige Ziele, setzen Sie sie in die Tat um und tasten Sie sich vor, bis der neue Ablauf voll und ganz Ihren Wünschen entspricht.

4 Führen Sie eine Aufgabentafel

Je komplexer ein Projekt, je ungewisser sein Ausgang, desto mehr Iterationen erfordert es. Damit Sie den Überblick behalten, können Sie mit einem Aufgabenboard arbeiten. Notieren Sie alle Aufgaben, die Sie in einer Überarbeitungsschleife erledigen wollen, auf Klebezetteln und heften Sie sie in die jeweils passende Spalte des Boards: To do, Doing oder Done. Wichtig: Die Aufgaben mit der höchsten Priorität haben ihren Platz ganz oben auf dem Board. So haben Sie im Blick, was am dringendsten zu tun ist, woran gerade gearbeitet wird und was schon erledigt ist.

5 Stellen Sie sich die drei Stand-up-Fragen

Agile Projektteams treffen sich täglich oder jedenfalls häufig zu einem Stand-up-Meeting. In dem kurzen Stehtreffen halten die Teammitglieder einander über Fortschritte auf dem Laufenden. Die drei entscheidenden Fragen dafür lauten: An welchen Aufgaben hast du seit dem letzten Treffen gearbeitet? An welchen Aufgaben arbeitest du als Nächstes? Hält dich etwas davon ab, die Aufgabe wie geplant umzusetzen? Die letzte Frage ist besonders wichtig: Sie trägt dazu bei, dass Sie sich anbahnende Probleme früh erkennen und mit wenig Aufwand beheben können.

6 Scheitern neu bewerten

Wer Exzellenz anstrebt, kann nicht dort stehen bleiben, wo er sich auskennt. Er lernt dazu, betritt Neuland, geht ins Risiko. Das birgt die Gefahr, auszurutschen, abzustürzen, sich zu blamieren. Den Mut dazu bringt niemand von Haus aus mit. Er lässt sich aber trainieren. Kinder machen das automatisch: Sie springen Nachmittage lang vom Beckenrand, bis sie irgendwann den Startblock ausprobieren, später das Drei-Meter-Brett, irgendwann den Fünferturm. Auch Erwachsenen empfiehlt der Autor und Coach Patrick Herrmann, Mutproben einzugehen, und zwar dort, »wo ich am liebsten gar nicht hinmöchte – weil ich Angst habe. Nur dort erlange ich Handlungsbereitschaft.« [27]

7 Aus Erfahrung klüger

Im agilen Projektmanagement endet jede Iteration mit einer Retrospektive. Die Rückschau lehrt die Teammitglieder, zu Beobachtern ihrer selbst zu werden. War mein Vorgehen zielführend? Was waren die Erfolgsfaktoren? Was waren Hindernisse? Was möchte ich beim nächsten Mal anders machen? Wie habe ich letzte Woche an mir gearbeitet? Was möchte ich künftig wieder tun? Welche Veränderungen an unseren Abläufen würden wir gern ausprobieren? Auf welche Erfolge sind wir stolz? Ob allein oder im Team: Routinemäßiges Innehalten und Reflektieren durchbricht eingefahrene Denk- und Handlungsmuster. Wir nehmen Reize und unsere Reaktionen darauf bewusster wahr. Darauf aufbauend können wir planen, was wir beim nächsten Mal klüger anstellen. Neue Verbindungen zwischen Nervenzellen und Hirnarealen entstehen, die mit der Zeit immer stärker werden.

9

Resonanz

Weil Innovation ein beflügelndes Umfeld braucht

Raus aus den Silos. Probleme miteinander lösen. Voneinander lernen. Wissen sinnvoll zusammenführen. Sich austauschen, inspirieren, stimulieren. Landauf, landab erklingt die Botschaft: Innovation klappt nur durch Kooperation. Über Abteilungen, Fachbereiche, Unternehmen, Länder hinweg. Das bedeutet: Das einsame Genie ist im Verschwinden. Im Zeitalter der globalen Kooperation schöpfen kreative, innovative Menschen immer seltener aus sich allein.

Mehr und mehr fußt Exzellenz auf der Bereitschaft, Impulse zu geben, zu nehmen und aufzusaugen.

Schon heute werden die meisten wissenschaftlichen Aufsätze in Teams geschrieben. Ideen entstehen in interdisziplinären Forschungsprojekten. Berühmte Künstler wie Ai Weiwei oder Olafur Eliasson entwickeln Konzepte und Installationen in Werkstätten und Factories. Nobelpreise werden im Mehrfachpack vergeben. Ohne Vertrauen funktioniert so viel Vernetzung, Gemeinschaft und Community nicht. Wenn Menschen sich flexibel die Bälle zuspielen, ihre besten Ideen preisgeben, die eigene Realität infrage stellen, Verrücktes wagen, dann nur in einem Kreis, in dem sie sich gut aufgehoben fühlen.

Ist diese Voraussetzung erfüllt, wird Großes möglich: Unsere Ideen finden Anklang und Widerhall. Wir potenzieren unsere geistigen Kräfte. Schwingungen werden angestoßen und Verstärkungen in Gang gesetzt, die großartige Gedanken und Ergebnisse ermöglichen, weit über das hinaus, was jeder für sich allein vermag. Rivalität, Im-Recht-sein-Wollen und große Gesten stören diesen Zusammenklang. Denn Resonanz setzt zwar eindrucksvolle Potenziale frei. Sie ist aber wie der Wind beim Segeln: Wir können sie nicht erzwingen. Allenfalls stellt sie sich ein, wenn Menschen einander bei allen Unterschieden als beflügelnd wahrnehmen. Eine Garantie gibt es allerdings auch dann nicht dafür.

Resonanz: Die Kräfte potenzieren

Den Begriff Resonanz als eine besonders inspirierende Form des In-Beziehung-Tretens mit der Welt hat der Jenaer Soziologe Hartmut Rosa ins Spiel gebracht. Rosa entlehnte die Vokabel der Akustik (lateinisch *resonare* = mitschwingen, widerhallen). Sie beschreibt das Potenzial, das aus der Beziehung zwischen zwei voneinander unabhängigen, schwingungsfähigen Körpern entsteht. In der Musik ist es offensichtlich: Anne-Sophie Mutter oder Vilde Frang mögen noch so gefühlvoll den Bogen streichen. Ihr bewunderter Klang entfaltet sich erst im Zusammenspiel mit dem Korpus und Hohlraum der Geige. Ohne den Resonanzkörper und dessen Schwingungen und Vibrationen blieben selbst die virtuosesten Töne fahl. Zwischen Menschen ist es genauso. Natürlich können wir aus uns selbst heraus Großes entwickeln.

Doch in positiven Resonanzbeziehungen zu anderen Menschen schwingen wir uns noch einmal in andere, ungeahnte Höhen auf.

Ähnliches leisten auch Kultur und Natur für uns: ein herrlicher Ausblick, ein Waldspaziergang, ein Kunstwerk, Musik oder persönliche Erinnerungsstücke können uns tief berühren. Sie transportieren uns in einen veränderten Zustand, lassen uns weiterdenken, Größeres wünschen und tragen uns über uns selbst hinaus. Egal, mit wem oder womit wir positive Resonanz erfahren, erklärt Hartmut Rosa, immer handelt es sich um »eine Form gelingender Beziehung«, die durch vier Merkmale definiert ist:[1]

1 Berührung. Das ist der Anfang von allem. Jemand oder etwas spricht uns positiv an, bewegt oder ergreift uns. Das kann ein Lächeln sein, ein Song von Alicia Keys oder ein Gemälde von Vermeer, das Blättern in einer Zeitschrift, das Baby der besten Freundin, die berauschende Erfahrung einer Skiabfahrt, das gemeinsame Kreativsein bei einem Hackathon, der Sog eines intensiven Gesprächs, manchmal auch nur ein Gedanke in einem Buch, der uns elektrisiert. Häufig sind mit einer

Resonanzerfahrung physische Reaktionen verbunden: die Augen leuchten, der Atem geht schneller, wir fühlen uns lebendig, gelöst, glücklich, Gänsehaut durchschauert den Körper.

2 Selbstwirksamkeit. Das ist die entscheidende Erkenntnis: Resonanz entsteht nicht, wenn wir Erfahrungen nur passiv an uns vorüberziehen lassen. Jeder, der schon einmal versucht hat, Paris in 24 Stunden zu machen oder in drei Tagen alle Nationalparks in Arizona mitzunehmen, kennt das ausgelaugte Gefühl: Nichts dringt mehr vor. In Resonanz gehen wir erst, wenn wir auf Erlebtes gedanklich und emotional antworten, es zum Ausgangspunkt eigener Überlegungen machen, uns öffnen, staunen, Gedanken weiterspinnen und wiederum andere anregen. »Ich habe das Gefühl, was ich tue, beeinflusst die Welt, und gleichzeitig bemerke ich, dass ich beeinflusst, berührt werde mit dem, was der andere sagt«, erläutert Rosa. »Diese zwei Stimmen agieren zusammen.«[2] Bei diesem wechselseitigen Beeinflussen der Psyche übertönen die Stimmen einander nicht, keine geht unter, alle bleiben vernehmbar.

3 Transformation. Das ist das Spannendste: Resonanzbeziehungen haben das Zeug, alle Beteiligten zu bewegen, zu verrücken und sogar zu verwandeln. Ein einziger Satz kann unseren Blick auf ein Projekt oder Problem verändern, ein Gemälde eine tiefe Sehnsucht auslösen, eine Begegnung die Bereitschaft wecken, sich ins Zeug zu legen, ein technisches Tool uns vorher ungeahnte Möglichkeiten sehen lassen. Menschen auf der Suche nach Exzellenz kennen dieses Gefühl und lassen sich davon anrühren. Umgekehrt verstehen sie sich auch selbst darauf, in anderen Menschen etwas zum Klingen zu bringen. Ein Gefühl gemeinsamen Gelingens stellt sich ein, Energie, Flow und daraus resultierend mehr Einsatzbereitschaft, Kreativität und Innovation. Wie von Zauberhand gelingt es, Dinge mit anderen Augen zu sehen und neu zu denken.

4 Unvorhersehbarkeit. Das ist das Schwerste: Resonanz lässt sich nicht auf Knopfdruck herstellen. Es gibt keine Garantie dafür. Egal, wie sehr wir uns anstrengen, wir wissen nicht, ob wir einen Menschen anregen oder selbst angeregt werden. Und selbst wenn Resonanz gelingt, bleibt offen, was und wie viel dabei herauskommt. Doch auch wenn sie sich nicht planen lässt:

Wenn sich Resonanz ereignet, geht vieles von allein.

Menschen fühlen sich angenommen, berührt und stark. Eine Atmosphäre der Freundlichkeit und Gemeinsamkeit entsteht, man fühlt sich zugehörig, redet miteinander, unterstützt sich, macht mit, schwingt mit und setzt eigene positive Impulse. Welche Lebendigkeit und Schönheit in resonanten Beziehungen liegt, merken wir manchmal erst, wenn all dies nicht geschieht – wenn Resonanz ausbleibt. Solche Zusammenkünfte verlaufen trotz allen höflichen Bemühens angespannt oder wie Rosa es ausdrückt: stumm. Ob in der Firma, in der das Micromanagement regiert, oder beim Raclette-Abend, der sich mühsam dahinschleppt – fehlt es an Verbundenheit, bleiben auch Inspiration und wechselseitiges Interesse aus. Gerade weil resonante Beziehungen alles andere als selbstverständlich sind, ziehen sie uns in ihren Sog.

Das Möbelgeschäft Lichen gilt im New Yorker Stadtteil Brooklyn als Kultadresse. Zum Geschäftsmodell der Gründer gehört es, zueinander, zu ihren Kunden und zu ihrer Umgebung in Resonanz zu treten: sich intellektuell auszutauschen, Wissen zu teilen, kreativ zu wachsen. Beide Eigentümer bezeichnen sich als tief in ihrer Community verwurzelt, wollen die Begeisterung für Schönes wecken und ihre Kunden bewegen, immer wieder Neues für sich zu entdecken. Schon der Name des Ladens – Lichen, zu Deutsch »Flechte« – ist Programm: Eine Flechte ist eine Lebensgemeinschaft zwischen einem Pilz und einer Alge. Die Pilze bewahren die Alge vor dem Austrocknen, im Gegenzug erhalten sie aus der Photosynthese gewonnene Nährstoffe. Dank dieser Vergesellschaftung überleben Flechten selbst die extremen Bedingungen der Antarktis.[3]

Warum Egozentrik von gestern ist

»In fünf Jahren werden gemeinschaftliche Gedanken und Erfolge von Gruppen in den Mittelpunkt gestellt«, prognostizieren Daniel, Julian und Laurin Hahn. Die drei Brüder, alle zwischen 25 und 30 Jahre alt, verwirklichen spektakuläre Vorhaben von Subkultur-Spielstätten bis zu Pionierprojekten im Bereich Elektromobilität. Nach Einschätzung der *Süddeutschen Zeitung* verändern sie München gerade wie kaum jemand sonst.[4]

Allerdings war in Konzernen und Organisationen Resonanz bis vor kurzem ein Ausnahmezustand, und wenn er eintrat, hatte er keinen Namen. Natürlich gab es Sternstunden im Team oder im Gespräch mit Kunden, Momente, in denen man in einem gemeinsamen Kraftakt die Kuh vom Eis brachte oder beschwingt eine geniale Lösung austüftelte, von der man hinterher kaum wusste, wie man darauf gekommen war. Doch im Wesentlichen fand das Glück der Zugehörigkeit bei Festen, Feiern und am Rand von Messen und Tagungen statt. Und auch dann kamen eher die in den Genuss von Resonanz, denen es gegeben war, sich einen Abend lang einer gelösten, vertrauten Stimmung hinzugeben – die am nächsten Morgen wieder dem Sachlichen und Fachlichen weichen würde, den Interessenkonflikten und Machtspielen, dem Konkurrenzdruck und dem Einzelkampf. Die Frage ist deshalb berechtigt:

Kann etwas so schwer Greifbares wie Resonanz jenseits von Start-ups oder den Liebhaberprojekten urbaner Enthusiasten überhaupt gelingen?

Schließlich ist ein KMU oder Konzern kein Ponyhof und wird vermutlich auch nie einer werden. Dafür ist die aus der Ökonomie stammende »Trennung zwischen Egoismus als Profit und Altruismus als Verlust« zu tief in den Köpfen verankert.[5] Andererseits: Wir leben in einer Umbruchszeit. Immer weniger resultieren Wertschöpfung, Umsatz und Gewinn daraus, dass Mitarbeiter hart gegen sich und andere sind. Wer

Erfolg im Sinn von Innovationssprüngen und hohen Renditen haben will, braucht Teams, deren Mitglieder sich mit ihrem Wissen und ihren Ideen gegenseitig hochschaukeln. Jenseits von Robotern und KIs sind Unternehmen mehr denn je auf Menschen angewiesen, die ihre Exzellenz verfügbar machen, auf hohem Niveau zusammenarbeiten und wechselseitig ihre Kreativität befeuern. Goodies wie Freiräume, Gratisobst und eine inspirierende Arbeitsumgebung können als Ansporn dafür nicht schaden. Als entscheidender Faktor für exzellente Ergebnisse erweist sich aber ein tiefes Gefühl von Sicherheit und Geborgenheit.

Vor ein paar Jahren wollte Google wissen, wie das perfekte Team aufgebaut sein musste. Um eine Antwort darauf zu finden, wurden über ein Jahr lang 180 leistungsstarke und leistungsschwache Entwicklungs- und Vertriebsteams, deren Manager, Projektleiter und Mitglieder beobachtet und interviewt. Es zeigte sich: Von allen Kriterien, die Teams supererfolgreich machen, zählt am meisten der Faktor psychologische Sicherheit. Wir alle brauchen die Gewissheit: Niemand hält uns für unfähig, unwissend oder lästig, wenn wir eine noch nicht zu Ende gedachte Überlegung beisteuern, Fehler zugeben oder auf suboptimale Lösungen hinweisen.

Narzissten, Alphatiere und Egomaninnen, egal ob auf Manager- oder Mitarbeiterebene, sabotieren dieses Grundbedürfnis nach Sicherheit. Eine MBA-Absolventin mag fachlich noch so herausragend qualifiziert sein, sie vergiftet die Stimmung im Team, wenn die Kollegen sie als unethisch, herabsetzend oder strapaziös wahrnehmen. Welchen Schaden toxische Kollegen anrichten, beziffert eine Studie der Harvard Business School: Gehört einem zwanzigköpfigen Team auch nur ein schwieriges Mitglied an, erhöht dies um 54 Prozent die Wahrscheinlichkeit, dass gute Mitarbeiter und Mitarbeiterinnen sich nach einem neuen Job umsehen – auch dann, wenn sie mit den achtzehn anderen Kolleginnen und Kollegen produktiv zusammenarbeiten. Der finanzielle Schaden beziffert sich allein bei den Fluktuationskosten auf 12 500 Dollar im Jahr.[6]

Geht es darum, die Gehirne zusammenzubringen, funktioniert eine Ich-Kultur nicht mehr. Menschen, die andere manipulieren, ausnutzen oder unter Druck setzen, schwächen die Effizienz von Meetings und Teams.

Die Negativität weniger lähmt und infiziert alle.

Positive Schwingungen verklingen, negative schaukeln sich hoch. Weil machtgetriebene Egomanen mehr Schaden anrichten, als sie wert sind, etablieren immer mehr Unternehmen das, was der Stanford-Professor Robert I. Sutton, drastisch als No-Asshole-Politik bezeichnet: Im Zweifelsfall fördert man lieber die herausragende Teamworkerin als den Überflieger, der fachlich alle toppt, menschlich aber den Erfolg der Gruppe schwächt.

Allerdings ist es nicht ganz einfach, die Spreu vom Weizen zu trennen. Fachliche Exzellenz lässt sich bedeutend leichter ermitteln und vergleichen als persönliche Exzellenz. Erschwerend kommt hinzu: Toxische Personen erweisen sich selten als Totalausfälle. Häufig verfolgen sie ehrgeizige Ziele, treten selbstbewusst auf, passen sich gekonnt den Spielregeln der Büropolitik an. Temporär tragen sie durchaus zur Wertschöpfung bei. Manche von ihnen werden sogar als Hoffnungsträger gehandelt. Woran erkennt man also, dass sie auf Dauer das Team belasten? Wie filtert man toxische Pesonen schon beim Auswahlprozess heraus? »Das ist die Eine-Million-Dollar-Frage«, sagt die Psychologin und Buchautorin Heidrun Schüler-Lubienetzki. »Im Grunde sind es die Kandidaten, die zu gut sind, um wahr zu sein. Die können ein gewisses toxisches Potenzial haben.«[7]

Leider sind Toxiker oft talentierte Menschenleser und beeindrucken Entscheider mit ihrem Auftritt. Deshalb werden sie es immer wieder schaffen, sich in Position zu bringen. Doch ihr Typ ist immer weniger gefragt. Je mehr Manager und Mitarbeiter auf das Prinzip Resonanz setzen, desto mehr wächst die Erkenntnis: Menschen mit toxischem Potenzial auszuschalten, befruchtet die Exzellenz eines Teams mehr, als Spitzenleute anzuheuern. Denn Resonanz lässt sich zwar schwer herstellen. Aber leicht kaputtmachen.

»Toxische Menschen wirken negativ auf die Ideen anderer ein, ihre Worte, Gefühle, Handlungen und Sichtweisen«, beobachtet die Topmanagement-Beraterin Trisha Daho. »Sie müssen sich von toxischen Menschen trennen. Sie können Sie unter keinen Umständen halten. Es spielt keine Rolle, wie gut sie sind oder welches Potenzial sie haben.« Viele Leader schrecken aus Konfliktscheu vor diesem Schnitt zurück. Häufig wollen sie auch nicht auf die Spezialkenntnisse oder Zuarbeit einer toxischen Person verzichten.[8]

Resonanz kann man nicht allein

Die Komplexität einer sich transformierenden Welt zwingt uns, Zusammenarbeit und Zusammenleben neu zu denken. Globalisierung, Automatisierung, Innovationsdruck und dann noch Corona: Je komplexer und vielschichtiger die Herausforderungen, desto weniger kommt einer oder eine allein weiter, persönliche Exzellenz hin, fachliche Topqualifizierung her. »Die einsamen Wölfe gibt es nicht mehr und kann es nicht mehr geben«, sagt die Daimler-Vorständin Jungo Brüngger.[9] Die in ihrem Elfenbeinturm abgeschotteten Rapunzel auch nicht.

Wenn wir auf der Höhe der Zeit sein wollen, brauchen wir Verstärkung durch neue Gesichtspunkte und Potenzierung dank nie gedachter Gedankenverknüpfungen.

Nur durch resonante Beziehungen über Hierarchien und Disziplinen hinweg lassen sich komplexe, nie vorher erforschte Zusammenhänge lösen. Für den Einzelnen bedeutet das: Wer es noch nicht ist, muss exzellent im Umgang mit Menschen werden. Denn Resonanz kann man nicht allein. Wenn wir über uns hinauswachsen wollen, brauchen wir eine Gemeinschaft von Menschen, die uns über die Begrenztheit unserer bisherigen Erfahrungen hinausheben – so wie auch wir ihnen bei der Orientierung in unbekannten Gefilden helfen.

»Someone in the crowd could be the one you need to know«, singt Emma Stone in La La Land, »The one to finally lift you off the ground / Someone in the crowd could take you where you wanna go / If you're the someone ready to be found.« Bereit für die große Liebe. Bereit aber auch, als Spezialistin gefunden, in einen Ausschuss berufen, mit interessanten Persönlichkeiten vernetzt zu werden. Resonant in Beziehung zu treten, bedeutet zunächst ganz banal: sichtbar und präsent zu sein. Im Team. Abteilungsübergreifend. In der Branche. Bei den Kunden. In den sozialen Medien. In der Region. Für andere erfolgreiche Menschen. Das kostet Zeit und liegt nicht jedem.

Schließlich entfaltet sich Resonanz ja auch in den Beziehungen, die man schon hat. Selbstverständlich klingen und schwingen wir mit dem Partner oder der Partnerin, der Familie, dem Freundeskreis, der Laufgruppe oder beim Jubeln auf der Fanmeile. Doch gerade weil man sich so gut versteht, ist der Resonanzraum, den die vertrauten Kreise bieten, eher klein. Man ist sich zu ähnlich, teilt zu viele Erfahrungen, hat zu viele Gemeinsamkeiten. Man kennt sich und die Geschichten, Meinungen und Erfahrungen, die zur Sprache kommen. Daraus resultiert viel Zugehörigkeit. Aber häufig, nicht immer, herrscht im vertrauten Kreis zu wenig soziale und kulturelle Reibung, als dass sich etwas Wesentliches bewegen könnte.

Gleichklang und Gleichgesinntheit tun gut. Sie katapultieren uns aber nicht in neue Welten. Nur ungewohnte Perspektiven bringen uns auf innovative Gedanken. Vor allem Menschen, die sich in anderen Zusammenhängen bewegen als wir selbst, stimulieren unsere Exzellenz. Wenn wir mehr als kleine Erweiterungen und Verbesserungen des Vorhandenen wollen, müssen wir deshalb auch bei unserer Community ansetzen. Resonanz entwickelt sich am dynamischsten in Gesellschaft mit anderen inspirierten und inspirierenden Menschen, im gegenseitigen Austausch, zu dem alle Beteiligten beitragen.

Wie eine solche Community aussehen kann, erleben Sie vielleicht schon in Ihrem beruflichen Umfeld. Zwar setzen sich Aufsichtsräte und Vorstände noch viel zu oft nach dem Alte-weiße-Männer-Prinzip zusammen. In vielen Projektteams hingegen geht es bereits spannender zu. Auf Mitarbeiterebene sehen wir immer öfter verwirklicht, was mehr und interessanteren Resonanzerfahrungen den Boden bereitet: Teams, in denen Frauen und Männer, Ältere und Jüngere, Dicke und Dünne, IT-Leute und Soziologen, Menschen aus dem Bayerischen Wald und dem anatolischen Hochland Ansätze und Lösungen entwickeln, auf die eine homogen zusammengesetzte Gruppe nicht kommen würde. In Freundeskreisen, Organisationen, Clubs, quer durch die ganze Gesellschaft gilt in der VUKA-Welt das gleiche Prinzip:

Je diverser, desto resonanter.

Resonanz setze Differenz notwendig und unaufhebbar voraus, erläutert Hartmut Rosa. Konsonanz und Dissonanz, also zu viel oder zu wenig Gleichklang, machen klingende, schwingende Beziehungen hingegen schwer bis unmöglich.[10] Resonanz gedeiht also bevorzugt dort, wo Menschen einander respektieren und ihre eigenen Stimmen, besonderen Erfahrungen und kulturellen Gewohnheiten einbringen. Wo das gelingt, entstehen aufregende Neuerungen, vom Jazz bis zu den innovativsten Städten der Welt.

Die Max-Planck-Gesellschaft schätzt Singapur als einen Ort der Superdiversität ein. In der 4-Millionen-Stadt leben rund 75 Prozent Chinesen, 14 Prozent Malaien, 8 Prozent Inder und über 1 Prozent andere ethnische Gruppen. Es gibt vier offizielle Sprachen: Malaiisch, Mandarin, Tamil und Englisch. Buddhistische und hinduistische Tempel, christliche Kirchen und islamische Moscheen sind in unmittelbarer Nähe zueinander angesiedelt. Der Mix vergleichbar respektierter Kulturen macht den Stadtstaat zum exzellenten Innovationsumfeld. Im IMD Smart City Index 2019 liegt Singapur auf Platz 1 von 102 Städten.[11] Zum Vergleich: Düsseldorf, die erfolgreichste deutsche Stadt, hat es auf Platz 10 geschafft.

Bestärkt, bereichert und beflügelt

Fusionsküche heißt die Kochrichtung, bei der scheinbar unvereinbare Zutaten zu neuen Geschmackserlebnissen komponiert werden, beispielsweise europäische Aromen und japanische Küchentechnik. Fusionsküche – nicht Einheitsbrei. Mit Resonanz verhält es sich ähnlich. Wenn wir uns auf resonante Weise mit anderen Menschen verbinden, dann geht es nicht darum, unterschiedliche Erfahrungen und Denkweisen bloß zu addieren, geschweige denn, sie auf den kleinsten gemeinsamen Nenner einzuebnen. Es geht um Reichweitenvergrößerung und Innovationssprünge. Indem Menschen Irritierendes akzeptieren und mit eigenen Erfahrungen integrieren, erhöhen sie die Chance, gewohnte Sphären hinter sich zu lassen.

Das kommt heraus, wenn sich zwei Konzeptkünstler und ein Hotelexperte zusammentun: An verschiedenen Orten in abgeschiedener Ostschweizer Natur entstand jeweils ein Holzpodest, darauf ein Doppeltisch, zwei Nachttische, zwei Lämpchen. Über dem immobilienbefreiten Hotelzimmer: der Himmel, die Sonne, die Sterne. Morgens bringt ein weiß behandschuhter Butler das Frühstück ans Bett. Was als eine Art Installation begann, entwickelte sich zum Verkaufsschlager. Schon vor Corona standen neuntausend Personen auf der Warteliste für Übernachtungen. Inzwischen wurde aus der künstlerischen Idee ein Hotelfranchise. Interdisziplinär, »an der Schnittstelle zwischen Kunst, Alltag und Ökonomie«, wurde in einer außergewöhnlichen Kooperation zwischen Kunst und Kommerz eine außergewöhnliche Wirklichkeit geschaffen.[12]

Gemeinsam ist man nicht nur weniger allein, man denkt auch weniger limitiert. Die Einstellungen der Menschen, mit denen wir uns umgeben, färben auf uns ab und lösen Veränderungsprozesse aus. Wir wachsen über die Wiederholung des immer Gleichen und die Optimierung des schon Bewährten hinaus. Besonders herausragende Ergebnisse entstehen, wenn andere Exzellenzsucher uns Welten auftun und mit Gedanken vertraut machen, die wir noch nicht kennen – und wir umgekehrt für sie das Gleiche leisten.

Wie sich ein solcher Kreis zehn einander beflügelnder Menschen idealerweise zusammensetzt, hat der Guru der Managementliteratur Tom Peters überlegt.[13] Sein Vorschlag bezieht sich auf Aufsichtsräte von Unternehmen. Er liefert uns aber auch eine Inspiration, wie ein elektrisierendes Projektteam oder der eigene persönliche Kreis von Freunden, Vertrauten und Weggefährten zusammengestellt sein könnte. Als fruchtbar erweist es sich, wenn in Ihrer Community Frauen und Männer gleichermaßen vertreten sind. Davon unabhängig finden sich ein: mindestens zwei Menschen unter 25, jemand, der über ein großes Wissen über Technologie/IT/KI verfügt, jemand, der sich mit Design auskennt, ein oder zwei Unternehmer oder Unternehmerinnen, ein oder zwei Menschen aus der Kunst- oder Musikszene, die das vorherrschende linear-analytische Denken durch kreative Anregungen und Inspirationen ergänzen. Natürlich ist auch ein ganz anderer, sehr viel kleinerer oder deutlich multikulturellerer Mix denkbar. Wichtig ist nur: Herausfordernd muss er sein. Nicht *more of the same*. Das bedeutet: Suchen Sie sich neben den alten Vertrauten auch Freunde, die alles sind, nur nicht Ihr eigenes Abbild.

Bill Gates und Warren Buffet, zwei der erfolgreichsten Menschen der Welt, kennen sich seit fast 30 Jahren. Der Microsoft-Gründer war zu Beginn der ungleichen Freundschaft Mitte 30, der Milliardeninvestor über 60. Seither haben beide unzählige Male zusammen Bridge gespielt, bei McDonalds gegessen und einander mit Rat und Tat zur Seite gestanden. In einem Podiumsgespräch an der Columbia University gaben sie die Erfahrungen ihrer ungleichen Freundschaft an Studierende weiter: »Baut ein paar gute Freundschaften auf, behaltet sie für den Rest eures Lebens, aber achtet darauf, dass es Menschen sind, die ihr nicht nur mögt, sondern bewundert.«[14]

Warum Umgänglichkeit alle anderen Qualifikationen toppt

Es liegt auf der Hand. In divers besetzten Kreisen ergeben sich ähnliche Probleme, wie wenn eine Gruppe aus Anfängern und Könnern, Naturliebhabern und Skizirkusfans, Draufgängern und Sicherheitsbewussten, Freeridern und Telemarkern, Paaren und Singles gemeinsam Skifahren geht. Vielleicht halten Sie es für verrückt, einen Urlaub mit einer so bunt gemischten Truppe überhaupt in Betracht zu ziehen. Vielleicht kommen Ihnen Erinnerungen an Cliquenbildung, Gezicke und lahme Kompromisse in den Sinn. Vielleicht entwickelt sich der gemeinsame Trip aber auch zum durchschlagenden Erfolg.

Wie das Experiment endet, hängt davon ab, wie alle mit der Situation umgehen. Wichtigste Voraussetzung für einen Erfolg: Sie schätzen sich. Noch besser: Sie finden einander spannend in ihrer Vielfalt und ihren Potenzialen. Denn wo Wertschätzung herrscht, hört Differenz auf, befremdlich und bedrohlich zu sein. Stattdessen wird sie als interessant und bisweilen sogar beglückend erlebt. Das Wechselspiel von Berührung und Selbstwirksamkeit kann beginnen:[15] Man steckt einander mit seinen Ideen und Emotionen an und geht aus der Begegnung anders, reicher heraus, als man hineingegangen ist.

Das klingt esoterisch, und es stimmt: Resonanzerfahrungen lassen sich nur schwer mitteilen. Oft findet man selbst kaum die Worte für das, was geschieht. Man spürt, etwas ist einem begegnet, hat sich verändert, etwas Besonderes ist passiert. Man ist angeregt, ohne genau sagen zu können, warum. Tatsächlich mündet eine Resonanzerfahrung selten in eine messbare, benennbare Veränderung. Sie liefert auch selten eine eins zu eins umsetzbare Lösung.

Eher stimmt uns ein Resonanzmoment nachdenklich, weckt eine Einsicht, entzündet eine Idee, etwas fällt wie Schuppen von den Augen.

Ein Satz klingt nach, Jahre später noch. Mich hat solch eine einzelne, absichtslos dahingesagte, nicht für mich bestimmte Äußerung meines späteren Doktorvaters dazu gebracht, meine Promotion zu schreiben, zu einem Zeitpunkt, als in meinem Leben vieles andere nicht nach meinen Wünschen lief. So unmittelbar richtungsweisend enden resonante Wechselwirkungen allerdings selten. Eher passiert etwas Banales wie der Austausch eines konspirativen Lächelns im Zoom-Meeting, und zwei Menschen schwingen einen Moment lang auf derselben Wellenlänge. Ob daraus etwas erwächst, und wenn ja, wie viel, vermag niemand zu sagen. Worte und Gesten wirken lange in uns nach. Manchmal verhallen sie, manchmal setzen sie einen Denkprozess in Gang, aus dem Großes resultiert. Vielleicht erwächst aus dem Lächeln Ermutigung, eine vorher schlechte Stimmung dreht sich, ein emotionaler Knoten löst sich … Im Kopf werden Szenarien kreiert. Ideen schälen sich heraus, die ohne die Resonanzerfahrung niemals angeregt worden wären.

Resonanz kann sich als spielentscheidend erweisen. Fremde Erkenntnisse, über die man selbst nicht verfügt, werden in das eigene Denken integriert. Allerdings gedeihen bedeutungsvolle Resonanzbeziehungen nur in einem Klima von Wohlwollen und Respekt. In einem feindlichen Umfeld dagegen killt die Angst vor Druck und Versagen die Fähigkeit, außergewöhnlich zu denken und sich für Fremdes zu öffnen. Wer fürchten muss, angegriffen, bloßgestellt oder abgewertet zu werden, hält sich zurück und klammert am Eigenen. In einen intensiven, lebendigen Austausch treten nur Menschen, die die Erfahrung machen: Die Stimmung bleibt entspannt, auch wenn Lösungen auf sich warten lassen oder ein Projekt den Rahmen des Üblichen sprengt.

Lange vor dem ersten iPhone landete Steve Jobs schon einmal einen großen Coup: 1984 mischte er den Markt mit dem legendären Macintosh auf, dem ersten bezahlbaren Tischcomputer mit Maus und einer grafischen Desktop-Oberfläche. Das Macintosh-Team genoss in der Entwicklerszene Kultstatus. Jobs tat alles, um seinen Leuten positive Resonanzerfahrungen zu ermöglichen. Damit sie unbeobachtet von skeptischen Kollegen experimentieren konnten, brachte er sie sogar in einem separaten Gebäude unter.[16]

Fast vierzig Jahre später brauchen große Vorhaben mehr denn je einen positiven Rahmen. Mitarbeiter und Kollegen müssen deshalb keine besten Freunde werden, sie dürfen aber einander nicht in der eigenen Entwicklung behindern. Vor diesem Hintergrund leuchtet das Ergebnis einer McKinsey-Studie vollkommen ein:

Keine Persönlichkeitseigenschaft intensiviert die Innovationskraft eines Teams mehr als: Umgänglichkeit.[17]

Agiles Projektmanagement lebt davon, dass schnell begonnen wird, experimentiert, getestet, kritisiert, verworfen, noch mal nachgedacht, ausprobiert, erneut getestet ... Innovationserwartungen und Unsicherheitslevel sind hoch, die Herausforderungen verflochten. In einem solchen Umfeld kommen nur Persönlichkeiten klar, für die erst der Mensch und dann die Leistung kommt. Die Topmanagement-Beraterinnen Dorothea Assig und Dorothee Echter haben für diese alles überspannende Fähigkeit den Begriff Community-Kompetenz geprägt. Sie beschreiben damit das Repertoire von Verhaltensweisen, das anderen Menschen das resonanzförderliche Gefühl von Zugehörigkeit und Aufgehobensein bietet.[18] Assig und Echter identifizieren Community-Kompetenz vor allem als einen Erfolgscode der Spitzenliga. Wir können aber auf allen Ebenen und in allen Lebenszusammenhängen davon profitieren.

Jede und jeder von uns kann eine Haltung der Verbundenheit und einen beziehungsförderlichen Umgangston kultivieren. Wir sind nur noch nicht so daran gewöhnt. Denn der Gedanke sitzt tief in den Köpfen: Im Job steht die Sache über den Menschen. Zuerst kommt das Können, dann die Kontaktpflege. In einem überschaubaren Umfeld mag das gelten. In komplexen, teilweise chaotischen und zunehmend unvorhersehbaren Umfeldern zeigt sich aber: Wir verwechseln die Prioritäten. In der VUKA- und Nach-Corona-Welt ist der oder die Einzelne kein kleines Rädchen mehr im Betrieb. Jeder Einzelne trägt Verantwortung für das Gelingen des Ganzen. Eine wertschätzende Haltung und ein angenehmer Ton zahlen deshalb nicht nur auf die persönliche Exzellenz ein, sie bilden eine Grundvoraussetzung für innovationsstarke Teams und fachliche Spitzenleistungen. Das gilt insbesondere dann, wenn Mitstreiter ganz andere Fähigkeiten und Erfahrungen an den Tisch bringen als man selbst. In solchen Gruppen kann Resonanz am meisten bewegen. Dort ist aber auch die Gefahr besonders groß, dass Misstrauen, Überlegenheitsgefühle oder Rivalität das In-Beziehung-Gehen stören. Schon allein, weil man die anderen weniger gut einschätzen kann als in einem homogenen Kreis.

Miteinander schwingen

»Ich versuche, mich nur in wohltuenden Umgebungen aufzuhalten«, sagte der Modedesigner Yves Saint Laurent. Vermutlich war ihm bewusst: Ob großer Wurf und herausragender Entwurf – Leistungen von Bedeutung entstehen am besten in einem Umfeld, in dem man einander beflügelt, statt bekriegt. Die folgenden Haltungen und Verhaltensweisen schaffen Vertrauen und Verbundenheit. Auf Außenstehende wirken sie oft unscheinbar. Doch sie haben es in sich.

Wer sich darauf einschwingt, bereitet den Boden für Resonanz. Wer nicht, verliert über kurz oder lang den Kontakt zur Welt.

Denn die Zahl hochkarätiger Wissensarbeiter und selbstbewusster Spezialisten wächst, deren Lebensgefühl mit der Frage »Kann mir mal bitte jemand das Wasser reichen?« durchaus treffend beschrieben ist. Gut ausgebildet und nachgefragt erwarten die Generationen Y und nachfolgende eine Kultur der Wertschätzung und persönlichen Entfaltung. Ein entspannter, respektvoller Umgang, der gemeinsames Lernen und Wachsen fördert, wird daher zunehmend auf allen Ebenen den Maßstab bestimmen.

Dahinter steht keine Erfindung des 21. Jahrhunderts. Von jeher waren die erfolgreichsten, innovativsten Unternehmungen von Resonanz getragen. Eine Vorstellung, zu welchen schier unmöglichen Leistungen das Miteinander-Schwingen Menschen befähigt, vermittelt einer meiner Lieblingsfilme: *Apollo 13*, die Geschichte um die dritte bemannte Mondmission. Fast wirkte die Landung auf dem Mond schon ein wenig routiniert, da explodierte 300 000 Kilometer von der Erde entfernt ein Sauerstofftank. Kontrollzentrum und Besatzung blieb nur eine Chance: Sie mussten die Astronauten irgendwie zur Erde zurückbringen. Sie kennen den Ausgang: Dank eines Projektmanagements, das bis heute als Beispiel für Teamexzellenz zitiert wird,[19] gelang die Mission und ging als »erfolgreicher Fehlschlag« in die Geschichte der NASA ein. Doch tiefer als alle technischen Schwierigkeiten hat sich mir ein Satz eingeprägt. Tom Hanks sagte ihn in seiner Rolle als Kommandant Jim Lovell, kurz vor dem alles entscheidenden Wiedereintritt in die Erdatmosphäre: »Gentlemen, es war mir eine Ehre, mit Ihnen zu fliegen.« Vor ein paar Jahren durfte ich im National Air and Space Museum in Washington in eine winzige Apollo-Kapsel hineinschauen. Seither ist mir noch mehr bewusst, welche Größe darin steckt, in einem Moment der äußersten Ausgesetztheit so dankbar und wertschätzend zu kommunizieren.

Apollo 13 zeigt sich in diesem und vielen anderen Momenten als überzeitliches Beispiel für eine herausragende Gemeinschaftsleistung. In beeindruckender Weise setzt der Film die Community-Kompetenz in Szene, die ein Team zu höchster Exzellenz auflaufen lässt. Wie Ed Harris in der Rolle von Mission-Control-Leiter Gene Krantz mit den legendären Worten »Failure is not an option« alle auf das gemeinsame Anliegen einschwört. Wie Kommandant Jim Lovell (Tom Hanks) mit seinen Händen seinen fieberkranken Kollegen wärmt. Wie bei aller Anspannung niemand in Panik ausbricht. Wie Fakten nie dramatisiert, aber auch nie beschönigt werden. Wie der Astronaut Ken Mattingly (Gary Sinise) im Simulator der Kommandokapsel unter widrigsten Bedingungen eine Prozedur für deren Reaktivierung entwickelt. In unzähligen Wiederholungen nähert er sich der Lösung, und das, obwohl er selbst bei der Mission dabei gewesen wäre, wäre er nicht im letzten

Moment und zu seiner großen Frustration für fluguntauglich erklärt worden – wegen einer möglichen Rötelerkrankung.

Stellt sich Resonanz ein, können alle im Team mit Intelligenz, Kreativität und Freude ihren Aufgaben nachgehen. Um die Stimmung dafür zu erzeugen, braucht es nicht viel: zuhören, Interesse zeigen, Verständnis äußern, Ideen teilen, Kekse anbieten, Kaffee nachschenken (ja, so banal!), belanglose Fehlleistungen übersehen, zu einem Erfolg gratulieren, kurz über den Sonntags-*Tatort* plaudern, Unangenehmes nicht auf andere abschieben, positiv über andere sprechen, sich bedanken, auch wenn eine Unterstützung kleiner ausgefallen ist als gehofft oder eine Leistung als selbstverständlich erscheint. Es sind alltägliche Gesten und Gewohnheiten, die resonante Beziehungen entstehen lassen. Im Grunde gehe es darum, sagt das Beraterinnen-Duo Assig und Echter, »sich auf Augenhöhe zu begegnen und Nähe herzustellen wie mit einem Freund.«[20]

Zuhören, anerkennen, freundlich sein – alle diese Verhaltensweisen haben wir von klein auf gelernt. Sie gehören zu den Grundprinzipien guter Kommunikation. Und doch reden Menschen öfter gegeneinander an, als dass sie sich empathisch aufeinander einschwingen. Das ist in Talkshows so, in Meetings und beim Nachwuchs nicht anders.

Jugendmannschaftstraining auf dem Golfplatz. Drei Jungs zwischen zehn und zwölf gehen auf den Abschlag. Der erste schlägt ab, der Schlag fliegt weit und präzise. Spieler zwei gibt das gleiche Bild ab. Zufrieden blickt er seinem Schlag hinterher. »Du verziehst immer leicht nach links«, sagt plötzlich hinter ihm Spieler drei. »Das fällt mir schon die ganze Zeit auf.« Spieler zwei gibt den Abschlag frei und drischt mit dem Schläger ins Gras. »Ich spiele doppelt so gut wie du«, gibt er zurück, und seine Stimme tönt weit. Spieler drei schlägt ab. Der Ball entschwindet im Aus.

In der Erwachsenenwelt offenbaren sich die Folgen leistungsschädlicher Kommunikation meist weniger unmittelbar. Doch überall, wo Menschen zusammen arbeiten und leben, gibt es mehr verunsichernde Sprüche, verdrehte Augen, Besserwisserei, Statusrangelei, patzigen Widerspruch und forsches Feedback, als der Sache gut tut. Viel seltener kommen uns positive Gefühle über die Lippen: Zustimmung, Verständnis, Anerkennung, Dankbarkeit. Selbst die eigenen Leistungen und Anliegen kommunizieren wir eher verhalten. Warum tun wir das? Warum schwächen wir uns und andere, statt uns gegenseitig zu befeuern? Weil sich jeder selbst der Nächste ist und nur die Paranoiden überleben? Sicherlich ist das ein Grund dafür. Aber nicht der einzige.

Eine hartnäckige Schwierigkeit liegt darin, dass wir Hemmungen haben. Wir sind auf Leistung und Sachlichkeit gepolt. Dafür wollen wir belohnt werden, nicht dafür, dass wir gut mit Menschen können. Positiv über sich selbst zu sprechen, könnte selbstdarstellerisch wirken. Ein verbindlicher, respektvoller Umgang mit Menschen hat für viele den Beigeschmack des sich Anbiederns und Andienens. Sie wollen sich nicht verkaufen und ihre Seele gleich dazu. Diese Haltung löst – auch bei mir – eine schwer überwindbare Scheu aus, Bewunderung und Stolz auszudrücken und Herzensanliegen auch so zu benennen.

Geradlinigkeit ist eine schöne Eigenschaft. Wir verbinden damit Werte wie Ehrlichkeit, Integrität und Aufrichtigkeit. Sie birgt aber auch Ecken und Kanten, und sie zu spüren, kann ziemlich weh tun. Sehr zu Recht führt die Plattform ingenieur.de ihren Lesern vor Augen: »Ehrlichkeit und Offenheit sind für viele erstrebenswert, aber wenn sie so weit gehen, dass man Menschen permanent auf die Füße tritt, dann ist Schweigen immer noch die bessere Alternative.«[21]

Wer das Resonanzpotenzial nicht negativ beeinflusst, tut also schon mal viel. Im Meeting ist das zum Beispiel der Verzicht auf Witzeleien. Beim Abendessen mit den Freunden, die gerade so wunderbar ins Gespräch vertieft sind, nimmt man die Schwingungen wahr und stellt den Iberoschweinerücken ohne den Vortrag über Herkunft und Garmethode auf den Tisch, den man eigentlich gern halten würde. Noch mehr als durch Zurückhaltung lässt sich die Qualität des Miteinanders durch Interesse und Freundlichkeit fördern. Mit Anschleimen hat diese Aufmerksamkeit so wenig zu tun wie eine Schnecke mit einem Schneeleoparden. Vielmehr geht es darum, reflektiert und mit Gefühl für eine produktive Stimmung zu sorgen, in der sich Resonanz und Exzellenz Bahn brechen. Beides kommt leichter zum Vorschein, wenn wir es einander leicht machen.

In der Corona-Pandemie äußerte Bundeskanzlerin Angela Merkel von Anfang an viel Verständnis, dass Maskenpflicht, Kontaktbeschränkungen und das Herunterfahren des kulturellen Lebens in der Bevölkerung für Unbehagen sorgen. In ihre Reden schließt sie ausdrücklich die Demonstranten ein, die gegen Corona-Maßnahmen auf die Straße gehen und sagt ohne Wenn und Aber: »Ich verstehe das.« Tatsächlich seien die Einschränkungen »demokratische Zumutungen«, die zu beschließen, ihr sehr schwergefallen sei. Deutschland könne sich glücklich schätzen über die feste Verankerung von Freiheit und Demokratie, die sie »auch ganz persönlich als großes Glück« empfände.[22]

Die Bundeskanzlerin wählt ihre Worte so, dass sie eine gemeinsame Erfolgsstimmung herstellt und möglichst auch Andersdenkende ins Boot holt. Im besten Fall vergrößert sie mit ihrer einladenden Rhetorik die Zahl derer, die an einem Strang ziehen. In einem Punkt allerdings geht es der Bundeskanzlerin wie Ihnen und mir:

Das Senden positiver Resonanzsignale ähnelt dem Ausfüllen eines Lottoscheins. Was der Einsatz bringt, ist ungewiss.

Niemand garantiert, dass die Beziehungsangebote, die wir aussenden, auf Widerhall stoßen. Vielleicht gehört es deshalb noch nicht wie selbstverständlich und auf allen Ebenen zum Geschäft, ein ergiebiges Klima reflektiert und bewusst herbeizuführen. Fest steht aber: Die Alternative ist keine Alternative. Macht niemand den Anfang, wird davon die Welt garantiert nicht exzellenter.

Vom »Ja, aber ...« zum »Ja, und ...«

Umgängliche, taktvolle Menschen bereiten den Boden für Resonanz. Ihr Kommunikationsstil setzt Maßstäbe. In anderen Worten: Die Chancen stehen gut, dass ihr Vorbild Kreise zieht. Verändert einer in einem Mix von Menschen mit unterschiedlichen Hintergründen und Interessen den Ton, folgen andere unwillkürlich dem Beispiel. Dafür spricht eine Studie über emotionale Ansteckung am Human Nature Lab der Yale University. Das Forschungsteam rund um den Soziologen Nicholas Christakis macht sich das Wissen zunutze, dass das Wetter die Stimmung von Statusmeldungen beeinflusst. Vor diesem Hintergrund nahmen die Wissenschaftler sich die Daten von Millionen von Facebook-Nutzern vor. Dabei fanden sie heraus: Die gute Laune aus einem Schönwettergebiet wird in andere Wetterregionen hineingetragen. Im Schnitt zog jede sonnige Statusmeldung zwei ähnlich gut gelaunte Posts von Freunden nach sich, obwohl in deren Region deutlich schlechteres Wetter herrschte.[23] Nach Einschätzung der Wissenschaftler tritt dieser Kaskadeneffekt im direkten Kontakt noch deutlicher zutage als im virtuellen.

In diesem Moment erscheint eine Pop-up-Meldung auf meinem Bildschirm. Es ist in den Tagen nach dem Brand in dem Flüchtlingslager Moria auf der Insel Lesbos, und die Bundesregierung hat sich bereiterklärt, 1550 Flüchtlinge in Deutschland aufzunehmen. Einen Tag später meldet *Focus Online*: »Nach Zusage Deutschlands: Belgien will bis zu 150 Menschen aus Lesbos aufnehmen.«[24] Gemessen an der Einwohnerzahl hilft Belgien damit in einer ähnlichen Größenordnung wie Deutschland.

Positive Gesten sind anziehend und fließen in das Denken und Handeln anderer ein. Nicht nur in der Politik, auch im Büro, im Wohnviertel oder in der Familie. Die Wirkung zeigt sich vielleicht nicht gleich morgen. Und sicher nicht bei jeder Gelegenheit. Womöglich bekommen Sie für Ihre Anstrengung auch nie eine direkt zuordenbare Bestätigung. Mit einem aber können Sie sicher rechnen: Mit Ihrer Initiative gehen Sie informell in Führung. Sie prägen mit Ihrem Vorbild die Atmosphäre und tragen aktiv zu einem Umfeld bei, in dem die Ideen frei fließen. Machen Sie also den Anfang:

Senden Sie positive Impulse in die Welt.

Nicken Sie zustimmend, schicken Sie eine Gut-gemacht-WhatsApp, bringen Sie Coffee to go mit, stellen Sie Kritik zurück, übernehmen Sie unkompliziert eine Aufgabe, versenden Sie Glückwünsche, formulieren Sie Ihren Dank. Keine Frage, mit der Rolle der Stimmungsmanagerin oder des inoffiziellen Feel-good-Verantwortlichen gehen Sie in Vorleistung. Umgängliche Menschen unternehmen jene Extraschritte, in denen Exzellenz ihren Ausdruck findet. Wer fürchtet, deshalb als Ja-Sager oder leichte Gegnerin wahrgenommen zu werden, irrt. Umgänglichkeit ist nicht zu verwechseln mit unbedarfter Nettigkeit und kommt auch bei anderen nicht so an. Sie ist ein soziales Tool, und Vorgesetzte wissen um ihren Wert: Wer den Nährboden für Resonanz bereitet, trägt dazu bei, dass Lösungsräume vertrauensvoll erkundet werden können. Er oder sie gehört damit zu den prägenden Akteuren einer Gruppe.

Drei junge Analysten eines weltweit führenden Anbieters für IT-Beratung und Innovation führen einen Workshop für Studierende durch. Das Thema: Wie Design Thinking funktioniert. Die Drittsemester sind noch unerfahren. Die Ergebnisse, die sie präsentieren, bewegen sich auf Übungsniveau. Dennoch stellen die Profis jegliche Kritik zurück. Erst wenn jemand definitiv ausgeredet hat, ergreifen sie das Wort, oft gefolgt von jenem schwebenden *Genau*, das den Gedanken Raum gibt und die entspannende Wirkung von Mate-Tee hat. Manchmal kurbelt einer der Analysten den Ideenfluss noch einmal an: »Und wenn du noch größer denkst?«, das Feedback zum Schluss ist durchdacht und ermutigend, und allen ist klar, was verbessert werden muss.

Es befeuert Wandel und Wachstum, wenn ungleiche Ideen und Sichtweisen sich aneinander reiben. Die eigenen Ideen verlieren dabei nicht an Wert. Im Gegenteil, sie entfalten, weiten und runden sich, wenn man sich von fremden Impulsen faszinieren lässt, ihren Wert erkennt, sie sich anverwandelt und von dort aus weiterdenkt. Stellt sich Resonanz ein, geschieht umgekehrt das Gleiche: Man selbst wird ebenfalls wirksam und gibt etwas von sich an andere weiter. »Berührt werden und berühren«, schreibt Harry Gatterer, der Geschäftsführer des Zukunftsinstituts. »Erst wenn beide Richtungen funktionieren, ist es möglich, von Resonanz zu sprechen.«[25]

Der britisch-israelische Starkoch Yotam Ottolenghi hat in Tel Aviv Philosophie studiert und in London eine Ausbildung zum Koch absolviert. Seine Mutter ist Deutsche, sein Vater Italiener. In seiner Person verkörpert Ottolenghi viele unterschiedliche Einflüsse und Perspektiven. Er selbst sieht seine größte Qualität in der Fähigkeit, das Beste aus Menschen und Teams herauszubringen. Bei aller Umgänglichkeit ist er für seinen Anspruch bekannt. »Er kann tough sein«, sagt seine Patissière Helen Goh. »Sein Feedback ist ehrlich und direkt, und die Erwartungen sind hoch, aber da ist auch eine enorme Warmherzigkeit und Offenheit.«[26]

Resonanz schließt geistige Auseinandersetzung, Reibungsprozesse und gnadenlose Qualitätsverbesserung nicht aus. Sie befördert sie sogar. Der Unterschied liegt darin, dass die Konfrontation mit dem Fremden nicht abgewehrt wird. Stattdessen löst sie Selbstreflexion und weiterführende Gedankengänge aus. Statt »Nein, geht nicht« oder »Ja, aber« heißt es in resonanten Beziehungen: »Ja, und außerdem«. Der Faden wird über vertraute, bekannte Muster hinaus weitergesponnen, neue Wege und Möglichkeiten tun sich auf, Ideen werden entwickelt, konkretisiert und optimiert.

Exzellenz-Briefing: 7 Versuche, Ideen zum Klingen zu bringen

Silos und Wagenburgen der Rechthaberei führen nirgendwohin. Das Geheimnis für Ergebnisse jenseits der gewohnten heißt positive Resonanz: Wir hören zu, fühlen uns angesprochen, werden gehört und dieser schwingende, klingende Austausch verändert etwas in uns, vielleicht nur eine Winzigkeit, manchmal etwas Fundamentales. Leider lässt Resonanz sich nicht herbeiordern wie eine Superfood-Bowl. Wir können sie nur herbeilocken. Indem wir ihr bestmögliche Bedingungen schaffen.

1 Im Schulterschluss Ideen spinnen

»Wenn ich weiter sehen konnte, so deshalb, weil ich auf den Schultern von Riesen stand.« Diesen Satz schrieb kein Geringerer als der Erfinder der Gravitationstheorie Sir Isaac Newton.[27] Vermutlich bezog sich Newton, wie wir es auch heute meistens tun, auf die Leistungen von Vorgängern. Doch auch unter Weggefährten gilt: Die besten Ideen hat selten einer allein. Herausragende Lösungen setzen oft auf Massen von Beiträgen auf. Nicht umsonst lautet eine der Grundregeln des Design Thinking: *Go for quantity!* Vom Wissen der vielen können wir aber nur profitieren, wenn wir die Beiträge anderer nicht abtun, so unausgegoren, oberschlau oder unwesentlich sie uns im ersten Moment auch erscheinen mögen. Am meisten profitieren vom Sog der Resonanz Gruppen, in denen jeder mit seinen Beiträgen gewürdigt wird: »Ohne dieses Scribble von Tom wären wir nie so schnell an diesen Punkt gekommen.« Wer gefühlt keine oder zu wenig Anerkennung bekommt, behält gute Ideen lieber für sich.

2 Mitschwingen, nicht mitreißen

Resonanz will gepflegt werden, nicht gepusht. Sie gedeiht besonders gut in einem Klima des Zuhörens und Dazugehörens. Idealerweise unterstützen sich alle gegenseitig in Hinblick auf das gemeinsame Ziel. Wie es sich anfühlt, wenn Menschen sich auf eine Wellenlänge einschwingen, beschreibt Hartmut Rosa: »Es gibt für uns alle Momente, in denen wir sagen: So sollte das Leben also sein, so war es gemeint. Das sind Augenblicke, in denen wir etwas erleben, das ich als Resonanz bezeichne.«[28] Dieses menschlich angenehme und geistig anregende Klima wird durch Zeit begünstigt, wertschätzende Gesten, reibungslose Abläufe, eine positive Fehlerkultur, inspirierende Räume und ja, auch eine einladende, gut bestückte Büroküche. Schulen oder verordnen lässt es sich allerdings nicht. So gern dynamische Chefs Resonanz mit viel Wind entfachen würden, Tschakka und direkte Appelle verschrecken die wertvollen Schwingungen nur.

3 Selbstbewusst Impulse setzen

Resonanz bedeutet nicht Konsens. Es geht nicht darum, einen kleinsten gemeinsamen Nenner zustande zu bringen, sondern gemeinsam zu einer großartigen Lösung zu finden. Unterschiedliche Meinungen und Sichtweisen sind dafür essenziell, sie bringen neue Ideen hervor und bessere Lösungen werden gefunden. Besinnen Sie sich also auf Ihre Stärken. Setzen Sie Impulse. Bringen Sie Ihre Perspektiven und Skills unverwässert und selbstbewusst ein. Formulieren Sie faktenorientiert und ohne Übereifer, bauen Sie Verständnis für komplexe Zusammenhänge und Facetten auf. Wichtig: Zielen Sie nicht auf Dominanz und Kontrolle. Die Kunst besteht darin, andere zu berühren und zu erreichen, ohne über sie hinwegzureden.

4 Dinge in der Schwebe lassen

Resonanz lässt sich leicht zerreden. Schon Kleinigkeiten wie ein flotter Bürospruch lösen Widerstände aus und stören die Stimmung des Hörens und Gehört-Werdens. Gleiches gilt für das Herumreiten auf Details, Termindruck oder das Beharren auf einem Standpunkt. Sprechen Sie solche Eckdaten unbedingt an, aber erwarten Sie keine sofortige Klärung. Beanspruchen Sie nicht die Deutungshoheit. Lassen Sie offene Punkte und unterschiedliche Meinungen im Raum stehen. So können andere sie in ihre Überlegungen aufnehmen, ohne sich bedrängt zu fühlen. Diese Erfahrung gab die amerikanische Oberste Bundesrichterin Ruth Bader Ginsberg (1933–2020) weiter, die bis ins hohe Alter für Gerechtigkeit kämpfte: »Richter denken weiter und können sich verändern. Ich setzte immer darauf, dass das Gericht dort, wo es heute einen blinden Fleck hat, morgen die Welt mit weit offenen Augen sieht.«[29] Resonante Teams reagieren ähnlich: Wenn sie sich Anregungen anverwandeln, dann weil sie etwas in ihnen zum Klingen bringen. Das braucht Zeit, und selten werden aufgenommene Ideen eins zu eins übernommen. Vielmehr werden sie Teil einer Denkbewegung oder gehen, wie Rosa es sinnig formuliert, in »ein sich eröffnendes Gemeinsames hin.«[30]

5 Im Takt schwingen

Der Kampf ums Wort zerstört Resonanz. Takt und Abgestimmtheit hingegen verleihen ihr einen sanften Schub. Lassen Sie daher im Team einander ausreden. Ergänzen Sie normalerweise Sätze nicht gegenseitig. Beides wird vom Sprecher als latent aggressiv empfunden und hemmt das divergente Denken. Kultivieren Sie Pausen, in denen sich Gesagtes setzen kann. Vermeiden Sie Monologe, halten Sie die Länge von Gesprächsbeiträgen in einem angenehmen Rahmen, damit jeder die Gewissheit hat, zu Wort zu kommen. Senken Sie am Schluss die Stimme ab, damit ein glatter Sprecherwechsel gelingt. Ideal ist es, wenn alle ähnlich ausführlich sprechen. Stellt sich Resonanz ein, äußert sich dies oft in einer angeregten, leicht beschwingten Stimmung. Die Wahrnehmung ist gesteigert, weitere Perspektiven tun sich auf, wir empfinden Nähe, Freude und Staunen.

6 Gefühle sorgfältig benennen

Bei Microsoft legt Satya Nadella Wert darauf, dass alle Managerinnen und Manager ein fünfzehn Jahre altes Buch lesen: *Gewaltfreie Kommunikation* von Marshall B. Rosenberg. Das Management soll daraus lernen, Gefühle direkt zu formulieren: »Ich bin so traurig/wütend/ beunruhigt«. Im Gegensatz dazu stehen Formulierungen, die indirekt andere für Misstimmungen verantwortlich machen: »Ich fühle mich unter Druck gesetzt/enttäuscht/übergangen/verschaukelt.« Versteckte Vorwürfe erschweren ein positives In-Beziehung-Treten. Der Gesprächspartner geht in die Defensive. Resonanzmomente sind dann nicht mehr möglich.

7 Klartext ist gut, das Reden im Konjunktiv auch

Wer Resonanz anstrebt, darf Dissonanzen nicht zum Hauptthema machen. Stattdessen kann es strategisch von Vorteil sein, abweichende Ansichten sprachlich stärker abzufedern, als wir es gewohnt sind. Eine konkrete, direkte Sprache eignet sich perfekt, Dinge zu erklären und eine Position zu begründen. Zugleich gilt es aber, die eigene Meinung nicht absolut zu setzen. Eine tastende Ausdrucksweise und abschwächende Vokabeln wie »für mein Gefühl«, »Ich habe den Eindruck, dass«, »Eine andere Idee wäre es vielleicht«, »Mir ist aufgefallen, dass« erkennen an, dass es neben den eigenen Ansätzen auch andere gibt. In der Linguistik heißen solche Einsprengsel Heckenausdrücke. Leider werden sie in Deutschland anders als beispielsweise in den angelsächsischen Ländern als Unsicherheitsfloskeln und Ausdruck von Wortfindungsproblemen abgetan. Ich empfehle und verwende sie trotzdem – genau wie das Reden im Konjunktiv. Als nuanciert eingesetztes Stilmittel erfüllen sie eine ähnliche Funktion wie eine Gartenhecke: Sie schützen Beziehungen vor allzu eisigen Winden der Kommunikation. Die Zusammenarbeit wird davon in der Regel besser, nicht schlechter.

10

Leadership

Weil wahre Exzellenz über die eigene Person hinausweist

Herbst 2020. Covid-19 hält die Welt weiter im Griff. Drei Menschen haben mich in dieser Zeit besonders beeindruckt. Der erste ist, wenig überraschend, der Virologe Christian Drosten, der sich zu einer Art Leitstern der Krise etabliert hat. Der zweite ist der Starpianist Igor Levit. Während der Pandemie streamte er aus seinem Wohnzimmer heraus mehrere Dutzend Hauskonzerte, und Zigtausende Menschen auf der ganzen Welt hörten ihm zu. Die dritte habe ich bei dm an der Kasse erlebt, und ich weiß nicht einmal ihren Namen. Aber mir bleibt in Erinnerung, wie sie am Beginn des Lockdowns die Einsicht in mir geweckt hat, von den fünf Packungen Dinkelmehl in meinem Einkaufswagen drei wieder zurück ins Regal zu stellen.

Für mich sind Leader Menschen, die aus anderen das Beste herausholen. Verantwortung übernehmen, wenn es darauf ankommt. In Führung gehen, auch wenn sie dafür nicht einmal den Auftrag haben. Denn um Menschen zu ermutigen und zu befähigen, muss man weder Spitzenpolitikerin noch Topmanager sein. In uns allen steckt das Zeug, als Leaderinnen und Leader zu wirken – im Job, als Eltern, in der Gesellschaft, im Studium, im Wohnviertel, im Ehrenamt. Was es dafür braucht, erkannte der sechste Präsident der Vereinigten Staaten John Quincy Adams (1767–1848) schon vor 250 Jahren: »Wenn Ihr Handeln andere inspiriert, mehr zu träumen, mehr zu lernen, mehr zu tun und mehr zu werden, dann sind Sie ein Leader.« Persönlichkeit zählt dabei um Längen mehr als ein MBA.

Leadership ist eine Haltung, kein Jobtitel

Management und Leadership sind nicht das Gleiche. Zwar hat beides mit Führung zu tun, und manche Führungskräfte vereinen auch beide Führungsstile in sich. Doch der Unterschied liegt in der Philosophie: Managerinnen und Manager führen Mitarbeiterinnen und Mitarbeiter, Leaderinnen und Leader inspirieren zu Exzellenz, im Unternehmen, aber auch jenseits davon. Im Idealfall verändern sie mit denen, die sie berühren und bewegen, die Welt.

Eine Spitzenposition sagt also wenig darüber aus, ob jemand Leadership-Qualitäten besitzt. Ein CEO mag einen Konzern mit Tausenden von Mitarbeitern leiten, eine Politikerin eines der höchsten Ämter im Land bekleiden. Ob sie eher managen oder leaden, hängt von ihrer Herangehensweise ab. Manager sind typische Chefs: Menschen arbeiten für sie, erfüllen Anweisungen, ein Teil von ihnen strengt sich an, nach oben hin positiv aufzufallen. Selbst tun und optimieren Manager, was ansteht, sich bewährt hat und dem State of the Art entspricht. Üblicherweise führt dies zu verlässlich soliden, bisweilen zu exzellenten Leistungen, seltener zu Technologiesprüngen und Geschäftsideen, die die Welt formen und verändern.

Leader denken und wirken anders. Sie sind von Anliegen und Ambitionen getrieben. Oder wie es das *Business Factory Magazine* zuspitzt: Manager haben die Augen auf der Bilanz, Leader haben sie am Horizont.[1] Im Idealfall begeistern Leaderinnen und Leader andere mit wegweisenden Ideen, ihre Produkte werden ihnen aus den Händen gerissen, mit ihrer Art, an Themen heranzugehen, sprengen sie die Grenzen des Gewohnten. Die bekanntesten unter ihnen haben herausragende Positionen, etwa Apple-CEO Tim Cook oder die Präsidentin der Europäischen Zentralbank (EZB) Christine Lagarde, die 2019 mit dem Distinguished Leadership Award des Atlantic Council geehrt wurde. Andere haben sich bereits große Namen gemacht und eilen darauf aufbauend von Erfolg zu Erfolg. Diese Riege wird von den Gates und Obamas angeführt. Wieder andere ergreifen ohne Amt und Auftrag die Initiative, einfach weil sie sehen, was zu tun ist. Prominente Beispiele dafür sind die jungen Aktivistinnen der Klimabewegung oder eben auch Igor Levit, der nicht nur Beethovens sämtliche Sonaten einspielt, sondern auch seine Meinung zu tagespolitischen Themen kundtut und damit eine wachsende Gefolgschaft erreicht.

»Ihr alle, morgen ist Klimastreik!«, tweetete Igor Levit bei @igorpianist, als Fridays for Future nach sechsmonatiger Pause wieder für mehr Klimaschutz auf die Straße ging. »Macht mit, bringt Freunde mit, Familie. Mit Maske und Schirm. Ich zähle auf Euch!«[2]

Man kann argumentieren, Levit erschließe sich mit seinen politischen Äußerungen Aufmerksamkeit und neue Zielgruppen. Der Gedanke liegt nahe: Natürlich erhöht Leadership die Reputation. Selbstverständlich zahlt es sich geschäftlich aus, einen breiten Kreis von Menschen zu erreichen. Kommt es aber nicht viel mehr auf einen anderen Gesichtspunkt an? Mit seinem Engagement für Demokratie und Klima, gegen Antisemitismus und die Ausgrenzung von Minderheiten trägt Levit dazu bei, gesellschaftliche Vorurteile sichtbar zu machen und abzubauen. Für »diese außerordentliche Leistung« (und eben nicht für seine Anschlagskunst) wurde Levit im Herbst 2020 mit dem Verdienstorden der Bundesrepublik Deutschland ausgezeichnet.

Ob in Politik und Wirtschaft, im Großkonzern oder in der Familie, in den sozialen Medien oder im Drogeriemarkt an der Kasse: Die Exzellenz formeller und informeller Leader liegt in ihrer Fähigkeit, Menschen den Weg zu weisen, sie mitzunehmen und aus ihnen hervorzuholen, was in ihnen steckt. Der Harvard-Professor John P. Kotter hat Leadership so definiert. Lange bevor es das Wort Digitalisierung überhaupt gab, erkannte er: »Mehr Wandel erfordert immer mehr Leadership.« Es sei keine Erfolgsformel, zu tun, was man gestern getan habe, oder es um 5 Prozent zu verbessern. Bedeutende Veränderungen gehen nur von Vordenkern und Wegbereitern aus, die mit ihrer Ausstrahlung andere dazu bewegen können, sich freiwillig und fasziniert auf das Neue zu stürzen.

Die Reichweite von Menschen mit Leadership-Kompetenzen kann dabei höchst unterschiedlich sein. Im Großen stärkt man wie Melinda Gates die Frauenrechte, und die größten Stars der Welt ziehen mit. Im Kleinen gewinnt man kraft der eigenen Persönlichkeit Kunden dafür, angesichts einer Krise das gewohnte Einkaufsverhalten zu überdenken. Und spätestens seit Covid-19 zeigt sich auch: Wenn sich plötzlich ein Großteil des Teams im Homeoffice organisiert, haben die Kontrolleure und Kommandeure unter den Chefinnen und Chefs ausgedient. Statt die Ansage zu machen, gilt es jetzt, zu vertrauen, zu koordinieren und zu inspirieren.

Noch ist die Realität häufig eine andere. Die meisten Unternehmungen, so Kotter, seien over-managed und under-led. Auf gut Deutsch: Viel Management, wenig Orientierung. Ob Führungskraft oder Helikoptermutter, es fällt uns viel leichter, Prozesse und Abläufe zu organisieren als darauf zu zählen, dass andere Menschen selbst etwas bewirken und bewegen. Wie sollte es auch anders sein, viele von uns haben es von klein auf nie anders gelernt.

Sie lösen Konflikte im Sandkasten, helfen bei den Hausaufgaben, suchen den Turnbeutel, sorgen beim Fußball dafür, dass der Nachwuchs genügend Spielzeit bekommt, spenden bei gefährdeter Versetzung diskret für den neuen Chemiesaal, und wenn »wir« das Abitur geschafft haben, steht die nächste gemeinsame Hürde an: die Berufs- und Studienwahl. Vordergründig gibt der Erfolg den Helikoptereltern und Tigermüttern recht, die Erziehung bis ins Detail managen. Doch es gibt Nachteile: Jede noch so gut gemeinte Einmischung sendet das Signal: Allein schaffst du das nicht. Das bremst eigene Initiativen aus, macht abhängig und nagt am Selbstbewusstsein.

Hinter dem Horizont geht's weiter

Gutes Management erreicht viel, am allermeisten erwartbare Erfolge. Selbst das schlecht beleumundete Micromanagement kann, vor allem kurzfristig, sehr erfolgreich die gewünschte Leistung gewährleisten. Die Sicherheit, die darin liegt, ist nicht zu verachten. Managerinnen und Manager geben den Kurs vor, Mitarbeiterinnen und Mitarbeiter setzen ihre Vorgaben um. Läuft alles nach Plan, liegt am Ende das anvisierte Ergebnis vor. Klassische Manager, so das Unternehmermagazin *Creditreform*, zeichnen sich dadurch aus, durch Optimierung und Risikomanagement »einmal erreichte Erfolge gut zu erhalten.«[3] Das ist richtig und wichtig. Zugleich werden große Chancen verschenkt. Technologie und Wissenschaft machen immer größere Fortschritte, die digitale Disruption lädt zu völlig neuen Geschäfts-, Lebens- und Lernmodellen ein. Geht es darum, sie zu ersinnen, zu wagen und durchzusetzen, fehlt dem Typus des klassischen Managers dazu oft die Vorstellungs- und Inspirationskraft.

Gute Leadership kann im Vergleich dazu mehr und weniger zugleich. Denn:

Leader weisen nicht an, sie weisen die Richtung.

Deshalb bietet Leadership nur in Ausnahmefällen die Sicherheit des hierarchischen Führens und Folgens. Ist Leadership nicht an eine Spitzenposition gekoppelt, vermag niemand im Voraus zu sagen, wie viele Menschen eine Idee in Betracht ziehen, den Wert einer Vision erkennen, einem Vorbild folgen, sich aus ihrem gewohnten Denken herausbewegen lassen und ihre Exzellenz freisetzen.

Sie kennen das Phänomen aus dem Alltag: Stellen Sie sich vor, eine Nachbarin spricht beim Straßenfest mit großer Leidenschaft und Sachkenntnis über mehr Bienenwiesen im Wohnviertel. Vielleicht weckt sie bei anderen Interesse, Diskussionen entspinnen sich, in den Wochen danach säen erst ein oder zwei Nachbarfamilien Wildblumen aus, andere tun es ihnen nach, das Anliegen zieht Kreise. Genauso gut kann es aber passieren, dass die Nachbarn es absurd finden, den Schottergarten zum Insektenbiotop umzugestalten. Mit einer disruptiven Geschäftsidee verhält es sich ähnlich. Sie mag objektiv noch so bahnbrechend sein, ob andere sich davon inspirieren und mobilisieren lassen, steht in den Sternen.

Wenn Leadership allerdings Menschen bewegt, setzt sie Großes in Gang: Ein Leader bringt mit seiner Weitsicht, seinem Charisma, seiner Exzellenz den Ball ins Rollen, die Kooperation, Intelligenz und Begeisterung der vielen macht ihn groß. Transformation entsteht:

Plötzlich wird denkbar, woran vorher niemand dachte.

Drehen wir die Zeit fünfzehn Jahre zurück. Wenn Sie damals schon erwachsen waren, hätten Sie sich dann vorstellen können, dass nur wenige Jahre später kein Mensch mehr in Restaurants und Cafés rauchen würde? Dass demnächst mehr als eine halbe Milliarde Menschen in fremden Wohnungen und Häusern übernachten würden statt im Hotel?[4] Oder dass wir Ruhe und Transzendenz ausgerechnet dort finden würden, wo es normalerweise plingt und flimmert: auf dem Smartphone, per Entspannungs-App? Die Menschen, die diesen Sinneswandel mit ihren Visionen anstießen, heißen Sebastian Frankenberger, Brian Chesky, Andy Puddicombe. Die Köpfe hinter der Initiative für Nichtraucherschutz, Airbnb und der Meditationsapp Headspace haben als No-Names begonnen. Ihr Vorbild zeigt uns: Man muss nicht unbedingt mit Geld und Macht ausgestattet sein, um die Welt im kleinen oder großen Stil zu transformieren. Aber wenn man genügend Menschen mit einem Anliegen, einem Ziel, einer Idee anstecken kann, mündet die Unternehmung nicht selten in das eigene Unternehmen. Manchmal wird sogar ein Riesending daraus.

Sie entwickelte eine Aufräummethode, aus der mehrere Megabestseller hervorgingen. Das *Time Magazin* zählte sie zu den hundert einflussreichsten Frauen der Welt. Ihre Netflix-Reality-Show bekam 2019 mehrere Emmy-Nominierungen. Im Englischen wurde ihr Name zum Verb: *to kondo* – als Synonym für radikales Aufräumen. Wie konnte Marie Kondo mit etwas, was fast jeder tut und kann, so megamäßig erfolgreich werden? Weil sie für ihre Idee brennt und Menschen mitreißt und mitnimmt. Wie alle Leader nimmt sie ihren Anhängern die Arbeit nicht ab. Vielmehr regt sie sie an, selbst aktiv zu werden und daran zu wachsen.

Sechs Maßstäbe für exzellente Leadership

Leadership ist eine starke, transformierende Kraft. Als Exzellenzkompetenz befähigt sie Leader, ihre Visionen, Anliegen und Innovationskraft in die Welt zu tragen. Ihre Autorität resultiert daraus, dass Menschen ihnen glauben, vertrauen und freiwillig folgen, losgelöst von Weisungsbefugnissen und Hierarchieinstrumenten. Vielleicht liegt es an dieser Wirkmacht, dass das Wort Leader von allen Bezeichnungen für Menschen, die Führung übernehmen, das höchste Ansehen genießt. Unwillkürlich knüpfen wir an Leaderinnen und Leader fast schon romantische, auf jeden Fall aber höhere Hoffnungen und Erwartungen als an Führungskräfte, Manager, Executives, Geschäftsführer und das Gros der CEOs. Als »schöpferische Menschen« beschreibt das Zukunftsinstitut Leaderinnen und Leader, »humanistisch gebildet, fest in ihrem Wertebild, verletzlich in ihrer Menschlichkeit, sich ihrer Emotionalität bewusst, leidenschaftlich, neugierig, lernwillig.«[5]

Das Wort Leadership weckt Assoziationen an Werte und Weitsicht.

Es lässt an Martin Luther King denken, Mutter Teresa, Bill Gates oder den hundertjährigen Weltkriegsveteranen Sir Tom Moore. Gestützt auf seinen Rollator mühte sich der frühere britische Offizier hundert Mal in seinem Garten auf und ab. Seine Aktion bewegte Hunderttausende Briten, zusammen über 30 Millionen Pfund für den Gesundheitsdienst zu spenden. »Ich denke, man muss Menschen mögen«, lautet Moores

Ideal von Leadership, »und erkennen, dass in jedem Gutes wohnt, und als Leader kann man es aus ihnen herausbringen.«[6]

Das klingt edel. Doch so einfach ist es nicht. Leadership ist nicht per se das wohlmeinendere, exzellentere Management. Auch Leaderinnen und Leader handeln nicht zwangsläufig moralisch und integer. Auch sie garantieren nicht automatisch eine unbelastete Arbeits- und Lernkultur. So wie es exzellente Leader gibt, gibt es toxische, und ein Blick in die Politik und Unternehmenswelt genügt, um zu wissen: Auch Narzissten, Machiavellisten und Psychopathen können ihre Anhänger als Leader faszinieren. Wie meistens liegt die Wahrheit in der Mitte. Die anerkannt größten, exzellentesten Leader der Geschichte zeigen uns: Dass man die Welt zum Positiven verändert, muss nicht heißen, dass man persönlich vollkommen frei ist von rüden, rücksichtslosen Verhaltensweisen.

Als Steve Jobs 2011 starb, hatte er das wertvollste Unternehmen der Welt geschaffen. Er transformierte das Personal Computing, das Telefon, den Einzelhandel, die Art, wie wir Musik hören, lesen, Filme ansehen und unser Leben organisieren. Er war ein Leader, dessen Vorbild auch zehn Jahre nach seinem Tod noch fasziniert. Er war aber auch: herrisch, herabsetzend, cholerisch. »Steve Jobs' Leadership-Stil war autokratisch«, erinnert sich Richard Branson, einer der erfolgreichsten Unternehmer der Welt. »Er hatte ein gnadenloses Auge für Details und umgab sich mit gleichgesinnten Menschen, die seinem Beispiel folgten.«[7] Jobs selbst rechtfertigte seine schwierige Natur mit seinem hohen Anspruch: »Meine Aufgabe ist nicht, es den Leuten leicht, sondern sie besser zu machen.«

Leadership lebt von Emotionen und Anziehungskraft. Wer charismatisch ist und mit attraktiven Ideen, Produkten oder Innovationen aufwartet, nimmt Menschen, Mitarbeiter, Teams, Wähler, Käufer oder Studierende für sich und seine Themen ein. Im Idealfall setzen Vorbild und Kommunikationskraft Lernprozesse und große Gemeinschaftsanstrengungen in Gang. Am Ende steht ein positives Gesamtergebnis. Im schlechtesten Fall missbraucht ein Leader sein Charisma für egoistische oder destruktive Zwecke. Je erfolgreicher er führt, desto mehr steigt die Gefahr, dass seine Fans ihm blind und fanatisch folgen.

Leadership entfaltet eine hohe emotionalisierende Kraft, im Guten genauso wie im Bösen. Sie muss deshalb ungleich gewissenhafter gehandhabt werden als Führung im herkömmlichen Sinn.

Denn im Vergleich zu Leadern binden Manager und Berufspolitikerinnen Menschen emotional deutlich schwächer. Einerseits beeinträchtigt dies deren Hingabe an die Aufgabe und lässt persönliche Wachstumspotenziale ungenutzt. Andererseits lassen sich Menschen, die emotional gering gebunden sind, auch weniger vereinnahmen. Exzellente Leader kennen diesen Unterschied und sind sich ihrer Macht über Menschen bewusst. Sie nutzen ihren Einfluss ausschließlich dazu, moralisch Positives zu bewirken. Sie bringen Menschen und Gesellschaften weiter. Das setzt voraus, dass sie ihre Gaben mit Moral und Anstand nutzen. Mehr als für jeden anderen gilt für Leaderinnen und Leader der Maßstab, den Warren Buffet, der erfolgreichste Investor aller Zeiten, an alle Mitarbeiter und Manager anlegt: »Jemand hat einmal gesagt, dass man bei der Bewerberauswahl auf drei Qualitäten achten muss: Integrität, Intelligenz und Energie. Doch wenn ein Mitarbeiter nicht integer ist, richten Intelligenz und Energie nur Schaden an. Denken Sie darüber nach: Wenn Sie einen intriganten Menschen einstellen, werden Sie sich wünschen, er wäre lieber dumm und faul.« Ein hoher moralischer Anspruch an sich selbst gehört deshalb zu den Kerneigenschaften exzellenter Leaderinnen und Leader. Das sind seine Kennzeichen:

Integrität. Exzellente Leader definieren sich darüber, gute Menschen zu sein. Ihnen liegt daran, von sich aus das moralisch Richtige zu tun und die Interessen ihrer Organisation über ihre eigenen zu stellen. Die Bereitschaft, moralische Fragen zu bedenken und ethisch zu handeln, kommt von innen heraus und wird im Elternhaus und von Weggefährten geprägt.

Übernahme von Verantwortung. Leader stehen für die Folgen ihres Handelns ein. Dazu gehört auch alles Handeln, das auf einer nachrangigen Hierarchieebene geschieht, die zu ihrem Verantwortungsbereich gehört. Geht etwas schief, nehmen sie die Verantwortung auf sich, korrigieren Missstände und reflektieren den eigenen Anteil am Geschehen. Niemals ziehen sie sich mit der Ausrede aus Affären, nichts gewusst zu haben, oder schieben die Schuld auf andere.

Augenhöhe. Leaderinnen und Leader zeigen sich offen für die Meinung anderer und bringen verschiedene Geschlechter, Altersgruppen, Herkünfte, Kompetenzen und Haltungen zusammen. Sie sind sich eigener Vorurteile und festgefahrener Denkweisen bewusst, kämpfen dagegen an und verstehen und nutzen die Chancen, die aus vielfältig zusammengesetzten Gruppen erwachsen.

Menschenorientierung. Von Erich Fromm wissen wir: Es gibt die Macht *über* etwas und die Macht *zu* etwas. Exzellente Leader nutzen vor allem die Macht zu etwas und verwirklichen ihre Vorhaben, ohne anderen zu schaden. Ohne Businessromantiker zu sein, stellen sie Menschen und deren Belange über Prozessorientierung, Effizienz und den Einsatz technologischer Möglichkeiten.

Persönliches Wachstum. Leader entwickeln sich ein Leben lang weiter. Sie gehen kontinuierlich neue Herausforderungen und Ziele an, identifizieren hinderliche Gewohnheiten und Überzeugungen und beugen stressbedingten Automatismen durch Selbstfürsorge vor. Negative Impulse werden erkannt und durch geeigneteres Sagen oder Handeln beziehungsweise Nicht-Sagen oder Nicht-Handeln ersetzt.

Konsistenz. Leader handeln nicht ethisch, weil es gerade mal passt, die Reputation hebt und ohnehin die sozialen Medien jede kleinste Verfehlung ans Licht der Öffentlichkeit bringen. Sie leben ihre Werte 24/7 und respektieren Regeln und Gesetze.

Auf einen ebenso einfachen wie einprägsamen Nenner bringt es Apple-CEO Tim Cook. Ethische Leadership erschöpfe sich nicht darin, von wirtschaftskriminellen Handlungen abzusehen. Sie bedeute, nach einem ethischen Kompass zu leben: »Einfach ausgedrückt kommt es darauf an, dass du die Dinge besser hinterlässt, als du sie vorgefunden hast.« Dabei spielten Nachhaltigkeitsfragen eine Rolle, der Umgang mit Mitarbeitern, die Zusammenarbeit mit Geschäftspartnern, der ökologische Fußabdruck von Produkten, die Frage, wofür man sich einsetzt. »Das versuchen wir bei Apple zu tun, so versuche ich, mein Leben zu leben.«[8]

Das edle Anliegen

Ja, exzellente Leader besitzen typischerweise exzellente Kommunikationsfähigkeiten, von der rhetorischen Eloquenz bis zum charismatischen Auftritt. Doch der Kern ihrer Wirkkraft liegt in ihrem Inneren.

Exzellente Leader wissen, was sie wollen. Sie brennen für ein Anliegen, einen Traum, eine Ambition, eine Botschaft.

Gabrielle »Coco« Chanel wollte mit ihrer revolutionär schlichten Mode Frauen aus den Korsetts befreien und schrieb damit Modegeschichte. Martin Luther King wollte die Abschaffung der Rassentrennung in den USA. Steve Jobs war so besessen von dem Wunsch, revolutionäre, unglaubliche Technologieprodukte zu erschaffen, dass seine Kollegen seinen Antrieb »The Noble Cause« nannten: das edle Anliegen.

Die meisten Menschen kennen ein solches allumfassendes Anliegen nicht. Viele können nicht einmal im Kleinen formulieren, wofür sie eigentlich sind. Zu informellen Leadern steigen dann diejenigen auf, die mit ihren Ideen zwar vielleicht nicht die Welt aufrütteln, aber lange vor einem Meeting oder einer Verhandlung klare Zielvorstellungen entwickelt haben. Während die anderen sich erst die Köpfe heißreden, haben die Vorausdenker die Pros und Contras im Vorfeld längst bedacht. Sie haben eine Vorstellung entwickelt, was anliegt, welche Möglichkeiten es gibt, wie eine Technologie eingesetzt werden soll, mit welchen Argumenten sie ihre Gesprächspartner bewegen können. Entsprechend klar positioniert treten sie auf, entsprechend bereitwillig schließen sich Ideenlose oder weniger gut Informierte ihren Vorschlägen an.

Wenn formelle und informelle Leader Menschen in Bewegung bringen, liegt das an einer Stärke: Sie haben einen Standpunkt, eine Idee, eine Vision entwickelt, wenn andere noch zaudern und eiern. Damit transportieren sie eine Klarheit, die in der VUKA-Welt doppelt anziehend wirkt: Je komplexer die Themen, je vielfältiger die Möglichkeiten, je ungewisser der Erfolg, desto attraktiver wirken Ziele und Botschaften, die Orientierung geben. Erst recht, wenn eine Idee nicht irgendeine Notlösung ist, sondern eine spürbar große Sache.

Heute lehrt uns die Elbphilharmonie das Staunen. Doch was viele nicht wissen: Eigentlich wollte die Stadt Hamburg an gleicher Stelle einen Bürokomplex namens MediaCityPort bauen. Dass es anders kam, verdanken wir der Vision von Alexander Gérard und Jana Marko. In einer privaten Initiative stellte das Hamburger Architektenpaar 2001 dem Hamburger Senat die Idee vor, am spektakulärsten Platz der Hafencity ein Konzerthaus zu bauen. Der Senat reagierte verhalten, doch Marko und Gérard hielten an ihrem Anliegen fest. Sie mobilisierten Unterstützer und beauftragten die Basler Architekturikonen Herzog & de Meuron. Deren Entwurf, eine gläserne Welle auf den alten Kaispeicher zu setzen, elektrisierte. Im November 2016 wurde die Vision von Gérard und Marko Wirklichkeit.[9]

Es sind Vorbilder, Visionen, Leidenschaften, nicht schöne Worte, die Menschen bewegen und alltägliche und fundamentale Veränderungen anstoßen. Ob es darum geht, Akzeptanz für ein Konzerthaus zu schaffen, die Schulpraktikantin für eine Ausbildung im Betrieb zu begeistern oder weltweit Menschen für die Stärkung von Frauenrechten zu sensibilisieren, immer ist es das innere Anliegen eines Leaders oder einer Leaderin, das andere beseelt, das Gleiche zu wollen, am gleichen Strang zu ziehen, sich für eine Sache einzusetzen.

Das persönliche Sendungsbewusstsein kann klein oder groß, unscheinbar oder weltverändernd sein. Er kann im Mittelpunkt des öffentlichen Interesses ausgelebt werden oder im Verborgenen. Es kann darum gehen, ein Unternehmen auf einen neuen Kurs zu führen, Kindern zu helfen, Minderheiten mehr Geltung zu verschaffen, die Region voranzubringen, zukunftsweisenden Technologien die Tür zu öffnen, komplexe Zusammenhänge verständlich zu erklären, Menschen zu verbinden, etwas neu zu initiieren, skeptische Kollegen mit an Bord zu holen oder einfach das berufliche oder private Umfeld mit einer Stimmung der Zuversicht zu beflügeln. Nur um Geld und Status geht es dabei nicht, jedenfalls nicht vordergründig. Beides kann aber aus der Übernahme von Leadership resultieren.

»Ich möchte dabei helfen, das wissenschaftliche Denken in Politik und Gesellschaft zu verankern«, so definiert die Chemikerin Mai Thi Nguyen-Kim ihr Anliegen. Nach der Promotion startete die 33-jährige Wissenschaftlerin, die in Mainz, am MIT und in Harvard studierte, »mehr oder weniger aus Spaß an der Freude« ihren ersten Wissenschaftskanal auf YouTube. Dessen Beliebtheit zog die Aufmerksamkeit von ARD und ZDF auf sich und Nguyen-Kim erhielt die Möglichkeit, den inzwischen hocherfolgreichen YouTube-Kanal Mailab aufzubauen und das WDR-Wissensmagazin *Quarks* zu moderieren. Im Herbst 2020 wurde sie für ihre Aufklärungsarbeit in der Corona-Pandemie mit dem Verdienstorden der Bundesrepublik Deutschland ausgezeichnet.[10]

Leaderinnen und Leader bewegen mit ihren Leidenschaften und Fähigkeiten. Ihre Anziehungskraft lebt von einem starken, attraktiven Anliegen, in dem sich andere wiederfinden. Manchmal kann das ein einzelnes Gegenüber sein. Das ist zum Beispiel der Fall, wenn eine angehende Handwerksmeisterin eine Schülerin beim Schulpraktikum so beeindruckt, dass diese nach dem Realschulabschluss unbedingt selbst Heizungsinstallateurin werden möchte. In anderen Fällen kann das, was als Anliegen einer einzelnen Person seinen Ausgang nahm, das Denken und Handeln von Tausenden und Millionen von Menschen transformieren: Mai Thi Nguyen-Kim motiviert eine Millionengemeinde von Followern, sich mit wissenschaftlichen Fragen zu beschäftigen. Microsoft-Chef Satya Nadella spornt fast 150 000 Mitarbeiterinnen und Mitarbeiter an, ihr Unternehmen von Grund auf neu zu erfinden, ein Fortschritt, der sich in Umsatzsprüngen niederschlägt. Alexander Gérard und Jana Marko brachten fast im Alleingang einen Kulturbau auf den Weg, der eine Stadt aufleuchten lässt und die ganze Welt fasziniert.

Ob im kleinen oder großen Stil, am Anfang von Leadership steht das Anliegen.

Es ist die Grundlage von allem, was folgt und untrennbar und unnachahmlich mit dem Wesen des Menschen verbunden, von dessen Herzen es kommt. Aber ja, wenn die Welt davon erfahren soll, will es exzellent kommuniziert sein. Anderenfalls befähigt unser Anliegen zwar uns selbst zu großen Anstrengungen und herausragenden Leistungen. Größere Kreise zieht es ohne eine gehirngerechte, positive Kommunikation allerdings nicht.

Vertrauen fußt auf Konsistenz

Leadership findet überall statt: im Meeting, in der Cafeteria, am Küchentisch, beim Neujahrsempfang, am Messestand, im Kundengespräch, auf dem Weg zur Straßenbahn. Wann immer wir mit Menschen beisammen sind, haben wir die Gelegenheit, Ideen zu platzieren, durch unser Beispiel zu wirken und Veränderungen anzustoßen. Das muss nicht mit der Penetranz des römischen Politikers Marcus Porcius Cato geschehen. Er kommunizierte sein Anliegen so konsequent, dass es Geschichtsinteressierten noch nach über zweitausend Jahren in den Ohren klingt: »Im Übrigen bin ich der Meinung, dass Karthago zerstört werden muss.« Angeblich hat Cato jede seiner Reden im römischen Senat mit genau diesem Satz beendet, unabhängig davon, welches Thema auf der Tagesordnung stand. Der Erfolg gab Cato recht. So fragwürdig sein Anliegen war, bis heute können wir uns von ihm abschauen: Eine durchgängige, eingängige Botschaft zieht.

Äußert sich jemand dagegen heute zu diesem, morgen zu jenem, mag er oder sie höchst kompetent sein. Aus Kommunikationssicht betrachtet verhält sich Vielseitigkeit zu Wiedererkennung allerdings wie ein Allerweltskaufhaus zu einem Spezialgeschäft für Edles: Das eine wirkt beliebig, das andere speziell. Nach diesem Prinzip erörtern wir die Covid-19-Lage zwar auch gern beim Check-up mit der Hausärztin. Erste Anlaufstelle und letzte Instanz in Sachen Pandemie ist und bleibt aber doch der Podcast von Christian Drosten, der seit Monaten zum gleichen Thema auf Sendung ist.

Bekanntheit, Gefolgschaft und Idealisierung erreichen Menschen, die sich nicht nur kompetent, sondern auch regelmäßig zu einem Thema äußern.

Der literarische Erfolg der Krimi-Autorin Donna Leon, deren Name untrennbar mit Venedig verbunden ist, fußt auf Wiedererkennbarkeit. Gleiches gilt für die globale Führungsrolle von Melinda Gates, die den Begriff *equality* wie ein Mantra im Mund führt. Ob sie sich über Frauenrechte, die Verteilung von Impfstoffen, gerechte Bezahlung oder über ihr Vorbild Ruth Bader Ginsberg äußert, *equality* durchzieht ihre Reden, Posts und Interviews wie ein Leitmotiv eine Wagner-Oper.

Den Grund für die Wirkmacht von Wiederholungen hat die US-Psychologin Kimberlee Weaver vom Institute for Social Research an der Universität Michigan erforscht.[11] In einer Studie mit tausend Studierenden wies sie nach: Ein Gedanke leuchtet um so mehr ein, je öfter man ihn hört. Interessanterweise spielt es dabei keine Rolle, ob diese Idee von vielen vertreten wird oder ob man sie immer wieder von der gleichen Person zu hören bekommt. So oder so bleibt eine vielfach gehörte Botschaft im Gedächtnis haften. Sie wird uns gewohnt und selbstverständlich. Daraus entsteht Vertrauen – die wohl wichtigste Währung, wenn es um Leadership geht.[12]

Die exzellentesten und bekanntesten Leader ziehen daraus die Konsequenz: Sie variieren eine verheißungsvolle, eingängige Botschaft auf allen Kanälen, bezogen auf die unterschiedlichsten Kontexte. Dass bestimmte Schlüsselworte und Grundgedanken ihre Aussagen wie ein roter Faden durchziehen, ist gewollt: Mit positiven, großen und verheißungsvollen Worten geben sie ihre Vision an andere Menschen weiter.

Die Worte Empathie, Lernen und Innovation gehören zu den Buzzwords der Digitalisierung. Doch keiner nimmt sie so glaubwürdig, weil konsistent und unterfüttert von der eigenen persönlichen Geschichte, für sich in Anspruch wie Satya Nadella. Nicht nur spricht und schreibt Nadella unermüdlich über seine Anliegen. Er verkörpert sie auch. Alles, was er tut und sagt, kündet von den Werten, für die er steht – angefangen von seinem Aussehen, das fast filmhaft dem des empathischen Inspirators entspricht, bis hin zu seinem Eintreten für Toleranz und Mitgefühl auch auf politischer Ebene. Der Microsoft-CEO erreicht damit für sich und das Unternehmen, das er leitet, eine starke Positionierung. Weil er klare, konzentrierte Botschaften aussendet, tragen Medien und Multiplikatoren sie genauso klar und konzentriert weiter.

Vielleicht halten Sie das Herumreiten auf den immer gleichen Themen und Worten für ermüdend und wiederkehrende Botschaften für verkürzt. Vielleicht wollen Sie sich nicht auf ein Gebiet festlegen lassen und lieber auf unterschiedlichen Feldern tätig sein. Ihrer fachlichen und persönlichen Exzellenz muss diese Vorliebe keinen Abbruch tun. Leadership und damit bedeutsame Veränderungen können Sie allerdings nur erreichen, wenn Sie auch andere Menschen berühren und bewegen. Das setzt voraus, dass andere klar einordnen können, wofür Sie eintreten.

Im Grunde ist es wie auf Instagram: Follower müssen auf einen Blick einschätzen können, was ein Account zu bieten hat. Die besten Kanäle sind deshalb nicht beliebig mit Bildern befüllt, so gelungen jedes für sich sein mag. Stattdessen werden immer wieder ähnliche Sujets variiert. Mit Filtern, Bildausschnitten und Farben wird ein Look etabliert, der bei den Followern für Wiedererkennung sorgt.

Die bekanntesten Leader wählen einen ähnlichen Weg. Entweder haben sie es geschafft, dass sie mit einem eindeutigen inhaltlichen Anliegen assoziiert werden. Das ist das Modell Drosten, Thunberg, Kondo, Kachelmann. Der Virologe. Die Klimaschützerin. Die Aufräum-Expertin. Der Wetterpapst. Auch der alte Cato wäre zu dieser Gruppe zu rechnen. Das Rangeln der Virologinnen und Virologen um die Deutungshoheit in Sachen Pandemie zeigt aber:

Nur eine*r kann als Gesicht einer wie auch immer gearteten Fachrichtung wahrgenommen werden.

Es gibt aber noch eine zweite Möglichkeit: Eine klare Positionierung kann sich auch aus Haltungen, Leidenschaften und Werten ergeben. Das ist das Modell von Satya Nadella, der Gates, der Obamas. Zu welchem Thema sie sich auch äußern, sie bieten Menschen Orientierung für eine bessere, gerechtere, anständigere Welt. Sie weiten unseren Blick, Zusammenleben neu zu denken. Sie vermitteln uns eine Vorstellung, was möglich ist, wenn Werte regieren statt unreflektierter Impulse.

Donald Trump wurde mit Covid-19 diagnostiziert, und die ganze Welt feixte. Ein Tweet von Barack Obama ragte heraus: »Michelle and I hope that the President, First Lady, and all those affected by the coronavirus around the country are getting the care they need and are on the path to a speedy recovery.«[13] Inmitten der Häme tut Barack Obama, was er am besten kann: Vorbild sein, wie man auch Gegnern und Feinden gegenüber menschliche Größe zeigt.

Wie Wunschdenken zum Gamechanger wird

Aus dem Sport wissen wir: Sportlerinnen und Sportler erzielen einen Trainingseffekt durch mentale Stimulation. Sie optimieren ihre Leistung, indem sie zusätzlich zum körperlichen Training Bewegungsabläufe auch geistig wieder und wieder abspulen. Sie sehen sich, wie sie die komplizierte Asana-Folge meistern, den Elfmeter schießen, den Putt lochen, den Pokal in den Händen halten.

Women's British Open 2020. Am Beginn der Schlussrunde liegt Sophia Popov, damals die Nummer 304 der Golf-Weltrangliste, mit drei Schlägen in Führung. Dann verzieht sie am ersten Loch den Abschlag und startet mit einem Bogey. In einem *Forbes*-Interview erzählt sie, mit welcher Art von Selbstgespräch sie sich nach dem Patzer stabilisierte: »Ich weiß, dass ich nervös bin. Ich wollte so nicht starten. Aber ich habe mir wirklich eine gute Chance gegeben, das erste Loch Par zu spielen. Der Schlag aufs Grün war gut. Ich habe gut geputtet. Der Putt lief fast ins Loch. Ich habe alle Tools, die ich brauche, um heute zu gewinnen.«[14] Nach dem misslungenen ersten Loch legt Popov eine souveräne Finalrunde hin und geht als erste deutsche Major-Siegerin vom Platz.

Im Sport hat sich herumgesprochen: Das mentale Training ist nur sinnvoll, wenn gelingende Bewegungsabläufe und sportliche Erfolge visualisiert werden. Entsprechend reden auch Trainer in der Kabine oder der Coach an der Bande viel davon, wo es hingehen soll, und weniger davon, was auf keinen Fall passieren darf. Im wahren Leben sind wir noch immer nicht ganz so weit. Wir sind groß im Analysieren, stark darin, Risiken zu erkennen, geübt, Probleme zu identifizieren. Wir wissen, was uns drohen kann, was noch fehlt, wo etwas zu kurz greift. Bei vielen, auch bei mir, lösen positives Denken und eine positive Wortwahl eher Misstrauen aus als Mitgerissenheit.

Gelungenes im großen Stil zu würdigen, ist uns fremd. Dinge schönzureden, gilt als heuchlerisch.

Deutsche Zurückhaltung und Rationalität haben eine lange Tradition. Sie sind auch in Menschen, die in Führung gehen, tief verwurzelt. Drücken Leaderinnen und Leader mehr Stolz, Begeisterung und Zuversicht aus als hierzulande üblich, stößt der Ton auf ähnlich viel Unmut wie das Denglisch von Managerinnen und Managern, die beim Get-together am Ende des Tages socialisen. Eine stellvertretende Schulleiterin, die daran verzweifelt, wie sie im Corona-Winter mit viel zu wenig Lehrern einen geregelten Unterricht sicherstellen soll, formuliert, wie viele denken: »Die Schulen stehen vor einem strukturellen Lehrermangel, und meine Chefin redet von einer spannenden Situation.« Je größer die Herausforderungen sind, desto mehr Fingerspitzengefühl erfordert es, Menschen mit positiven Vorstellungen den Weg zu weisen. Wer sich dafür entscheidet, braucht eine neue Sprache. Allerdings erlernt man sie genauso wenig von heute auf morgen wie Spanisch oder Suaheli.

In Deutschland haben wir eine ungeschminkte Redeweise verinnerlicht: »Unsere Daten zeigen: 30 Prozent unserer Klienten würden uns aktuell nicht weiterempfehlen. Das müssen wir besser machen, da haben wir deutlich Luft nach oben.« Sprechmuster wie diese sitzen tief im Gehirn. Vielen kommen positivere Formulierungen deshalb weder leicht in den Sinn noch authentisch über die Lippen: »70 Prozent unserer Klienten würden uns aktuell weiterempfehlen. Das ist ein gigantisches Ergebnis, und Sie alle haben Ihren Anteil daran. Unsere Klienten schätzen Sie besonders für Ihre Analysequalität und operative Bodenhaftung. Diesen Vorsprung möchte ich mit Ihnen ausbauen. Dafür möchte ich in den nächsten Wochen Ihre Ideen hören.«

Falls Sie jetzt denken, die Leader-Sprechweise rede das Problem schön, bedeutet das nicht, dass sie verfehlt ist. Sie klingt nur unvertraut. Wir sind daran gewöhnt, auf direktem Weg eine Verbesserung herbeizuführen und auszusprechen, was uns auf der Seele liegt. Leider lassen wir dabei außer Acht: Wenn wir über Mängel und Schwächen reden, heben wir beim Gegenüber ausgerechnet das ins Bewusstsein, was vermieden werden soll. Negativ besetzte Worte aktivieren ungute Assoziationen. Schlecht geredete Zahlen triggern Alarmsignale. Erinnerungen ploppen auf an all die Male, wo man sich kritisiert oder ungerecht behandelt sah. Unbehagen macht sich breit – ein Unbehagen, das auf die Person des Sprechers abstrahlt. Reflektiert man die Wirkung negativer Aussagen, bleibt eigentlich nur ein Vorteil: Sie sind den Angesprochenen vertraut. Aber das sind graue Nieseltage auch. Trotzdem fühlt sich niemand davon beflügelt.

Eine bewusst zuversichtliche Darstellung der Verhältnisse bewirkt das Gegenteil: Sie lenkt den Blick auf bereits Erreichtes oder den positiven Zwischenstand. Glückshormone wie Dopamin und Serotonin werden aktiviert. Das Gehirn wird auf Freude, Optimismus und Wohlbefinden programmiert. Die Bereitschaft wächst, sich auf fremde Perspektiven einzulassen und innovative Ideen zu entwickeln. Dennoch bleibt die Frage: Veranlasst eine positive Sprache die Angesprochenen nicht, sich auf ihren Lorbeeren auszuruhen? Ich gebe zu: Das kann passieren. Sehen wir es aber einmal andersherum:

Mit positiven Visionen und Gefühlen zeichnen Leaderinnen und Leader ein klares Bild dessen, was ihnen vorschwebt. Ihre Gesprächspartner lesen daraus ab, was erwartet und geschätzt wird.

Optimistische, dankbare, wertschätzende Worte geben Orientierung. Sie machen Mut und steigern die Erfolgsgewissheit. Eine Studie an der Harvard Business School lässt erkennen, in welchem Ausmaß Anerkennung Menschen zu höheren Leistungen anspornt. In der Studie erhielten die Teilnehmer die Aufgabe, kognitive Leistungstests zu lösen. Die Hälfte von ihnen hatte vor dem Test eine E-Mail von Freunden oder Verwandten bekommen, in der diese einen großen, erfolgreichen Augenblick im Leben des Probanden oder der Probandin beschrieben. Das Ergebnis:

Die solchermaßen gestärkten Teilnehmer arbeiteten durchwegs kreativer und weniger gestresst als die Kontrollgruppe. Beispielsweise schafften es 50 Prozent von ihnen, das Kerzenproblem zu lösen. Dabei geht es darum, eine Möglichkeit zu ersinnen, eine brennende Kerze mithilfe einer Schachtel mit Reißnägeln so an einer Holzwand zu befestigen, dass sie nicht tropft. In der Kontrollgruppe gelang das Gleiche nur 20 Prozent der Teilnehmer.[15] Die Zahlen illustrieren, welchen Unterschied es macht, wenn Menschen gedanklich auf Exzellenz und Wachstum gepolt werden. So gesehen ist eine positive Kommunikation für Leaderinnen und Leader eines der besten Werkzeuge, damit aus Wunschdenken Wirklichkeit wird.

Die Sprache der Leadership

»Die Sprache der Leadership zu lernen, kommt einer kompletten Typveränderung gleich«, sagt die kalifornische Topmanagementberaterin Sylvia Lafair.[16] Nur wer bereit ist, sich weiterzuentwickeln, findet den Weg von der vertrauten »weg von«-motivierten Sprache hin zu einer »hin zu«-motivierten Ausdrucksweise. Es braucht Offenheit und viele Experimente, die Aufmerksamkeit gedanklich und verbal auf die Szenarien zu richten, die man erreichen möchte. Auf dem Weg dorthin verändern Sie nicht nur Ihre Sprachmuster, Sie entwickeln die wohl wichtigste Leader-Qualität überhaupt: Menschen zu motivieren und mitzunehmen. Die Größe dieses Paradigmenwechsels verdeutlicht ein Satz des 26. amerikanischen Präsidenten Theodore Roosevelt: »Ein Leader schreitet voran, ein Boss treibt von hinten an.« Begeistern statt belohnen, befähigen statt bedrohen, überzeugen statt überwachen – Leaderinnen und Leader setzen auf das menschliche Bedürfnis nach Verbundenheit und Wachstum, nach spannenden Aufgaben und gemeinsamen Erfolgen. Diese acht Sprechweisen sind typisch für die Sprache der Leadership:

1 Wertschätzend. Leader leben ein Kommunikationsklima der Wertschätzung und des Respekts vor: Sie bedanken sich oft und auch für vermeintliche Kleinigkeiten, lassen jeden zu Wort kommen, holen die Meinung aller ein und hören mit allen Anzeichen der Aufmerksamkeit zu. Niemals nehmen sie einen Erfolg für sich allein in Anspruch, sie erkennen die Beiträge anderer an, benennen Mitstreiter namentlich und heben sie heraus.

In diesen Worten würdigte der Träger des Physiknobelpreises Reinhard Genzel die Bedeutung und das Können seines Forschungsteams am Max-Planck-Institut für extraterrestrische Physik: »Es war dieser Verbund, der unsere Forschungsergebnisse möglich gemacht hat. Ich nenne sie mein Champions-League-Team. Da sind Leute, die sind so gut, dass sie in jeder Uni in jedem Land sofort Professor werden könnten.«[17]

2 Nahbar. Menschen folgen Menschen, mit denen sie sich identifizieren können. Exzellente Leader lassen deshalb Persönlichkeit durchschimmern und präsentieren sich als Mensch wie du und ich. Dabei geht es nicht darum, einen abgehobenen Geschmack zu zeigen. Verbindender sind Vorlieben und Leidenschaften, mit denen jeder etwas anfangen kann.

Die Topmanagerin Simone Menne fungiert als Aufsichtsrätin unter anderem bei BMW, Deutsche Post DHL und Henkel. In einem Interview über Manager im Homeoffice erwähnte sie, dass sie gerade für ihre Mutter einen Hefezopf backt. Kurz danach will der *Tagesspiegel* wissen, ob sie schon mit vierzig so viel über sich preisgegeben hätte. Die Antwort verrät, wie sich die Zeiten und unsere Art zu kommunizieren ändern: »Wahrscheinlich hätte ich gesagt, es ist mir sehr wichtig, dass ich mich um meine Mutter kümmern kann, aber den Hefezopf rausgelassen. Dabei backe ich den seit Jahrzehnten, immer. Ich stricke im Übrigen auch gerne, was mir keiner zutraut.«[18]

3 Konkret. Ob in der Wirtschaft oder in der Politik, Leader sprechen und schreiben einfach und gehirngerecht. Weder verschwurbeln sie ihre Aussagen mit Worthülsen und Sprechblasen noch blähen sie sich mit großen Worten auf.

Direkt und persönlich – so formulierte Hillary Clinton ihr Wünsche an den Abschlussjahrgang 2020 des Wellesley College, an dem sie auch selbst studiert hatte: »Zum Schluss gebe ich euch noch ein paar praktische Ratschläge mit: Gute Freunde tragen euch durch die schlechtesten Zeiten, also haltet den Kontakt. Vergesst nie, euch schriftlich zu bedanken. Lernt, wie man einen Knopf annäht. Checkt die Quelle von allem, was ihr lest oder teilt. Wählt bei jeder einzelnen Wahl, nicht nur bei Präsidentenwahlen. Glaubt an die Wissenschaft, Impfungen eingeschlossen. Wascht euch die Hände. Und wenn alles andere nicht hilft, versucht es mit Meditieren oder wechselseitigem Nasenatmen. Das habe ich vor den drei Duellen mit Donald Trump getan, und ihr könnt mir glauben, es ist eine gute Technik, mit Stress umzugehen. Ernsthaft – googelt es.«[19]

4 Verheißungsvoll. Leader malen ihre Vision von der Zukunft in schönen, satten Farben aus. Dafür verwenden sie anschauliche, ermutigende Sprachbilder, die das Kino im Kopf aktivieren. In unseren Ohren klingt das manchmal pathetisch. Doch es gibt Situationen, in denen nüchterne Worte zu blass bleiben, um Menschen mitzunehmen.

Angela Merkel war nie eine Frau der großen Worte. Vor dem Corona-Winter, als es um den freiwilligen Verzicht jedes Einzelnen ging, zeigte sie sich bei einer Rede im Bundestag so hoffnungsvoll wie selten davor: »Ich bin sicher, das Leben, wie wir es kannten, wird zurückkehren. Die Familien werden wieder feiern, die Clubs und Theater und Fußballstadien wieder voll sein. Was für eine Freude wird das sein!«[20]

5 Reflektiert. Leader reden nicht einfach, wie ihnen der Schnabel gewachsen ist. Sie wissen, dass ihre Äußerungen die Wahrnehmung von Realität formen und Werte und Emotionen transportieren. Sie denken nach, mit welchen Formulierungen sie eine Absicht am besten verwirklichen können. Dafür brauchen sie geistige Beweglichkeit – und mehr gedankliche Vorarbeit, als die meisten auf sich nehmen wollen.

6 Chancenorientiert. Leader sind weder blauäugig noch Zweckoptimisten. Sie sehen Probleme und beschäftigen sich damit, was alles schiefgehen kann. Doch sie beherrschen die Kunst, schnell aus der Problemschleife herauszufinden, eine produktive Stimmung zu gestalten und den Blick auf das zu lenken, was selbst in schwierigen Zeiten möglich ist.«[21]

Kurz vor ihrer Premiere bei den Salzburger Festspielen wurde die Dirigentin Joana Mallwitz gefragt, wie es sich anfühle, unter Corona-Bedingungen in Salzburg zu debütieren. In ihrer Antwort umreißt sie in einem Satz das Problem: »Es geht gerade vor allem darum, dass mit Blick auf Corona wirklich nichts passieren darf.« Dann folgt der Schwenk: »Trotzdem überwiegt die Freude darüber, dass es überhaupt stattfindet. Alle, auch das Publikum, bewegt doch das Gefühl: endlich wieder Mozart und Strauss! Es wird endlich wieder Live-Musik gemacht und nicht, wenn auch zwangsweise, das Internet überschwemmt. Wir feiern es, dass wieder gespielt wird.«[22]

7 Wahrhaft. Menschen, die die Unwahrheit sagen, sich herausreden oder Fake News verbreiten, können reich und mächtig sein. Zur Riege der exzellenten Leader gehören sie nicht. Wegweiser inspirieren andere durch ihr Vorbild zu Integrität und Aufrichtigkeit. Fehler, auch die eigenen, werden kommuniziert und ohne Vorwürfe transparent analysiert, um sie künftig zu vermeiden. Gesprächspartner können sich darauf verlassen, dass sie korrekt und vollständig die Informationen erhalten, die sie brauchen, um ihre Arbeit zu machen.

8 Implizit. Leaderinnen und Leader vermitteln Botschaften nicht nur mit Zahlen, Fakten und Appellen. Besonders wirksam erlangen sie Verständnis und Verhaltensänderung mit wahren und persönlich erlebten Geschichten. Mit Storytelling vermitteln sie komplexe Wahrheit, leiten Denkprozesse ein und bringen andere zum Nachdenken und ins Handeln.

Die amerikanische Präsidentenwahl ist entschieden. Doch Donald Trump widersetzt sich der Übergabe der Amtsgeschäfte, zu der traditionell auch die Einladung der neuen Präsidentenfamilie ins Weiße Haus gehört. In dieser Phase postet Jenna Bush Hager, die Tochter des 43. Präsidenten George W. Bush, auf Instagram drei Fotos, wie sie, ihre Mutter und ihre Schwester auf den Tag genau vor zwölf Jahren den kleinen Töchtern des damals hereinkommenden Präsidenten Barack Obama das Weiße Haus gezeigt haben – »die besten Verstecke, das Kino und die Kegelbahn«. Und die Zimmer, die bald ihre sein würden.[23] Was wie eine sentimentale Erinnerung wirkt, lädt über eine Million Follower ein, den Vergleich zur aktuellen Situation anzustellen und daraus ihre Schlussfolgerungen zu ziehen. Zwei Wochen später haben über 300 000 Menschen den Beitrag gelikt, fast 10 000 haben ihn kommentiert.

9 Überraschend anders. Für die einen ist es ein Schokoriegel, für die anderen die längste Praline der Welt. Der Werbeslogan für duplo-Schokoriegel macht vor, wie unterschiedlich sich ein und dieselbe Sache betrachten lässt. Auch in der Leadership-Kommunikation spielen Reframing-Methoden eine Rolle: Kommuniziert wird, was Menschen befähigt, nicht, was sie beunruhigt. Auf diese Weise lassen sich selbst unpopuläre Notwendigkeiten zum spannenden Wettkampf umdeuten.

Die Chemikerin Mai Thi Nguyen-Kim spricht mit ihrem YouTube-Kanal mailab vor allem junge Menschen an. In einem Interview mit Claus Kleber wirft sie im *heute journal* den Gedanken auf, dass man die Corona-Maßnahmen auch als »ermächtigend« wahrnehmen könnte. Sie selbst stelle sich manchmal vor, was das Virus denken würde, wenn es denken könnte. Das wäre dann so etwas wie: »Die sind hedonistisch veranlagt, die gehen gerne feiern. Besser kann es gar nicht sein!« Die Menschen müssten also dem Virus zeigen, dass es sich den falschen Wirt ausgesucht hat, schließlich sind wir »verdammt gut darin, uns in schwierigen Situationen anzupassen.« »Das verlangt aber Opfer«, wendet Kleber ein. [24] Ja, stimmt. Nur hat sich gezeigt: Es so zu formulieren, löst Reaktanz aus, nicht die Bereitschaft, das Richtige zu tun.

Die Sprache der Leadership beruht darauf, dass wir gedanklich neue Wege finden, unsere Absichten zu verwirklichen. Sie zu erlernen, ist deshalb ein durchaus ehrgeiziges Programm. Topmanagement-Beraterin Sylvia Lafair rechnet, dass es ungefähr drei Monate dauert, bis sich erste Erfolge und Ergebnisse zeigen.

Thought-Leadership: Die Meinung prägen

Wenn ich noch einmal leben könnte, würde ich von Frühlingsbeginn an bis in den Spätherbst hinein barfuß gehen, lautet einer meiner Lieblingssätze. Inzwischen würde ich ihn um ein zweites Vorhaben ergänzen: Wenn ich noch einmal leben könnte, würde ich spätestens im ersten Semester damit beginnen, mir eine exzellente persönliche Online-Präsenz aufzubauen. Nicht nur eine Reputation. Eine Präsenz. Das eine ist gut, das andere reicht weit. Mit beidem zusammen schaffen wir uns eine immer größere, immer namhaftere Bühne, von der aus wir mit unseren Themen, Perspektiven und Werten Menschen, Medien und Meinungsbilder auf der ganzen Welt erreichen können. Das Beste daran ist: Jeder kann sich in den sozialen Medien als Thought-Leader etablieren. Wir brauchen dafür weder eine Spitzenposition noch einen bekannten Namen. Karrieresprünge, Status und Aufträge können aber daraus resultieren.

Alexandria Ocasio-Cortez, Jahrgang 1989, ist die jüngste Abgeordnete im US-amerikanischen Kongress. Als unbekannte Politikerin aus der Bronx und fast ohne Medienunterstützung, dafür aber als bereits damals starke Marke im Netz, schaffte sie es 2019 ins Washingtoner Kapitol. Inzwischen bricht sie online alle Rekorde: Im Herbst 2020 folgen ihr neun Millionen Menschen auf Twitter, über Instagram erreicht sie fast sieben Millionen Follower. Mit ihrer Reichweite überholt AOC selbst die Sprecherin des Repräsentantenhauses Nancy Pelosi. Über die sozialen Medien kann Ocasio-Cortez ihre politische Agenda deutlicher als andere geltend machen und mit vielen, vielen Menschen direkt, ohne Umweg über die Demokratische Partei und die Medien kommunizieren.

Die Digitalisierung rüttelt an der Führungskultur. Große Veränderungen und Innovationen vollziehen sich dort, wo Menschen ihre ganze fachliche und persönliche Exzellenz in die Waagschale werfen. Damit verändern sich die Aufgaben von Führenden. Auf allen Ebenen gilt es, Menschen für Ziele zu begeistern und ihre Fähigkeiten zu entwickeln. Geht es darum, nicht das Letzte, sondern das Beste aus Menschen herauszuholen, helfen Druck, Kontrolle und der Gestus der Macht nicht mehr weiter.

Positionen, Titel und Ämter im klassischen Sinn haben sich damit zwar nicht überlebt. Doch das Talent, das Potenzial von Tausenden, Zehntausenden oder gar Millionen von Followern zu aktivieren, gewinnt an Bedeutung. Wer mit seinen Artikeln, Videos, Podcasts und Kommentaren Menschen ermächtigt und relevante Diskussionen anstößt, qualifiziert sich für interessante Aufträge und höhere Positionen. Zugleich verleiht die eigene, weitreichende Bühne Stärke und Unabhängigkeit. Wir haben es weniger nötig, an einem Job, einem Amt oder einer Karriere zu kleben.

Einen Vorstandsposten kann man verlieren.
Thought-Leadership bleibt.

Die sozialen Medien geben uns die Chance, unser bestes Ich zu sein und andere mit unserem Wissen, unseren Einstellungen, unserem Vorbild zu inspirieren. Wir können Trends setzen, Sinn stiften, Meinungen prägen, Werte vorleben und Nützliches für andere und die Gesellschaft tun. Mit einem konstant hohen Niveau und einer vertrauenswürdigen Expertise tragen Sie Ihre Exzellenz per Social Media in die Welt. Sind Ihre Kunden, Ihre Mitarbeiter, Ihre Community oder die Öffentlichkeit davon angetan, vervielfachen Sie den Einfluss, der in einem rein analogen Leben normalerweise möglich ist.

Es stimmt zwar: Den allergrößten Einfluss auf LinkedIn, Research Gate, YouTube, Twitter, TED und Co. genießen am Ende doch wieder die, die auch im normalen Leben schon höchste Sphären erreicht haben – die Top-CEOs der Welt, Nobelpreisträger, US-Präsidenten oder Spitzenkünstler. Doch exzellente Leadership findet auf allen Ebenen statt. Dabei lässt sich oft schwer sagen, was erst da war: Meinungsführerschaft oder Erfolge im realen Leben in Form von Karriereschritten, Unternehmensgründungen oder Medienbeachtung. Meistens handelt es sich um eine Verzahnung aus beidem.

Die Diplom-Psychologin Eva Wlodarek gibt auf ihrem YouTube-Kanal Dr. Wlodarek Life Coaching Antworten zu psychologischen Alltagsfragen und erreicht damit bis weit über 100 000 Aufrufe pro Folge.[25] Der Mathelehrer und Rektor einer Oberschule in Niedersachsen Kai Schmidt erklärt seit einigen Jahren auf YouTube Prozentrechnen und Parabeln. Auf seinem Lernkanal folgen ihm im Sommer 500 000 Abonnenten, knapp 60 Millionen Menschen haben sich ein Video von ihm angesehen. [26] Die Verlegerin Katarzyna (Kasia) Mol-Wolf stößt auf LinkedIn eine überfällige Debatte gegen das Wort Rabenmutter an und wurde dafür als eine von 25 Top Voices 2019 in Deutschland, Österreich und der Schweiz ausgezeichnet.[27]

Unser Einfluss in den sozialen Medien kann groß, immens und gesellschaftsbildend sein, und es liegt an uns, was wir daraus machen. Denn in den sozialen Medien steuern wir unser Narrativ komplett. Meinungspräger mit Format geben ihr Bestes: ihr Wissen, ihre Werte, ihre Ermutigung. Es ist aber auch niemandem verwehrt, mit Unfug, Fake News und gefährlichen Parolen zu emotionalisieren. Die Informationsmacht im Netz ist fast absolut.

Vor allem Thought-Leader tragen deshalb eine enorme Verantwortung. Denn von allen Akteuren im Netz traut man ihnen am meisten zu. Zwar sind die Übergänge zwischen Influencern, Experten und Meinungsführern fließend. Doch es gibt Unterschiede: Wie niemand sonst verbinden Thought-Leader hohe und höchste Kompetenz mit hoher und höchster Reichweite. Influencer reichen ihnen zwar bei den Follower-Zahlen das Wasser, beschäftigen sich aber mit vergleichsweise flachen Themen. Bei Experten ist es umgekehrt: Sie befassen sich mit komplexen Fach- und Spezialthemen, erreichen aber eine kleinere Anhängerschaft.[28]

Die Kombination aus hoher Reputation und hoher Reichweite verleiht Thought-Leadern eine hohe Autorität.

Mit ihrer persönlichen Exzellenz bringen sie Menschen dazu, über Themen nachzudenken, sich für eine bessere Zukunft einzusetzen, ihr Potenzial zu entfalten, mehr Zeit und Mühe zu investieren, sich als wesentlichen Teil einer gemeinsamen Anstrengung zu begreifen. »Schlussendlich hat Leadership nichts mit persönlichem Glanz und Gloria zu tun«, resümiert der Astronaut und ISS-Kommandant Chris Hadfield. »Es geht darum, das Fundament für den Erfolg anderer zu legen, und dann zurückzutreten und sie glänzen zu lassen.«[29]

Exzellenz-Briefing: 7 Skills in Richtung Leadership-Exzellenz

Was sich mit Beginn der Digitalisierung bereits anbahnte, wird sich in der Zeit nach Corona verstärken: Orientierung zu geben, erfordert nicht noch mehr Theoriewissen, sondern Inspirations- und Gestaltungskraft. Menschen voranzubringen in einer Welt, in der Durchplanen und Durchregieren so veraltet wirken wie ein MP3-Player, kann man sich deshalb erarbeiten, aber nur bedingt studieren. Es beschleunigt allerdings den Lernprozess, wenn man weiß, wo man ansetzen kann.

1 Kommunizieren wie ein Leader

Kommunikation ist die Leadership-Kompetenz Nummer eins. Dieses Resümé ziehen die Autoren der Studie Deutschland führt?![30] Es erfordert Redekunst und Wortmächtigkeit, Werte zu kommunizieren, Zukunftsvisionen aufzuzeigen oder intellektuelle Anregungen zu geben. Allerdings beschreiten Menschen ungewöhnliche Wege nur, wenn sie Vertrauen empfinden und die Bereitschaft, mitzumachen. Beides erreicht man nur zum Teil durch rhetorische Brillanz. So viel sie auch zählt, liegen die wahren Vertrauenstreiber in eigentlich selbstverständlichen Verhaltensweisen: Dank, Unterstützung, Interesse, gutes Zuhören, ausreden lassen, sich entschuldigen. Formulierungen wie die folgenden binden Menschen ein und erkennen sie an: Was meinen *Sie*? – Wie weit sind wir, eine Lösung zu finden? – Danke für die vielen großartigen Ideen. – Das sind sensationelle Ergebnisse. Was können wir noch tun, um eure Arbeit zu unterstützen? – Sie merken, in welche Richtung diese Sätze weisen: Exzellente Leader geben Menschen das Gefühl, gefragt, geschätzt und gehört zu werden.

2 Walk the walk

Abgasskandal, falsch deklarierte Parteispenden, Steuerhinterziehung, cholerische Anfälle, verschwenderischer Umgang mit öffentlichen Geldern. Menschen in Spitzenpositionen neigen dazu, sich mehr herauszunehmen als andere, und sind sich dessen oft nicht einmal bewusst.[31] Allen Compliance-Regeln zum Trotz gibt es sie noch, die Personengruppen, die Wasser predigen und Wein trinken. Exzellente Leader wählen den entgegengesetzten Weg: Sie verkörpern ihre persönlichen Werte und leben vor, was sie von anderen erwarten. »Ein Leader ist jemand, der den Weg kennt, den Weg geht und den Weg weist«, sagt der US-amerikanische Managementberater und Bestsellerautor John Maxwell. Eine einfache Formel. Wer sie mit Leben erfüllt, legt den Grundstein für Arbeitsbeziehungen, in denen Menschen ihr Bestes leisten können.

3 Positive Energie verbreiten

Nein, exzellente Leader müssen keine Stimmungskanonen sein. Sie geben aber wie Dirigenten den Ton an. Ihre Handlungen und ihre Gestimmtheit werden beobachtet, bewertet und nachgeahmt. Leaderinnen und Leader setzen den Maßstab. Ihre Einstellungen und Verhaltensweisen sind das Modell, an dem sich andere orientieren. Wenn Sie bei allem, was Sie sagen und tun, Freude, Mut und Zuversicht ausstrahlen, ermutigen Sie Ihre Umwelt, sich ebenso zu verhalten und über eigene Ängste und Widerstände hinauszuwachsen. Eine einmalige Motivationsrede bewirkt keinen vergleichbaren Effekt. Andere als Mitstreiter und Mitdenker zu gewinnen, ist das Ergebnis vieler kleiner vertrauensbildender Gesten und für sich allein unscheinbarer Aktivitäten.

4 Für das Richtige eintreten

Exzellente Leader setzen Standards für einen konstruktiven Austausch und ethische Integrität. Sie übernehmen die Verantwortung nicht nur für ihr eigenes Verhalten, sondern auch für das ihrer Mitarbeiter und

Follower. Dazu gehört es auch, schon kleine Missstände und Grenzüberschreitungen zu korrigieren. Versucht zum Beispiel jemand, sich auf Kosten einer Kollegin zu profilieren, greifen Sie ein: »Gut, dass du darauf zurückkommst, Lisa. Anna hat das vorhin sehr richtig erkannt. Anna, lass uns an dem Punkt tiefer einsteigen.« Ebenso wichtig wie der spontane Einsatz für ein faires Miteinander sind strukturelle Maßnahmen. Exzellente Leader gestalten Leistungsziele, Erwartungen und Anreizsysteme so, dass Mitarbeiterinnen und Mitarbeiter sich sicher und angespornt fühlen, den ethischen Weg zu wählen.

5 An sich selbst denken

Exzellente Leadership hat eine dienende Seite. Andere intellektuell zu stimulieren, sie an anspruchsvollere Aufgaben heranzuführen und groß zu machen, ist nicht ohne persönliches Risiko. Behalten Sie deshalb bei aller Fürsorge auch Ihre eigene Position im Blick. Die VUKA-Welt braucht Leader, die ein gesundes Gleichgewicht zwischen dem Empowerment anderer und den eigenen Interessen aufrechterhalten. Lassen Sie sich nicht ausnutzen, pflegen Sie Ihre Zugehörigkeit zu Ihrer Community ähnlich erfolgreicher Menschen,[32] stärken Sie die eigene Marke, und bauen Sie in den sozialen Medien eine starke Plattfom als Thought-Leader auf.

6 Absicht und Verhalten trennen

Leaderinnen und Leader sind keine Übermenschen. Sie sind müde, gestresst, gereizt, voreingenommen wie alle anderen auch. Sie wissen aber: *It's showtime.* Sie stehen auf der Bühne. Alle Augen heften sich auf sie, überall, auch in der Kantine, beim Grillfest, auf dem Parkplatz. Deshalb ist es keine Option für sie, ihr Verhalten nach ihren Tageslaunen auszurichten. Ein Ziel mag noch so drängend sein, die Art, wie es erreicht werden soll, sendet möglicherweise das falsche Signal. Suchen Sie in solchen Fällen nach einer passenderen Ausdrucksform, eine Absicht zu verwirklichen. Als Gradmesser für richtig oder falsch dient eine einfache Frage: Möchte ich, dass andere dieses Kommunikationsmuster nachahmen? Fehlt Ihnen im Moment die Entspanntheit, vorbildhaft zu agieren, laden Sie erst Ihre eigenen Batterien auf. Danach setzen Sie Ihr Ziel um.

7 Mit Worten Wirklichkeit schaffen

Das Spitzenpersonal in Politik und Wirtschaft schwört Menschen gern auf Wandel und Veränderungen ein. Häufig kommt in solchen Reden das Neue als bedrohlich und anstrengend daher. Statt Experimentierlust weckt die Botschaft vom Besser-Werden Abwehr und Angst. Wer bricht schon gern aus einer Welt, in der er sich auskennt, in eine Welt auf, von der er nicht weiß, wie sie aussehen und welche Rolle er darin spielen wird? Exzellente Leader gestalten das Narrativ daher anders: Sie setzen auf das, was der Grünen-Vorsitzende Robert Habeck die »konstituierende Funktion« von Sprache nennt, und tun, als wäre die Zukunft bereits da. Mit jedem Gespräch, jeder Videokonferenz und jedem Post signalisieren sie, was sie anerkennen, wofür sie Impulse geben, welche Entwicklungen sie gut finden, welche Verhaltensweisen sie honorieren.

»Ihr geht jeden Tag raus«, postet Hannes Ametsreiter, der CEO von Vodafone Germany, im Corona-Frühjahr 2020. »Für unsere Kundinnen und Kunden. Für unser Unternehmen. Ihr sorgt für die Infrastruktur, die wir gerade so dringend brauchen. Liebes Technik-Team: Ihr seid spitze! Danke!«[33] Für das Technik-Team ist es eine Anerkennung, für den Rest der Belegschaft ein Signal: Das ist die Richtung, in die es gehen soll.

Job, Familie, Freunde: Jeder kann die Zukunft herbeireden, die er sich wünscht. Worte schaffen Wirklichkeit, smoother als es jeder Kick-off kann. Es wirkt, wenn wir mehr über das reden, wo wir hinwollen, und weniger über das, wovon wir wegwollen. In einem unmerklichen Übergang verblasst in den Köpfen das Alte, bekommt das Neue Kontur.

Von der Erfüllung, das Beste zu geben

Der CNN-Anchorman Anderson Cooper spielt in der Exzellenzliga des US-amerikanischen Journalismus. Für seine Sendungen und Reportagen erhielt er ein Dutzend Emmys und Auszeichnungen, unter anderem den höchsten Verdienstorden des Staates Haiti für seine Berichterstattung über das Erdbeben in Port-au-Prince 2010. Im November 2020 moderierte er für CNN fünf Tage am Stück den Auszählungskrimi um die US-Präsidentschaft zwischen Donald Trump und Joe Biden. Allen, die nicht CNN sehen, wurde er spätestens bekannt, als ihm live auf Sendung der Kragen platzte. Der Auslöser: Noch-Amtsinhaber Donald Trump. Der Anlass: dessen unbelegte Behauptungen, es gebe Wahlbetrug.

»Das ist der Präsident der Vereinigten Staaten, das ist die mächtigste Person der Welt«, kommentierte Cooper. »Und wir sehen ihn wie einen übergewichtigen Schildkröterich, der in der heißen Sonne auf dem Rücken liegt und um sich schlägt, weil er realisiert, dass seine Zeit vorbei ist.«[1]

Das saß. Ohne ein Blatt vor den Mund zu nehmen, sprach Cooper aus, was Millionen von Zuschauern dachten. Zwei Tage später nahm er in einem TV-Interview die Form seiner Wortwahl zurück: »Ich sollte sagen, dass ich es bedaure, diese Worte benutzt zu haben, weil das nicht der Mensch ist, der ich wirklich sein will. Es war in der Hitze des Augenblicks, und ich bedaure es.«

Exzellenz ist ein inspirierendes Wort, nicht obwohl, sondern gerade weil es eine Vielzahl von Deutungen und Ausgestaltungen erlaubt. Aristoteles nennt es in einem Atemzug mit Tugendhaftigkeit: dem ethisch richtigen Verhalten, basierend auf dem, was wir täglich tun. Das bedeutet: Wer den Kurs auf Exzellenz stellt, ruht sich nie auf seinen Lorbeeren aus.

Denn ganz gleich, was wir erreicht, geschafft, verwirklicht haben, völlig egal, wie gut oder weit oben wir schon sind, es steckt immer noch mehr in uns. Auch Menschen, die in den Augen der Welt in der Exzellenzliga spielen, sind nicht am Ende ihrer persönlichen Entwicklungsmöglichkeiten angelangt. Wenn Anderson Cooper sich korrigiert, tut er das nicht, weil er gepatzt hat. Das hat er nach normalen Maßstäben nicht, schon gar nicht gegenüber einem Amtsinhaber, der selbst heftig austeilt. Er bedauert sein Verhalten, weil es in der Nachbetrachtung seinem eigenen Exzellenzanspruch nicht genügt. Er wurde seinen persönlichen Werten nicht gerecht. Einen Augenblick lang war er nicht der Mensch, der er sein möchte: ein Mensch, der eine überfällige Wahrheit über einen Menschen formuliert, aber ohne ihn dabei körperlich abzuwerten.

Natürlich macht Coopers Bedauern seine Worte nicht ungeschehen. Von Extraklasse zeugt aber schon wieder der Wille, die Härte auf sich zu nehmen und die Dinge öffentlich geradezurücken. Seine Rücknahme einer überhitzten Formulierung beinhaltet viel von dem, was Exzellenz ausmacht: Selbstreflexion, Souveränität, Biss, Empathie, Agilität, Leadership. Anders als die meisten geht Cooper über einen weniger als exzellenten Augenblick nicht hinweg, sondern entscheidet sich für die Extrameile: nachdenken, Gefühle regulieren, sich in den anderen hineindenken, sich überwinden und nachsteuern und schließlich und endlich – mit alledem Vorbild sein. Denn ein öffentliches Bedauern bleibt nicht wirkungslos. Es lebt vor, wie Exzellenz im Einzelfall geht.

Das ist das Wunderbare an Exzellenz. Sie scheint sehr weit weg zu sein. Doch tatsächlich ist sie in jedem Moment unseres Lebens zum Greifen nah.

Wir können sie bei allem verwirklichen, was wir tun. Denn Exzellenz bedeutet ja nicht, dass wir der oder die Beste sind. Sie bedeutet, dass wir aus unseren Talenten und Möglichkeiten das Beste machen. Im Kleinen wie im Großen, menschlich und fachlich, privat und beruflich, in unseren Einstellungen und Aktivitäten, im Umgang mit uns selbst, in unseren Beziehungen, in der Sorge für die Gesellschaft und Umwelt – immer gibt es bei Abwägung aller Umstände einfachere und exzellentere Lösungen, und meistens brauchen wir für die Extraklasse nicht einmal übermenschliche Fähigkeiten.

Exzellenz, sagt der Management-Guru Tom Peters, ist das, was du in den nächsten fünf Minuten tust.[2] Entscheiden wir uns dafür, erklimmen wir neue Gipfel. Vielleicht mehren wir unseren äußeren Erfolg: Geld, Status, Ehrungen, Reputation. Ganz sicher aber bringt es mehr Freude, Fülle, Können und Erfüllung in unser Leben, wenn wir unser Exzellenzpotenzial entfalten.

Doch es gibt noch mehr: Exzellenz weist über uns selbst hinaus. In der VUKA-Welt ziehen unser Handeln und unsere Ideen weite Kreise. Die digitalen Möglichkeiten befähigen uns, mit unseren Talenten und Werten, unserem fachlichen Können und unserem menschlichen Vorbild Einfluss auf die Welt zu nehmen. Von diesem Privileg unserer Zeit konnten in früheren Generationen die allermeisten Menschen nur träumen. Ob wir uns im Einzelfall für Mittelmaß oder Exzellenz entscheiden, macht zunehmend einen Unterschied über das eigene Leben hinaus. »Wenn jedes Individuum sich besser verhält, wird auch die Welt besser«, schreibt der israelische Historiker und einer der profiliertesten Vordenker unserer Zeit Yuval Noah Harari. Persönliche Exzellenz ist unsere Chance, die Welt in unserem Sinn zu formen. Machen wir dabei mit. Mit allem, was in uns steckt.

Literatur

Assig, Dorothea; Echter, Dorothee. Ambition. Wie große Karrieren gelingen. 2., aktualisierte Auflage, Campus 2019

Bröckling, Ulrich. Von den Exzellenzen zur Exzellenz. Genealogie eines Schlüsselbegriffs. In: Forschung & Lehre, 05/2009

Capgemini Research Institute. Emotional intelligence – the essential skillset for the age of AI. Oktober 2019. Online verfügbar unter: https://www.capgemini.com/dk-en/wp-content/uploads/sites/42/2019/10/Digital-Report-%E2%80%93-Emotional-Intelligence.pdf (Zuletzt abgerufen am 15. November 2020)

Duckworth, Angela. Grit. Die neue Formel zum Erfolg: Mit Begeisterung und Ausdauer ans Ziel. C. Bertelsmann Verlag 2017

Dweck, Carol. Selbstbild: Wie unser Denken Erfolge oder Niederlagen bewirkt. Piper 2017

Irvine, William B. A Guide to the Good Life. The Ancient Art of Stoic Joy. Oxford University Press 2009

Clear, James. Die 1%-Methode – Minimale Veränderung, maximale Wirkung: Mit kleinen Gewohnheiten jedes Ziel erreichen – Mit Micro Habits zum Erfolg. Goldmann 2020

Märtin, Doris. Habitus. Sind Sie bereit für den Sprung nach ganz oben? Campus 2019

Mariama-Arthur, Karima. Poised for Excellence: Fundamental Principles of Effective Leadership in the Boardroom and Beyond. Springer 2018

Nadella, Satya. Hit Refresh! Wie Microsoft sich neu erfunden hat und die Zukunft verändert. Plassen Verlag 2017

Nosta, John. Pushing Beyond the Bounds of IQ and EQ. Psychology Today, Nov 28, 2020. Online verfügbar unter: https://www.psychologytoday.com/intl/blog/the-digital-self/202011/pushing-beyond-the-bounds-iq-and-eq, Pushing Beyond the Bounds of IQ and EQ | Psychology Today (Zuletzt abgerufen am 1. Dezember 2020)Obama, Michelle. Becoming. Goldmann 2018

Openmjnd. Innovation Roadmap. Design Thinking in der Theorie und Praxis. Online verfügbar unter: https://www.openmjnd.com/Innovation-Roadmap/openmjnd_innovation_roadmap.pdf (Zuletzt abgerufen am 1. Dezember 2020)

Peters, Tom. The Excellence Dividend. Meeting the Tech Tide with Work That Wows and Jobs That Last. Vintage Books 2018

Reinhard, Rebekka. Zu dumm für die Zukunft? Welche Intelligenzen wir morgen brauchen. In: Hohe Luft 3/2020. Seite 14–19.

Rosa, Hartmut. Resonanz: Eine Soziologie der Weltbeziehung. Suhrkamp 2019

Wlodarek, Eva. Nimm dir die Freiheit, du selbst zu sein: So entfalten Frauen ihr wahres Potenzial. dtv 2021

Anmerkungen

Exzellenz ist ein Lebensstil

1. Capgemini. Gesellschaft 5.0 – Implikationen der Digitalisierung. März 20, 2018. Online verfügbar unter: https://www.capgemini.com/de-de/resources/studie-gesellschaft-5-0/ (Zuletzt abgerufen am 23. August 2020)
2. Capgemini Research Institute. Emotional Intelligence Research –The Essential Skillset for the Age of AI. Executive Survey, August–September 2019. Seite 4. Online verfügbar unter: https://www.capgemini.com/wp-content/uploads/2019/11/Report-%E2%80%93-Emotional-Intelligence.pdf (Zuletzt abgerufen am 23. August 2020)
3. Ib, Seite 5
4. Doris Märtin, Karin Boeck. EQ. Gefühle auf dem Vormarsch. Heyne 1996
5. Leanna Garfield. Mark Zuckerberg asked Bill and Melinda Gates what advice they would give to their younger selves — here's what they said. Feb 13, 2018. Online verfügbar unter: https://www.businessinsider.com/bill-melinda-gates-advice-to-younger-selves-2018-2?r=DE&IR=T (Zuletzt abgerufen am 1. September 2020)
6. Capgemini Research Institute. Emotional Intelligence Research –The Essential Skillset for the Age of AI. Executive Survey, August–September 2019. Seite 3. Online verfügbar unter: https://www.capgemini.com/wp-content/uploads/2019/11/Report-%E2%80%93-Emotional-Intelligence.pdf (Zuletzt abgerufen am 23. August 2020)
7. Wolf Lotter. Echt digital. Brand eins. Schwerpunkt Digitalisierung. 03/2019. Online verfügbar unter: https://www.brandeins.de/magazine/brand-eins-wirtschaftsmagazin/2019/digitalisierung/wolf-lotter-echt-digital (Zuletzt abgerufen am 4. September 2020)
8. Capgemini Research Institute, Seite 5 und 6
9. C. Dierig, N. Doll, S. Fründt, O. Gersemann, G. Hegmann. Deutschlands Problem ist der deutsche Ingenieur. Welt, 20. Oktober 2015. Online verfügbar unter: https://www.welt.de/wirtschaft/article147773198/Deutschlands-Problem-ist-der-deutsche-Ingenieur.html. (Zuletzt abgerufen am 1. September 2020)
10. Lea Hampel. Zu starr, zu genau. Süddeutsche Zeitung; Nr. 301, 31. Dezember 2019/1. Januar 2020
11. Raphaela Kwidzinski. Jede Sekunde checken sechs Airbnb-Gäste ein. Ahgz.de, 27. März 2019. Online verfügbar unter: https://www.ahgz.de/news/portal-zahlen-jede-sekunde-checken-sechs-airbnb-gaeste-ein,200012254801.html (Zuletzt abgerufen am 1. September 2020)
12. Jürgen Stüber. Airbnb will mit Künstlicher Intelligenz die Magie des

Reisens wiederentdecken. Gründerszene, 19. März 2018. Online verfügbar unter: https://www.gruenderszene.de/allgemein/airbnb-mike-curtis-interview (Zuletzt abgerufen am 3. September 2020)
13. PwC Deutschland. Digitale Ethik – Chancen, Orientierung und Haltung für verantwortungsbewusste Unternehmen in der digitalen Welt. Februar 2020. Online verfügbar unter: https://www.pwc.de/de/management-beratung/pwc-digitale-ethik-white-paper.pdf (Zuletzt abgerufen am 18. September 2020)
14. Reid Hoffmann. How to Scale a Magical Experience: 4 Lessons from Airbnb's Brian Chesky. Medium, May 22, 2018. Online verfügbar unter: https://reid.medium.com/how-to-scale-a-magical-experience-4-lessons-from-airbnbs-brian-chesky-eca0a182f3e3 (Zuletzt abgerufen am 3. November 2020)
15. Hohe Luft-Team. Total digital! Total menschlich? Hohe Luft Magazin, 24. Oktober 2018. Online verfügbar unter: https://www.hoheluft-magazin.de/2018/10/total-digital-total-menschlich/ (Zuletzt abgerufen am 3. November 2020)
16. Nosta, John. Pushing Beyond the Bounds of IQ and EQ. Psychology Today, Nov 28, 2020. Online verfügbar unter: https://www.psychologytoday.com/intl/blog/the-digital-self/202011/pushing-beyond-the-bounds-iq-and-eq, Pushing Beyond the Bounds of IQ and EQ | Psychology Today (Zuletzt abgerufen am 1. Dezember 2020)
17. Florian Rötzer. Der Aufstieg der kreativen Klasse verändert die Städte. Telepolis, 08. Februar 2015. Online verfügbar unter: https://www.heise.de/tp/features/Der-Aufstieg-der-kreativen-Klasse-veraendert-die-Staedte-3493692.html (Zuletzt abgerufen am 3. November 2020)
18. Brian Ford. Seek Excellence, Not Perfection with Tiger Woods. Medium, Oct 12, 2018. Online verfügbar unter: https://medium.com/@brian.ford/seek-excellence-not-perfection-with-tiger-woods-b6ad900e6633 (Zuletzt abgerufen am 18.09.2020).
19. Wilhelm Schmid. Die Fülle des Lebens. 100 Fragmente des Glücks. Insel Verlag 2006.
20. Nora Gomringer. Verpasste Ausstellungen. Aviso. Magazin für Kunst und Wissenschaft in Bayern. 03/19, Seite 11
21. Capgemini Research Institute. Emotional Intelligence – the essential skillset for the age of AI, Executive Survey, August–September 2019. Seite 13. Online verfügbar unter: https://www.capgemini.com/wp-content/uploads/2019/11/Report-%E2%80%93-Emotional-Intelligence.pdf (Zuletzt abgerufen am 23. August 2020)

Offenheit

1. Andreas Steinle, Dr. Carl Naughton. Was macht Menschen neugierig? In: Neugier-Management, 2014. Online verfügbar unter: https://www.zukunftsinstitut.de/artikel/was-macht-menschen-neugierig/ (Zuletzt abgerufen am 3. November 2020)
2. J. R. Larson Jr., C. Christensen, T. M. Franz, A. S. Abbott. Diagnosing groups: the pooling, management, and impact of shared and unshared case information in team-based medical decision making. Journal of Personality and Social Psychology 1998 Jul;75(1):93-108.
3. S. Breit, J. Samochowiec. Nie zu alt? Älterwerden zwischen Offenheit und Bewahrung. Gottlieb Duttweiler Institute, Economic and Social Studies, GDI Studie Nr. 48. Online verfügbar unter: https://www.gdi.ch/sites/default/files/documents/2020-05/gdi_studie_offenheit_web-summary.pdf (Zuletzt abgerufen am 18. September 2020)
4. Merck KGaA, Group Communications. Seien Sie neugierig. Neugier-Studie 2018. Herausgegeben im Januar 2019. Seite 10. Online verfügbar unter: https://www.merckgroup.com/company/de/Merck-Neugier-Studie-2018.pdf (Zuletzt abgerufen am 18. September 2020)
5. Katharina Kubisch Presse + Kommunikation. Generation Z und die Arbeitswelt: Anders als man denkt. IUBH Internationale Hochschule GmbH. 13. Dezember 2018. Online verfügbar unter: https://idw-online.de/de/news707894 (Zuletzt abgerufen am 18. September 2020)
6. 2019 Deloitte Global Millennial. Survey A »generation disrupted«. Germany results. Online verfügbar unter: file:///C:/Users/Doris/Downloads/deutscher-report-globale-millennial-survey-2019%20(2).pdf (Zuletzt abgerufen am 1. November 2020)
7. Hillary Hoffower. US-Studie: Die Hälfte der Millennials kündigen ihren Job wegen psychischer Probleme. Business Insider, 10. Oktober 2019. Online verfügbar unter: https://www.businessinsider.de/karriere/arbeitsleben/haelfte-der-millennials-kuendigen-ihren-job-wegen-psychischer-probleme-2019-10/ (Zuletzt abgerufen am 1. November 2020)
8. Deloitte. Deloitte Millennial Survey 2019 – Millennials und Generation Z pessimistischer als je zuvor. Online verfügbar unter: https://www2.deloitte.com/de/de/pages/innovation/contents/millennial-survey-2019.html (Zuletzt abgerufen am 18. September 2020)
9. Simon. M. Ingold. Wokeness heißt die gesteigerte Form der Political Correctness: Sei wach, richte über andere und fühle dich gut dabei. Neue Züricher Zeitung, 20. Januar 2020
10. Shane Snow. A New Way to Become More Open-Minded. Harvard Business Review, Nov 20, 2018. Online verfügbar unter: https://hbr.org/2018/11/a-new-way-to-become-more-open-minded (Zuletzt abgerufen am 18. September 2020)

11. Christiane Lutz. »Am liebsten würd' ich nach Indien fahren«. Süddeutsche Zeitung, 23. März 2020, Nr. 69, Seite 30
12. Gottlieb Duttweiler Institute. Generationenstudie – Älter werden zwischen Offenheit und Bewahrung. Online verfügbar unter: https://www.gdi.ch/de/publikationen/studien-arbeit/generationenstudie-aelter-werden-zwischen-offenheit-und-bewahrung (Zuletzt abgerufen am 18. September 2020)
13. Friedemann Karig. Der Rassist in mir. Süddeutsche Zeitung, Nr. 176, 1./2. August, Seite 11
14. Smarterfahren.de. Elektroautos: Design der Zukunft. Online verfügbar unter: https://www.smarter-fahren.de/elektroautos-design-zukunft/ (Zuletzt abgerufen am 10. November 2020)
15. Gottlieb Duttweiler Institute. Generationenstudie – Älter werden zwischen Offenheit und Bewahrung. Online verfügbar unter: https://www.gdi.ch/sites/default/files/documents/2020-05/gdi_studie_offenheit_web-summary.pdf (Zuletzt abgerufen am 18. September 2020)
16. Epoch Times. Neuer SAP-Co-Chef Klein will »Kontinuität walten lassen«. 11. Oktober 2019. Online verfügbar unter: https://www.epochtimes.de/?p=3029746 (Zuletzt abgerufen am 10. November 2020)
17. Dina Bass. Satya Nadella Talks Microsoft at Middle Age. Bloomberg Businessweek. Aug 4, 2016. Online verfügbar unter: https://www.bloomberg.com/features/2016-satya-nadella-interview-issue/ (Zuletzt abgerufen am 10. November 2020)
18. Ib.
19. Carol Dweck. Selbstbild. Wie unser Denken Erfolge und Niederlagen bewirkt. 4. Edition, Piper 2017
20. S. Shibu, S. Lebowitz. Microsoft is rolling out a new management framework to its leaders. It centers around a psychological insight called growth mindset. Business Insider, Nov 11, 2019. Online verfügbar unter: https://www.businessinsider.de/international/microsoft-is-using-growth-mindset-to-power-management-strategy-2019-11/ (Zuletzt abgerufen am 10. November 2020)
21. Luke Smillie. Openness to Experience: The Gates of the Mind. Scientific American, Aug 2017. Online verfügbar unter: https://www.scientificamerican.com/article/openness-to-experience-the-gates-of-the-mind/ (Zuletzt abgerufen am 10. November 2020)
22. YouTube. The Monkey Business Illusion. Online verfügbar unter: https://www.youtube.com/watch?v=IGQmdoK_ZfY. 28. April 2010
23. D. J. Simons, C. F. Chabris (1999). Gorillas in Our Midst: Sustained Inattentional Blindness for Dynamic Events. Perception, 28, S. 1059–1074, S. 1069
24. Sabine Maas. Presse und Kommunikation. Sehen schützt vor Blindheit

nicht. Deutsche Sporthochschule Köln, 02. November 2015. Online verfügbar: https://idw-online.de/de/news640666 (Zuletzt abgerufen am 10. November 2020)

25. Scinexx. KI erkennt Brustkrebs – Selbstlernendes System erkennt Tumore in Mammografie-Aufnahmen so gut wie ein Radiologe. 16. März 2018. Online verfügbar unter: https://www.scinexx.de/news/technik/ki-erkennt-brustkrebs/ (Zuletzt abgerufen am 18. September 2020)
26. Hans Rosling, Ola Rosling, Anna Rosling Rönnlund. Factfulness: Wie wir lernen, die Welt so zu sehen, wie sie wirklich ist. Flatiron Books, 2018. Seite 249
27. Merck KGaA, Group Communications. Seien Sie neugierig. Neugier-Studie 2018, S. 11. Herausgegeben im Januar 2019. Online verfügbar unter: https://www.merckgroup.com/company/de/Merck-Neugier-Studie-2018.pdf (Zuletzt abgerufen am 18. September 2020)
28. BR Wissen. Werner Forßmann – Auf direktem Weg ins Herz. 28. August 2014. Online verfügbar unter: https://www.br.de/themen/wissen/forssmann-nobelpreis-herz-katheter100.html (Zuletzt abgerufen am 10. November 2020)
29. Nature. This caterpillar can digest plastic – Wax moth larvae could inspire biotechnological methods for degrading plastic. March 24, 2017. Online verfügbar unter: https://www.nature.com/articles/d41586-017-00593-y (Zuletzt abgerufen am 10. November 2020)
30. Magdalena Räth. Blinkist: Sachbuchinhalte in Häppchenform. Gründerszene, 17. Januar 2013. Online verfügbar unter: https://www.gruenderszene.de/allgemein/blinkist (Zuletzt abgerufen am 4. November 2020)
31. Haubers Naturresort. Online verfügbar unter: https://www.haubers.de/ (Zuletzt abgerufen am 18. September 2020)
32. Zukunftsinstitut. Was macht Menschen neugierig? November 2014. Online verfügbar unter: https://www.zukunftsinstitut.de/artikel/was-macht-menschen-neugierig/ (Zuletzt abgerufen am 18. September 2020).
33. Doug Maarschalk. ›Safari‹mode: An active openness to serendipity. LinkedIn, 29. August 2019. Online verfügbar unter: https://www.linkedin.com/pulse/safari-mode-active-openness-serendipity-doug-maarschalk/ (Zuletzt abgerufen am 10. November 2020)
34. Kochquartett. Wolfsbarsch. Süddeutsche Zeitung Magazin, Nummer 7, 14. Februar 2020, Seite 28
35. Doug Maarschalk. ›Safari‹mode: An active openness to serendipity. LinkedIn, 29. August 2019. Online verfügbar unter: https://www.linkedin.com/pulse/safari-mode-active-openness-serendipity-doug-maarschalk/ (Zuletzt abgerufen am 10. November 2020)

36. YouTube. Stephen Hawking says »Look at the stars and not at your feet.« 27. April 2015. Online verfügbar unter: https://www.youtube.com/watch?v=ii7dspx6oCs (Zuletzt abgerufen am 18. September 2020)
37. J. Hardy, Alisha M. Ness, Jensen T. Mecca. »Outside the box: Epistemic curiosity as a predictor of creative problem solving and creative performance. Personality and Individual Differences. Volume 104, January 2017, Pages 230-237
38. GatesNotes. The Blog of Bill Gates. Online verfügbar unter: https://www.gatesnotes.com/Books (Zuletzt abgerufen am 13. November 2020)
39. Victor Ottati, Erika D. Price, Chase Wilson, Nathanael Sumaktoyob. When self-perceptions of expertise increase closed-minded cognition: The earned dogmatism effect. Journal of Experimental Social Psychology, Volume 61, November 2015, Pages 131-138
40. TED Blog. Vulnerability is the birthplace of innovation, creativity and change: Brené Brown at TED2012. March 2, 2012. Online verfügbar unter: https://blog.ted.com/vulnerability-is-the-birthplace-of-innovation-creativity-and-change-brene-brown-at-ted2012/ (Zuletzt abgerufen am 10. November 2020)
41. Shane Snow. Intellectual Humility: The Ultimate Guide to this Timeless Virtue. Online verfügbar unter: https://www.shanesnow.com/articles/intellectual-humility#the-power-of-intellectual-humility (Zuletzt abgerufen am 18. September 2020)

Selbstreflexion

1. Sibylle Berg. Fragen Sie Frau Sibylle: Wie wär's mit einem eigenen Leben? Spiegel, 17. Mai 2011. Online verfügbar unter: https://www.spiegel.de/kultur/gesellschaft/s-p-o-n-fragen-sie-frau-sibylle-wie-waer-s-mit-einem-eigenen-leben-a-762863.html (Zuletzt abgerufen am 10. November 2020)
2. G. Di Stefano, G. P. Pisano, F. Gino, B. R. Staats. Making Experience Count: The Role of Reflection in Individual Learning. Harvard Business School, Working Paper 14-093, © 2014, 2015, 2016. Online verfügbar unter: https://www.hbs.edu/faculty/Publication%20Files/14-093_defe8327-eeb6-40c3-aafe-26194181cfd2.pdf (Zuletzt abgerufen am 18. September 2020)
3. Zameena Meija. Bill Gates asked himself these questions at the close of 2018. CNBC make it, Dec 31, 2018. Online verfügbar unter: https://www.cnbc.com/2018/12/31/bill-gates-asked-himself-these-questions-at-the-close-of-2018.html (Zuletzt abgerufen am 10. November 2020)
4. Barbara Gillmann. Lehrer haben große Not mit dem digitalen Lernen. Handelsblatt, 12. März 2019. Online verfügbar unter: https://www.

handelsblatt.com/politik/deutschland/digitalisierung-an-schulen-lehrer-haben-grosse-not-mit-dem-digitalen-lernen/24090032.html?ticket=ST-1692848-kcRMKg9tdoeRfxp9dmJJ-ap3 (Zuletzt abgerufen am 10. November 2020)

5. Inga Höltmann. Podcast #19: Neue Arbeit und die eigene Haltung: Wie wichtig Glaubenssätze sind. Bertelsmann Stiftung – Zukunft der Arbeit, 06. März 2019. Online verfügbar unter: https://www.zukunftderarbeit.de/2019/03/06/neue-arbeit-und-die-eigene-haltung-wie-wichtig-glaubenssaetze-sind/ (Zuletzt abgerufen am 10. November 2020)
6. Patricia Riekel. »Zeit zum Nachdenken finden«. Die Bundeskanzlerin, 22. Juli 2010. Online verfügbar unter: https://www.bundeskanzlerin.de/bkin-de/merkel-zeit-zum-nachdenken-finden--396944 (Zuletzt abgerufen am 18. September 2020)
7. Andreas Sentker. Wie setzt man sich durch, Frau Nüsslein-Volhard? – »Man nimmt alles auf die eigenen Schultern«. Zeit Online, 22. Januar 2020. Online verfügbar unter: https://www.zeit.de/2020/05/christiane-nuesslein-volhard-biologin-karriere-ziele-mut-erfahrung/seite-3#:~:text=N%C3%BCsslein-Volhard%3A%20Nicht%20so%20viel,entscheiden%20und%20selbst%20zu%20denken (Zuletzt abgerufen am 4. November 2020)
8. Todd Davey. Wie Ihnen eine wichtige Fähigkeit von Profisportlern auch im Geschäftsleben helfen kann (Teil 2). Munich Business School Insights, November 14, 2017. Online verfügbar unter: www.munich-business-school.de/insights/2017/selbstreflexion-sportler-business-2/ (Zuletzt abgerufen am 2. September 2020)
9. Max Hägler. »Für mich war die Quote nie ein Thema.« Montagsinterview mit Ilka Horstmeier. Süddeutsche Zeitung, Montag, 2. März 2020, Nr. 51, Seite 16
10. J. Bryan Sexton. Three Good Things. YouTube. Veröffentlicht am 10. Oktober 2012. Online verfügbar unter: https://www.youtube.com/watch?v=hZ4aT_RVHCs (Zuletzt abgerufen am 10. November 2020)
11. Elizabeth George. Write away. Hodder Paperbacks, 2005. Seite 197
12. Nancy J. Adler. Want to Be an Outstanding Leader? Keep a Journal. Harvard Business Review, Jan 13, 2016. Online verfügbar unter: https://hbr.org/2016/01/want-to-be-an-outstanding-leader-keep-a-journal (Zuletzt abgerufen am 10. November 2020)
13. M. Bar-Eli, O. H. Azar, I. Ritov, Y. Keidar-Levin, G. Schein. Action bias among elite soccer goalkeepers: The case of penalty kicks. Journal of Economic Psychology, Vol. 28, Issue 5, October 2007, P. 606-621. Online verfügbar unter: https://www.sciencedirect.com/science/article/abs/pii/S0167487006001048 (Zuletzt abgerufen am 10. November 2020)
14. Katrin Bauer: Big im Beeren Business. JudithWilliams.com, 21.November

2019. Online verfügbar unter: https://live-your-dream.com/katrin-bauer-big-im-beeren-business/ (Zuletzt abgerufen am 10. November 2020)
15. Detlef Krenge. »Ich fühle mich hier wirklich wohl«. BR Klassik, 24. Oktober 2017. Online verfügbar unter: https://www.br-klassik.de/aktuell/news-kritik/joana-mallwitz-dirigentin-gmd-nuernberg-interview-100.html (Zuletzt abgerufen am 10. November 2020)
16. Kathrin Werner. Interview mit Katherine Maher: »Wikipedia-Einträge sind immer eine Baustelle.« Süddeutsche Zeitung, Montag, 18. Mai 2020, Nr. 114, Seite 16
17. Andreas Auert. Selbstreflexion als Hilfsmittel für Erfolg, Gesundheit und Lebenszufriedenheit. Personal entwickeln, Erg.-Lfg., März 2015. Online verfügbar unter: https://www.krisen-kommunikation.de/extdat/krikom-artikel-selbstreflexion.pdf (Zuletzt abgerufen am 18. September 2020)
18. K. Tanaka, Y. Tanno. Self-rumination, self-reflection, and depression: Self-rumination counteracts the adaptive effect of self-reflection. Behavior Research and Therapy. Vol. 47, Issue 3, March 2009, P. 260-264. Online verfügbar unter: https://www.sciencedirect.com/science/article/abs/pii/S0005796708002763 (Zuletzt abgerufen am 18. September 2020)
19. Sven Prange. Das Recht des Roboters. Wenn eine künstliche Intelligenz etwas Eigenes erschaffen kann – müsste sie dann nicht die Rechte daran erhalten? Handelsblatt, 28. Februar 2020. Online verfügbar unter: https://www.handelsblatt.com/technik/digitale-revolution/ada-das-recht-des-roboters/25583740.html?ticket=ST-5049996-6vDEvpuZ7WFx-QgERZb7I-ap5 (Zuletzt abgerufen am 18. September 2020)

Willenskraft

1. Brainyquote.com. Meryl Streep. What does it take to be the first female anything? It takes grit, and it takes grace. Online verfügbar unter: https://www.brainyquote.com/quotes/meryl_streep_785004?src=t_grit (Zuletzt abgerufen am 18. September 2020)
2. Anna Dreher und Angelika Slavik. »Es ist eine Frage des Willens.« Reden wir über Geld mit Kira Walkenhorst. Süddeutsche Zeitung, 11. November 2019, Nr. 260, Seite 32
3. Maya Shwayder. Child prodigies, maybe – Study suggests our assumptions about talent can influence our judgements. The Harvard Gazette, March 3, 2011. Online verfügbar unter: https://news.harvard.edu/gazette/story/2011/03/child-prodigies-maybe/ (Zuletzt abgerufen am 18. September 2018)
4. Will Durant. The story of Philosophy. Pocket Books 206. Seite 76. Das Zitat im Original: »Excellence is an art won by training and habituation:

we do not act rightly because we have virtue or excellence, but we rather have these because we have acted rightly; ›these virtues are formed in man by his doing the actions‹; we are what we repeatedly do. Excellence, then, is not an act but a habit: ›the good of man is a working of the soul in the way of excellence in a complete life … for as it is not one swallow or one fine day that makes a spring, so it is not one day or a short time that makes a man blessed and happy‹.«

5. Whitney Scharer. Die Zeit des Lichts. Klett-Cotta 2019
6. Angela Lee Duckworth. Grit: The Power of Passion and Perseverance. TED Talks Education | April 2013. Online verfügbar unter: https://www.ted.com/talks/angela_lee_duckworth_grit_the_power_of_passion_and_perseverance (Zuletzt abgerufen am 11. November 2020)
7. Teodora Zareva. What the Early Life of Bill Gates Can Teach Us About Success. Bigthink, July 13, 2017. Online verfügbar unter: https://bigthink.com/design-for-good/what-the-early-life-of-bill-gates-can-teach-us (Zuletzt abgerufen am 11. November 2020)
8. So haben Verlage das Manuskript von J. K. Rowling abgelehnt. Sueddeutsche.de, 26. März 2016. Online verfügbar unter: https://www.sueddeutsche.de/kultur/absage-fuer-robert-galbraith-so-haben-verlage-das-manuskript-von-j-k-rowling-abgelehnt-1.2923557 (Zuletzt abgerufen am 18. September 2020)
9. Isabel Richter. Microsoft-Chefin Bendiek: Der Erfolg der digitalen Transformation ist eine Frage der Kultur. Microsoft News Center, 10. April 2018. Online verfügbar unter: https://news.microsoft.com/de-de/digitale-transformation-studie/ (Zuletzt abgerufen am 11. November 2020)
10. Jim Grundner. Grit – The Secret Indgredients to a Successful Agile Transformation. Vaco, 09/11/19. Online verfügbar unter: https://www.vaco.com/grit-the-secret-ingredient-to-a-successful-agile-transformation/ (Zuletzt abgerufen am 18. September 2020)
11. Martin Zips. Ein Orden für Grautvornix! Süddeutsche Zeitung, 9. September 2020. Seite 8
12. Thorsten Schmitz. »Ich interessiere mich für alles, was krank machen kann«. Süddeutsche Zeitung, 6. April 2020, Nr. 81
13. Andreas Radlmaier. Im Gespräch mit: Joana Mallwitz. Curt Magazin, 12. Juli 2019. Online verfügbar unter: https://www.curt.de/nbg/inhalt/artikel/13038/43/ (Zuletzt abgerufen am 18. September 2020)
14. James Clear. How To Start New Habits That Actually Stick. Jamesclear.com. Online verfügbar unter: https://jamesclear.com/three-steps-habit-change (Zuletzt abgerufen am 15. November 2020)
15. Johanna Adorján. Bestsellerautor Haig: »Oft haben die Depressionen, die das Leben lieben«. Süddeutsche Zeitung, 4. Januar 2020. Online verfügbar unter: https://www.sueddeutsche.de/leben/depression-be-

handlung-psychologie-haig-1.4742448?reduced=true (Zuletzt abgerufen am 11. November 2020)

16. Tim S. Grover. Excellence is lonely. Facebook, 12. April 2018. Online verfügbar unter: https://pt-br.facebook.com/timsgrover/videos/excellence-is-lonely-no-one-will-ever-understand-what-youre-going-through-to-ach/10160279364035716/ (Zuletzt abgerufen am 18. September 2020)
17. Johanna Adorján. Iris Berben über Erkenntnisse. Süddeutsche Zeitung, 8./9. August 2020. Nr. 182. Seite 48
18. Anja Reich. Interview mit Christiane Paul. Frankfurter Rundschau. Aktualisiert am 21. September 2019. Online verfügbar unter: https://www.fr.de/panorama/vielleicht-scheitert-eben-11374559.html (Zuletzt abgerufen am 18. September 2020)
19. René Nehring. Interview mit Klaus Bischoff: »Ein Anspruch auf Exzellenz«. Rotary Magazin, 01. November 2017. Online verfügbar unter: https://rotary.de/wirtschaft/ein-anspruch-auf-exzellenz-a-11555.html (Zuletzt abgerufen am 5. November 2020)
20. Aubrey Daniels. Expert Performance: Apologies to Dr. Ericsson, But it is Not 10,000 Hours of Deliberate Practice. ADI Aubrey Daniels International July 21, 2009. Online verfügbar unter: https://www.aubreydaniels.com/blog/2009/07/21/expert-performance-apologies-to-dr-ericsson-but-it-is-not-10000-hours-of-deliberate-practice (Zuletzt abgerufen am 5. November 2020)
21. Dorothea Assig, Dorothee Echter. Ambition. Wie große Karrieren gelingen. Campus 2012. 2., aktualisierte Auflage. Seite 126

Wohlbefinden

1. The School of Life. Simplicity & Anxiety. Online verfügbar unter: https://www.theschooloflife.com/thebookoflife/simplicity-anxiety/ (Zuletzt abgerufen am 18. September 2020)
2. Heike Kreutz. Lebensstil und chronische Krankheiten. Studie bestätigt Zusammenhang. Bundeszentrum für Ernährung, 26. Februar 2020. Online verfügbar unter: https://www.bzfe.de/inhalt/lebensstil-und-chronische-krankheiten-35207.html (Zuletzt abgerufen am 18. September 2020)
3. Petra Kaminsky. Was das Smartphone mit unserem Kopf macht. Welt, 14. Juli 2019. Online verfügbar unter: https://www.welt.de/gesundheit/article196824853/Smartphone-Nutzung-veraendert-das-Gehirn.html (Zuletzt abgerufen am 18. September 2020)
4. Florence-Anne Kälble. Alte Hardware im Kopf passt nicht in neue Welt. ZDFheute, 25. März 2019. Online verfügbar unter: https://www.zdf.de/nachrichten/heute/psychologe-erklaert-inwiefern-gehirn-proble-

me-mit-digitalisierung-hat-100.html (Zuletzt abgerufen am 18. September 2020=

5. Petra Kaminsky. Forschungsreport: Was Smartphones mit unserem Gehirn machen. Manager Magazin, 11. Juli 2019. Online verfügbar unter: https://www.manager-magazin.de/lifestyle/artikel/forschung-was-smartphones-mit-unserem-gehirn-machen-a-1276828-5.html (Zuletzt abgerufen am 18. September 2020)
6. A. F. Ward, K. Duke, A. Gneezy, M. W. Bos. Brain Drain: The Mere Presence of One's Own Smartphone Reduces Available Cognitive Capacity. Journal of the Association for Consumer Research 2017 2:2, 140-154. Online verfügbar unter: https://www.journals.uchicago.edu/doi/abs/10.1086/691462 (Zuletzt abgerufen am 5. November 2020)
7. Paul Nurse. »If you work too hard, you will keep going in the same direction«. YouTube, 9. April 2015. Online verfügbar unter: https://www.youtube.com/watch?v=HxDnH4dlS18 (Zuletzt abgerufen am 5. November 2020)
8. Nicolas Himowicz. Where to think big like a CEO. Medium, Jul 2, 2018. Online verfügbar unter: https://medium.com/the-happy-startup-school/how-to-think-big-like-a-ceo-1e80ee9d7df5 (Zuletzt abgerufen am 18. September 2020)
9. Vera Müller. »Wir brauchen den Schlaf, um kreativ zu sein«. Forschung und Lehre, 08. Juli 2018. Online verfügbar unter: https://www.forschung-und-lehre.de/zeitfragen/wir-brauchen-den-schlaf-um-kreativ-zu-sein-798/ (Zuletzt abgerufen am 5. September 2020)
10. Merkel räumt mit Schlaf-Gerücht auf. Ntv, 11. Mai 2017. Online verfügbar unter: https://www.n-tv.de/der_tag/Merkel-raeumt-mit-Schlaf-Geruecht-auf-article19834403.html (Zuletzt abgerufen am 5. November 2020)
11. Ben Simon, E., Rossi, A., Harvey, A. G. et al. Overanxious and underslept. Nat Hum Behav 4, 100–110 (2020). Online verfügbar unter: https://doi.org/10.1038/s41562-019-0754-8 (Zuletzt abgerufen am 5. November 2020)
12. Ali Montag. This is billionaire Jeff Bezos' daily routine and it sets him up for success. CNBC make it. Sept 15, 2015. Online verfügbar unter: https://www.cnbc.com/2018/09/14/billionaire-jeff-bezos-shares-the-daily-routine-he-uses-to-succeed.html (Zuletzt abgerufen am 5. August 2020)
13. Nick Littlehales. Sleep – Schlafen wie die Profis. Albrecht Knaus Verlag 2018
14. Julia Cameron. The Artist's Way. Macmillan 2016. Seite viii
15. Kayla Kazan. Huge List of CEOs That Meditate at Work. Peak Wellness. March 9, 2020. Online verfügbar unter: https://peakwellnessco.com/ceos-that-meditate-at-work/ (Zuletzt abgerufen unter 18. September 2020)

16. Einfach mal abschalten: So trennen Sie Arbeit und Freizeit. Wolfsburger Allgemeine, 20. Mai 2019. Online verfügbar unter: https://www.waz-online.de/Nachrichten/Wissen/Einfach-mal-abschalten-So-trennen-Sie-Arbeit-und-Freizeit (Zuletzt abgerufen am 12. November 2020)
17. John Baldoni. Ruth Bader Ginsburg: Against The Odds. Forbes, Sep 18, 18, 2020. Online verfügbar unter: https://www.forbes.com/sites/johnbaldoni/2020/09/18/ruth-bader-ginsburg-against-the-odds/?sh=457499a4705b (Zuletzt abgerufen am 5. November 2020)
18. Wer kocht denn in Deutschland? 13. DGE-Ernährungsbericht untersucht Kochhäufigkeit von Frauen und Männern. Deutsche Gesellschaft für Ernährung e. V., 07. Juni 2017. Online verfügbar: https://www.dge.de/presse/pm/wer-kocht-denn-in-deutschland/ (Zuletzt abgerufen am 22. September 2020)
19. Sophie Hilgenstock. Interview mit Ernährungspsychologe Thomas Elrott. Dresdner Neueste Nachrichten, 11. März 2019. Online verfügbar unter: https://www.dnn.de/Nachrichten/Wissen/So-essen-Sie-richtig-Die-sieben-goldenen-Wahrheiten (Zuletzt abgerufen am 5. August 2020)
20. Rachel Rettner. The Dark Side of Perfectionism Revealed. Livescience.com. July 11, 2010. Online verfügbar unter: https://www.livescience.com/6724-dark-side-perfectionism-revealed.html (Zuletzt abgerufen am 5. August 2020)
21. Hanley, Adam & Warner, Alia & Dehili, Vincent & Canto, Angela & Garland, Eric. (2015). Washing Dishes to Wash the Dishes: Brief Instruction in an Informal Mindfulness Practice. Mindfulness. 6. 10.1007/s12671-014-0360-9.

Souveränität

1. Hart aber fair. Lagerkoller im Lockdown: Was lässt Corona von unserem Leben übrig? Das Erste, 04. Mai 2020. Online verfügbar unter: https://www1.wdr.de/daserste/hartaberfair/videos/video-lagerkoller-im-lockdown-was-laesst-corona-von-unserem-leben-uebrig-104.html (Zuletzt abgerufen am 12. November 2020)
2. Russell, James. (1980). A Circumplex Model of Affect. Journal of Personality and Social Psychology. 39. 1161-1178. 10.1037/h0077714.
3. Thomas Maran, Pierre Sachse, Markus Martini, Barbara Weber, Jakob Pinggera, Stefan Zugal and Marco Furtner. Lost in time and space: states of high arousal disrupt implicit acquisition of spatial and sequential context information. Frontiers in Behavioral Neuroscience 2017. Online verfügbar unter: doi: 10.3389/fnbeh.2017.00206 (Zuletzt abgerufen am 12. November 2020)
4. Dieter Vaitl. Blick ins Gehirn: Wie Emotionen entstehen. Gießener Uni-

versitätsblätter, Jahrgang 39, 2006. Seite 17–24. Online verfügbar unter: https://www.giessener-hochschulgesellschaft.de/resources/GU/GU-39-2006.pdf (Zuletzt abgerufen am 18. September 2020)

5. Julie Bort. »No Drama Obama«: Barack Obama verrät seine Tricks, mit denen er auch unter Druck gelassen bleibt. Business Insider, March 10, 2019. Online verfügbar unter: https://www.businessinsider.de/strategy/obama-verraet-tricks-gelassen-bleiben-unter-druck-2019-3/ (Zuletzt abgerufen am 12. November 2020)
6. Hauke Goos; Thomas Hüetlin. Erich Sixt im Gespräch »Geld muss man verachten«. Spiegel, 18. Juni 2016. Online verfügbar unter: https://www.spiegel.de/spiegel/print/d-145417430.html (Zuletzt abgerufen am 18. September 2020)
7. Dorothea Assig, Dorothee Echter. Aus dem Ambition Management. Online verfügbar unter: http://www.assigundechter.de//newsletter/2020-05-20.htm (Zuletzt abgerufen am 12. November 2020)
8. David Remnick. Going the distance. On and off the road with Barack Obama. The New Yorker, Jan 27, 2014. Online verfügbar unter: https://www.newyorker.com/magazine/2014/01/27/going-the-distance-david-remnick (Zuletzt abgerufen am 18. September 2020)
9. Maria Hunstick. »Wäre ich ein Mann [...] , würde niemand annehmen, dass ich wegen einer Heirat alles stehen und liegen lasse« – im Gespräch mit Westwing-Gründerin Delia Fischer. Vogue, 4. Februar 2019. Online verfügbar unter: https://www.vogue.de/lifestyle/artikel/vogue-business-delia-fischer-westwing (Zuletzt abgerufen am 12. November 2012)
10. Seneca. Briefe an Lucilius (Epistulae morales ad Lucilium)
11. P. Laudenbach, S. Heuer. Action! Brand eins 2015. Online verfügbar unter: https://www.brandeins.de/magazine/brand-eins-wirtschaftsmagazin/2015/geschwindigkeit/action (Zuletzt abgerufen am 18. September 2020)
12. Johann Wolfgang von Goethe. Berliner Ausgabe. Poetische Werke [Band 1–16], Band 2, Berlin 1960. Seite 74-75, 224-225.
13. Giacomo Rizzolatti; Laila Craighero. The Mirror-Neuron System. Annual review of neuroscience 2004/02/01. Online verfügbar unter: https://www.cs.princeton.edu/courses/archive/spr08/cos598B/Readings/Rizzolatti-Craighero2004.pdf (Zuletzt abgerufen am 15. November 2020)

Empathie

1. Institut für Management-Innovation Prof. Dr. Waldemar Pelz. Empathie: Menschen und Gruppen (Teams) besser verstehen. Online verfügbar unter: https://www.managementkompetenzen.de/empathie.html (Zuletzt abgerufen am 12. November 2020)

2. John Dumbrell. Clinton's Foreign Policy: Between the Bushes, 1992-2000. Taylor & Francis 2009
3. Karin Bauer. Homeoffice forever? Auf Dauer allein geht nicht. Der Standard, 31. Mai 2020. Online verfügbar unter: https://www.derstandard.de/story/2000117794478/homeoffice-forever-auf-dauer-allein-geht-nicht (Zuletzt abgerufen am 12. November 2020)
4. Stuart Pallister. President of Worldwide Hotel Operations, Four Seasons Hotels. EHL Insights. Online verfügbar unter: https://hospitalityinsights.ehl.edu/four-seasons-hotels-guest-experience (Zuletzt abgerufen am 18. September 2020)
5. Ib.
6. Hella Schneider. Das sind die 10 besten Hochzeitsplaner Deutschlands. Vogue, 24. April 2020. Online verfügbar unter: https://www.vogue.de/lifestyle/artikel/hochzeitsplaner-deutschland (Zuletzt abgerufen am 15. November 2020)
7. Sarah Obenauer. Collaboration begins with empathy. Inside Design, Feb 5, 2019. Online verfügbar unter: https://www.invisionapp.com/inside-design/collaboration-begins-with-empathy/ (Zuletzt abgerufen am 12. November 2020)
8. Onvista. Online verfügbar unter: https://www.onvista.de/aktien/chart/Microsoft-Aktie-US5949181045 (Zuletzt abgerufen am 15. November 2020)
9. Heinz-Paul Bonn. »Runter vom Podest« – warum Microsofts Satya Nadella viel richtig macht. t3n digital pioneers, 26. November 2029. Online verfügbar unter: https://t3n.de/news/runter-podest-microsofts-satya-1226584/ (Zuletzt abgerufen am 12. November 2020)
10. Morning Future. Satya Nadella: when empathy is good for business. June 18, 2018. Online verfügbar unter: https://www.morningfuture.com/en/article/2018/06/18/microsoft-satya-nadella-empathy-business-management/337/ (Zuletzt abgerufen am 13. November 2020)
11. Ib.
12. Einhorn. Online verfügbar unter: https://einhorn.my/einhorn-perioden-revolution-die-ultimative-umfrage/ (Zuletzt abgerufen am 15. November 2020)
13. Minda Zeitlin. Michelle Obama's DNC Speech Is a Powerful Example of Emotional Intelligence. Inc.com, Aug 18, 2020. Online verfügbar unter: https://www.inc.com/minda-zetlin/michelle-obama-dnc-speech-emotional-intelligence-empathy.html (Zuletzt abgerufen am 13. November 2020)
14. Molly Rubin. Full transcript: Tim Cook delivers MIT's 2017 commencement speech. Qz.com, June 9, 2017. Online verfügbar unter: https://qz.com/1002570/watch-live-apple-ceo-tim-cook-delivers-mits-2017-commencement-speech/ (Zuletzt abgerufen am 13. November 2020)

15. Michael Bauchmüller. »Keiner will im Kalten sitzen, um damit CO_2 zu sparen.« Süddeutsche Zeitung, 14. September 2020. Nr. 212. Seite 16
16. The School of Life. What is Empathy? Online verfügbar unter: https://www.theschooloflife.com/thebookoflife/what-is-empathy/ (Zuletzt abgerufen am 18. September 2020)
17. Tagesschau.de. Video – Herbert Diess, Vorstandsvorsitzender VW, über die Vorzüge eines Auto-Konjunkturprogramms. Online verfügbar unter: https://www.tagesschau.de/multimedia/video/video-693645.html (Zuletzt abgerufen am 16. September 2020)
18. Deloitte Millennial Survey 2018. Online verfügbar unter: https://www2.deloitte.com/de/de/pages/innovation/contents/Millennial-Survey-2018.html (Zuletzt abgerufen am 16. September 2020).
19. YouGov-Whitepaper. Mehrheit findet: Marken sollten Position beziehen. Online verfügbar unter: https://www.wuv.de/marketing/mehrheit_findet_marken_sollten_position_beziehen (Zuletzt abgerufen am 15. November 2020)
20. Anne M. Schüller. 3 Führungsstile, um fit für die Zukunft zu sein. Wirtschaftsforum, 2. März 2020. Online verfügbar unter: https://www.wirtschaftsforum.de/expertenwissen/unternehmensfuehrung/3-fuehrungsstile-um-fit-fuer-die-zukunft-zu-sein (Zuletzt abgerufen am 13. November 2020)
21. Marie Schmidt. Der Traum brennt lichterloh. Süddeutsche Zeitung, Nr. 130, 8. Juni 2020. Seite 9
22. Alexander Nicolai, Regina Wallner. Heureka? Manager magazin 3/2019. Online verfügbar unter: https://heft.manager-magazin.de/HM/2019/3/162290736/ (Zuletzt abgerufen am 8. November 2020)
23. Andreas Zeuch. Empathie. Ein ambivalentes Element der Unternehmensdemokratie. Unternehmensdemokraten, 27. Mai 2020. Online verfügbar unter: https://unternehmensdemokraten.de/2019/05/27/empathie-ein-ambivalentes-element-der-unternehmensdemokratie/ (Zuletzt abgerufen am 8. November 2020)
24. Alexandra Braun @RAinBraun. Online verfügbar unter: https://twitter.com/rainbraun/status/1254381003277242371 (Zuletzt abgerufen am 18.09.2020)
25. Laurel Donnellan. The Response To Workplace Burnout Is Compassionate Leadership. Forbes, June 17, 2019. Online verfügbar unter: https://www.forbes.com/sites/laureldonnellan/2019/06/17/the-response-to-workplace-burnout-is-compassionate-leadership/#307f651d5d3f (Zuletzt abgerufen am 13. November 2020)
26. Andreas Zeuch. Empathie. Ein ambivalentes Element der Unternehmensdemokratie. Unternehmensdemokraten.de, 27. Mai 2020. Online verfügbar unter: https://unternehmensdemokraten.de/2019/05/27/empa-

thie-ein-ambivalentes-element-der-unternehmensdemokratie/ (Zuletzt abgerufen am 13. November 2020)

27. Till Eckert. So wirst du ein einfühlsamerer Mensch. Ze.tt, 12. Mai 2018. Online verfügbar unter: https://ze.tt/empathie-so-wirst-du-ein-einfuehlsamerer-mensch/ (Zuletzt abgerufen am 15. November 2020)
28. Social Judgement Theory Experiment. Explorable.com, Jun 5, 2016. Online verfügbar unter: https://explorable.com/social-judgment-theory-experiment (Zuletzt abgerufen am 15. September 2020)

Agilität

1. Wikipedia. Agilität (Management). Online verfügbar unter: https://de.wikipedia.org/wiki/Agilit%C3%A4t_(Management) (Zuletzt abgerufen am 16. September 2020)
2. Immer wieder Design. Website-Relaunch für Geigerin Anne-Sophie Mutter. Online verfügbar unter: https://immerwieder.design/projekte/website-relaunch-geigerin-anne-sophie-mutter (Zuletzt abgerufen am 16. September 2020).
3. Ib.
4. Deutsche Presseagentur (DPA). Eine tiefe Zäsur. Gießener Allgemeine, 30. März 2020, Online verfügbar unter: https://www.giessener-allgemeine.de/politik/eine-tiefe-zaesur-13633987.html (Zuletzt abgerufen am 13. November 2020)
5. Treppenhausorchester.de. Circles beim Mozartfest Würzburg. Online verfügbar unter: https://treppenhausorchester.de/termine/circles-beim-mozartfest-wuerzburg/ (Zuletzt abgerufen am 16. September 2020)
6. Campana Schott. Future Organization Report 2019. Online verfügbar unter: https://www.campana-schott.com/de/de/unternehmen/media-events/studien/future-organization-report?li_fat_id=53471e68-d432-4f84-b828-f1707e7fa4df&cHash=066220507a44a4a96ee5256cfc577cb0 (Zuletzt abgerufen am 15. November 2020)
7. Severine Guthier. Agilität braucht Flügel – Vom Doing Agile zum Being Agile. Interview mit René Kräling. Newmanagement, 5. Dezember 2019. Online verfügbar unter: https://newmanagement.haufe.de/organisation/agiles-mindset (Zuletzt abgerufen am 13. November 2020)
8. Silke Wichert. Der Titelheld. Süddeutsche Zeitung, 17./18. Oktober 2020, Nr. 240.
9. Kremsmayr, M.: Unsicher – Auswirkungen einer veränderten Welt. In: Ramsauer, C.; Kayser D.; Schmitz C. (Hrsg.): Erfolgsfaktor Agilität – Chancen für Unternehmen in einem volatilen Marktumfeld. Wiley Verlag, Weinheim 2017, S. 33–76

10. M. Giebel, F. Schwarz. »Das macht ein bisschen Angst« – Corona-Mutation? Drosten wagt beunruhigende Prognose. Merkur, 14. Juli. 2020. Online verfügbar unter: https://www.merkur.de/welt/corona-mutation-deutschland-christian-drosten-virologe-studie-kinder-infizierte-gefahr-prognose-zr-13782124.html (Zuletzt abgerufen am 13. November 2020)
11. Ferdinand Otto. »Einfach mal sagen: Ich weiß es nicht!« Zeit, 5. Mai 2020. Online verfügbar unter: https://www.zeit.de/politik/deutschland/2020-05/corona-krise-politik-kommunikation-transparenz/seite-2 (Zuletzt abgerufen am 13. November 2020)
12. Max Gerl, Clara Lipkowski, Olaf Przybilla. Aber kann er auch Kanzler? Süddeutsche Zeitung, Nr. 154, 7. Juli 2020, Seite 29
13. Wolfgang König. Der Wildeste unter Tausend. Autobild.de, 8. Januar 2011. Online verfügbar unter: https://www.autobild.de/klassik/artikel/mini-cooper-s-1553501.html (Zuletzt abgerufen am 13. November 2020)
14. U. Knöfel, J. Kronsbein. Hurra, ein Weltwunder – weil die Demokratie versagt hat. Spiegel Kultur, 11. Januar 2017. Online verfügbar unter: https://www.spiegel.de/spiegel/elbphilharmonie-in-hamburg-ein-weltwunder-weil-die-demokratie-versagt-hat-a-1129551.html (Zuletzt abgerufen am 13. November 2020)
15. Jim Highsmith, Agile Project Management: Creating Innovative Products. Online verfügbar unter: https://www.goodreads.com/work/quotes/552587-agile-project-management-creating-innovative-products-the-agile-softwa (Zuletzt abgerufen am 13. November 2020)
16. Kirill Klimov. Top 20 Quotes related to agile software development. SlideShare. https://de.slideshare.net/f0g/top20-agile-quotes (Zuletzt abgerufen am 16. September 2020)
17. Andreas Kuckertz, Christoph Mandl, Martin P. Allmendinger, Interaktive Ergebnisübersicht. Wie stehen die Deutschen unternehmerischem Scheitern gegenüber? Neue-Unternehmenskultur.de. Online verfügbar unter: http://www.neue-unternehmerkultur.de/#ergebnisse (Zuletzt abgerufen am 16. September 2020)
18. Pauline Schinkels. Macht mehr Fehler! Spiegel.de, 8. Oktober 2014. Online verfügbar unter: https://www.spiegel.de/karriere/fehler-kultur-angst-einen-fehler-zu-machen-a-994442.html (Zuletzt abgerufen am 13. November 2020)
19. Susanne Schreiber. Interview mit Nicola Leibinger-Kammüller: »Was haben Sie denn da Schreckliches gekauft?« Handelsblatt.com, 16. Februar 2020. Online verfügbar unter: https://www.handelsblatt.com/arts_und_style/kunstmarkt/die-trumpf-chefin-im-interview-nicola-leibinger-kammueller-was-haben-sie-denn-da-schreckliches-gekauft/25542014.html?ticket=ST-5132493-dlHl2zgIm3XMgpovCyJ0-ap3 (Zuletzt abgerufen am 13. November 2020)

20. Doris Märtin. Mich wirft so schnell nichts um. Wie Sie Krisen meistern und warum Scheitern kein Fehler ist. Campus 2010
21. James Shore. The Decline and Fall of Agile. James Shore – The Art of Agile, November 13, 2008. Online verfügbar unter: https://www.jamesshore.com/v2/blog/2008/the-decline-and-fall-of-agile (Zuletzt abgerufen am 13. November 2020)
22. Eloise Ristad. A Soprano on Her Head: Right-side-up reflections on life and other performances. Real People Press 2012
23. Kathrin Frank. Donna Leon im Interview: »Das Beste, was mir je passiert ist«. Rhein-Neckar-Zeitung, 2. Juni 2013. https://www.rnz.de/kultur-tipps/kultur-regional_artikel,-Kultur-Regional-Donna-Leon-im-Interview-Das-Beste-was-mir-je-passiert-ist-_arid,34075.html (Zuletzt abgerufen am 13. November 2020)
24. Melanie und Dietmar Wohnert. Agile Your Mind – Agilität beginnt im Kopf. Informatik aktuell, 30. Mai 2017. Online verfügbar unter: https://www.informatik-aktuell.de/management-und-recht/projektmanagement/agile-your-mind-agilitaet-beginnt-im-kopf.html (Zuletzt abgerufen am 15. November 2020)
25. Page Group. Diversity Management Studie, 2018. Online verfügbar unter: https://www.charta-der-vielfalt.de/uploads/tx_dreipccdvdiversity/Diversity%20Studie%202018.pdf, Seite 8. (Zuletzt abgerufen am 18. September 2020).
26. Daniela Gassmann. »Stellen Sie sich vor: Aus einer Teetasse würde eine Orchidee werden«. Süddeutsche Zeitung Magazin. Nummer 29. 17. Juli 2020. Seite 21
27. Angelika Unger. So lernen Sie, mutiger zu sein. Impulse.de, 6. Januar 2020. Online verfügbar unter: https://www.impulse.de/management/selbstmanagement-erfolg/risikobereitschaft/7291245.html (Zuletzt abgerufen am 13. November 2020)

Resonanz

1. Hartmut Rosa über Resonanz. In: Die Presse, 17. März 2018
2. Michael Sapper und Thomas Kaspar. Soziologe: Darum haben Trump und die AfD so viel Erfolg. Merkur, 22. Januar 2017. Online verfügbar unter: https://www.merkur.de/politik/interview-prof-dr-hartmut-rosa-ueber-resonanz-wirksamkeit-afd-donald-trump-und-populismus-zr-7313606.html (Zuletzt abgerufen am 13. November 2020)
3. Camille Okhhio. How Lichen, East Williamsburg's Coolest Furniture Store, Is Democratizing Design. Vogue, August 4, 2020. Online verfügbar unter: https://www.vogue.com/article/lichen-east-williamsburg-furniture-store-democratizing-design (Zuletzt abgerufen am 18. September 2020)

4. Michael Zirnstein. Lichtgestalten, die ihre Stadt gestalten. Süddeutsche Zeitung, 29./30. August 2020, Nr. 199, Seite 70
5. Daniel Rettig. Egoismus: »Wir kooperieren für unseren Vorteil. Zeit, 11. November 2010. Online verfügbar unter: https://www.zeit.de/karriere/beruf/2010-11/interview-egoismus-karriere (Zuletzt abgerufen am 15. November 2010)
6. Cornerstone On Demand. Toxic Employees in the Workplace. Cornerstone On Demand. Online verfügbar unter: https://www.cornerstoneondemand.com/sites/default/files/thank-you/file-to-download/csod-wp-toxic-employees-032015_0.pdf (Zuletzt abgerufen am 13. November 2020)
7. Gesche Peters. So schützen Sie Ihre Firma vor Mitarbeitern, die die Stimmung vergiften. Impulse, 9. März 2020. Online verfügbar unter: https://www.impulse.de/management/recruiting/toxische-mitarbeiter/2175413.html (Zuletzt abgerufen am 13. November 2020)
8. Trisha Daho. Let's Talk about Toxic People in Business. Empowered, Mar 27, 2017. Online verfügbar unter: https://empoweredlc.com/2017/03/lets-talk-toxic-people-business/ (Zuletzt abgerufen am 13. November 2020)
9. Helena Ott. Lust auf Macht. Süddeutsche Zeitung, 3. September 2020, Nr. 203. Seite 14
10. Hartmut Rosa über Resonanz. In: Die Presse, 17. März 2018
11. IMD.org. Singapore tops new ›citizen-centric‹global smart city index. IMD.org, October 2019. Online verfügbar unter: https://www.imd.org/news/updates/singapore-tops-new-citizen-centric-global-smart-city-index/ (Zuletzt abgerufen am 13. November 2020)
12. Evelyn Pschar. Gut gelüftet. Süddeutsche Zeitung, 10. September 2020. Online verfügbar unter: https://kreativ-bund.de/fellows/frank-patrik-riklin (Zuletzt abgerufen am 13. November 2020)
13. Tom Peters. The Excellence Dividend. Vintage Books 2018, Seite 232
14. Bill Gates. A conversation about friendship, failure, and the future. GatesNotes, February 01, 2017. Online verfügbar unter: https://www.gatesnotes.com/About-Bill-Gates/A-Conversation-with-Warren-Buffett (Zuletzt abgerufen am 13. November 2020)
15. Hartmut Rosa über Resonanz. In: Die Presse, 17. März 2018
16. Felix Kranert. Wie die Formel für Innovation aus einem Buzzword Impact macht. Founders, 11. Mai 2020. Online verfügbar unter: https://founders-magazin.de/2020/05/11/wie-die-formel-fuer-innovation-aus-einem-buzzword-impact-macht/ (Zuletzt abgerufen am 13. November 2020)
17. Wouter Aghina, Christopher Handscomb, Jesper Ludolph, Dave West, and Abby Yip. How to select and develop individuals for successful agile teams: A practical guide. McKinsey & Company. Dec 20, 2018.

Online verfügbar unter: https://www.mckinsey.com/business-functions/organization/our-insights/how-to-select-and-develop-individuals-for-suc. cessful-agile-teams-a-practical-guide (Zuletzt abgerufen am 16. November 2020)

18. Dorothea Assig, Dorothee Echter. Ambition. Wie große Karrieren gelingen. Campus 2012. 2., aktualisierte Auflage. Seite 127 ff.
19. Eberhard Huber. Aus den Apollo Missionen für Projekte lernen. Openpm, 13. April 2013. Online verfügbar unter: https://www.openpm.info/pages/viewpage.action?pageId=11404202 (Zuletzt abgerufen am 13. November 2020)
20. Dorothea Assig, Dorothee Echter. Freiheit für Manager. Wie Kontrollwahn den Unternehmenserfolg verhindert. Campus 2018, Seite 198
21. Mit Diplomatie die eigene Karriere als Ingenieur vorantreiben. Ingenieur.de. Online verfügbar unter: https://www.ingenieur.de/karriere/arbeitsleben/mit-diplomatie-die-eigene-karriere-als-ingenieur-vorantreiben/ (Zuletzt abgerufen am 15. November 2020)
22. Bundesregierung – YouTube. Kanzlerin Merkel: Demokratie ist große Errungenschaft. 12. September 2020. Online verfügbar unter: https://www.youtube.com/watch?v=WtHjd2Z206A (Zuletzt abgerufen am 20. September 2020)
23. Lorenzo Coviello, Yunkyu Sohn, Adam D. I. Kramer, Cameron Marlow, Massimo Franceschetti, Nicholas A. Christakis James H. Fowler. Detecting Emotional Contagion in Massive Social Networks. PLOS one, March 2014, Volume 9, Issue 3, page 5. Online verfügbar unter:https://journals.plos.org/plosone/article/file?type=printable&id=10.1371/journal.pone.0090315
24. FOCUS Online Politik politik@newsletter2.focus.de, 17. September 2020
25. Harry Gatterer. Resonanzmodell für die Zukunft. In: Zukunftsinstitut. Die neue Achtsamkeit. Der Mindshift kommt. 2017. Online verfügbar unter: https://www.zukunftsinstitut.de/artikel/lebensstile/resonanzmodell-fuer-die-zukunft/ (Zuletzt abgerufen am 18. September 2020)
26. Jill Dupleix. How the Ottolenghi Effect swept the world. www.goodfood.com, February 5, 2019. Online verfügbar unter: https://www.goodfood.com.au/recipes/news/how-the-ottolenghi-effect-swept-the-world-20190131-h1ap5q
27. Brief an Robert Hooke, 5. Februar 1675/76; zitiert nach Richard Westfall: Isaac Newton. Eine Biographie. Spektrum Akademischer Verlag, Heidelberg/Berlin/Oxford 1996, ISBN 3827400406, Seite 143
28. Sjoukje van de Kolk. Wertschätzen, was da ist. Flow, Heft 30. Online verfügbar unter: https://www.livingathome.de/flow/lesen/inspirieren-de-zitate/16908-rtkl-zeitgeist-wertschaetzen-was-da-ist (Zuletzt abgerufen am 15. November 2020)

29. Katie Couric. Exclusive: Ruth Bader Ginsburg on Hobby Lobby Dissent. Yahoo News with Katie Couric, July 30, 2014. Online verfügbar unter: https://news.yahoo.com/katie-couric-interviews-ruth-bader-ginsburg-185027624.html?guccounter=1 (Zuletzt abgerufen am 22. September 2020)
30. Hartmut Rosa über Resonanz. Die Presse, 17. März 2018

Leadership

1. Branco Dacevic. Leadership: Bewirke und bewege etwas bei deinen Mitarbeitern. Greator Business. Online verfügbar unter: https://www.business-factory.com/magazin/was-ist-leadership/ (Zuletzt abgerufen am 13. November 2020)
2. Igor Levit @Igorpianist. https://twitter.com/igorpianist/status/1309225332503973890 (Zuletzt abgerufen am 24. September 2020)
3. Hans Schlipat. Leader oder Manager: Zeit für eine essentielle Unterscheidung. Creditreform-Magazin, 12. März 2019. Online verfügbar unter: https://creditreform-magazin.de/mittelstandsbotschafter/leader-oder-manager-zeit-fuer-eine-essentielle-unterscheidung/ (Zuletzt abgerufen am 13. November 2020)
4. Airbnb. Airbnb verzeichnet über 4 Millionen Übernachtungen in einer Nacht. Online verfügbar unter: https://news.airbnb.com/de/airbnb-verzeichnet-uber-4-millionen-ubernachtungen-in-einer-nacht/ (Zuletzt abgerufen am 1. November 2020)
5. Franz Kühmayer. Herzblut – die Rolle von Emotionen im Leadership. Zukunftsinstitut. Online verfügbar unter: https://www.zukunftsinstitut.de/artikel/leadership/herzblut-die-rolle-von-emotionen-im-leadership/ (Zuletzt abgerufen am 13. November 2020)
6. Jane Dalton. Captain Sir Tom Moore honoured by David Beckham and FA as leader of ›Lionhearts inspirational heroes‹ team. The Independent, 11 July 2020. Online verfügbar unter: https://www.independent.co.uk/news/uk/home-news/captain-sir-tom-moore-david-beckham-lionhearts-fa-nhs-a9613706.html (Zuletzt abgerufen am 13. November 2020)
7. Richard Branson. Virgin's Richard Branson: Apple boss Steve Jobs was the entrepreneur I most admired. The Telegraph, Oct 6, 2011. Online verfügbar unter: https://www.telegraph.co.uk/technology/steve-jobs/8811232/Virgins-Richard-Branson-Apple-boss-Steve-Jobs-was-the-entrepreneur-I-most-admired.html (Zuletzt abgerufen am 13. November 2020)
8. Duke University – The Fuqua School of Business. Apple CEO Tim Cook on Ethical Leadership. 30. Mai 2013. Online verfügbar unter: https://www.youtube.com/watch?v=3ygNKNaMv4c (Zuletzt abgerufen am 1. Oktober 2020)

9. Sebastian Redecke. Es ergab sich wie von selbst, dass wir die Architekten mit dem Entwurf der Elbphilharmonie betrauten. Bauwelt 2/2017. Online verfügbar unter: https://www.bauwelt.de/themen/interview/Interview-Projektentwickler-Alexander-Gerard-2736800.html (Zuletzt abgerufen am 15. November 2020)
10. Bundesagentur für Arbeit. Mai Thi Nguyen-Kim. »Ich freue mich über jede Unterschätzung«. Abi, 23. Januar 2019. Online verfügbar unter: https://abi.de/orientieren/promi_interviews/mai-thi-nguyen-kim016231.htm#:~:text=Mai%20Thi%20Nguyen%2DKim%20wurde,University%2C%20bevor%20sie%202017%20promovierte. (Zuletzt abgerufen am 1. Oktober 2020)
11. K. Weaver, S. M. Garcia, N. Schwarz, D. T. Miller. Inferring the popularity of an opinion from its familiarity: A repetitive voice can sound like a chorus. Journal of personality and social psychology 92 (5), 821
12. Jürgen Weibler. Personalführung, 3. Auflage, München 2016
13. https://twitter.com/BarackObama, 3. Oktober 2020 (zuletzt abgerufen am 5. Oktober 2020)
14. Carmine Gallo. How 2020's British Open Winner Trained Her Mind To Overcome Devastating Setbacks. Forbes, Aug. 28, 2020. Online verfügbar unter: https://www.forbes.com/sites/carminegallo/2020/08/28/how-2020s-british-open-winner-trained-her-mind-to-overcome-devastating-setbacks/#4872d4ff6573 (Zuletzt abgerufen am 13. November 2020)
15. Cable, Daniel M. et al. How best-self activation influences emotions, physiology and employment relationships. ECONBIZ, 2015. Online verfügbar unter: https://www.econbiz.de/Record/how-best-self-activation-influences-emotions-physiology-and-employment-relationships-cable-daniel/10011541570 (Zuletzt abgerufen am 13. November 2020)
16. Sylvia Lafair. Learn the 5 Key Elements of Powerful Leadership Language. Inc., Oct 27, 2017. Online verfügbar unter: https://www.inc.com/sylvia-lafair/learn-5-key-elements-of-powerful-leadership-language.html (Zuletzt abgerufen am 13. November 2020)
17. Sebastian Krass. »Und dann hat Zoom nicht funktioniert.« Süddeutsche Zeitung, Nr. 232, 8. Oktober 2020. Seite 43
18. Esther Kogelbloom, Susanne Kippenberger. Warum Top-Managerin Simone Menne auf diverse Teams setzt. Der Tagesspiegel, 21. Juni 2020. Online verfügbar unter: https://www.tagesspiegel.de/gesellschaft/ich-muss-nicht-alle-lieb-haben-warum-top-managerin-simone-menne-auf-diverse-teams-setzt/25931428.html (Zuletzt abgerufen am 13. November 2020)
19. Susan Adams. Wise words to the Class of Covid-19 from Oprah Winfrey Bill Gates, Malala Yousafzai, Barack Obama, Dr. Anthony Fauci, Megan Rapinoe, Tim Cook, LeBron James and more. Forbes,

May 16, 2020. Online verfügbar unter: https://www.forbes.com/sites/susanadams/2020/05/16/the-best-commencement-speeches-of-2020/#70b53e1f73f0 (Zuletzt abgerufen am 13. November 2020)
20. Cerstin Gammelin. »Was für eine Freude wird das sein«. Süddeutsche Zeitung, 01.10.2020. Online verfügbar unter: https://www.sueddeutsche.de/politik/corona-krise-was-fuer-eine-freude-wird-das-sein-1.5050746 (Zuletzt abgerufen am 12. November 2020)
21. Weshalb Unternehmen eine Vision brauchen. Kommunikationsatelier, 19. Juli 2019. Online verfügbar unter: https://www.kommunikationsatelier.ch/de/news/weshalb-unternehmen-eine-vision-brauchen (Zuletzt abgerufen am 12. November 2020)
22. Markus Thiel. Dirigentin Joana Mallwitz: »Salzburg ist das Glückspaket«. Merkur, 24. Juli 2020. Online verfügbar unter: https://www.merkur.de/kultur/interview-mit-dirigentin-joana-mallwitz-ueber-ihre-premiere-von-mozarts-cos-fan-tutte-bei-salzburger-festspielen-13843505.html (Zuletzt abgerufen am 22. Oktober 2020)
23. Instagram, @Jennabhager. Online verfügbar unter: https://www.instagram.com/jennabhager/?utm_source=ig_embed (Zuletzt abgerufen am 12. November 2020)
24. Claus Kleber. Nguyen-Kim zu Corona und Klima: Generationen-Solidarität in Krisen gefordert. zdf heute 18. Oktober 2020. Online verfügbar unter: https://www.zdf.de/nachrichten/panorama/coronavirus-nguyen-junge-klima-100.html (Zuletzt abgerufen am 12. November 2012)
25. Dr. Wlodarek Life Coaching. Online verfügbar unter: https://www.youtube.com/watch?v=umUPOPXh100 (Zuletzt abgerufen am 22. Oktober 2020)
26. Lehrer Schmidt. Einfach lernen! Online verfügbar unter: https://www.youtube.com/watch?v=AYUVz5V3bA0 (Zuletzt abgerufen am 22. Oktober 2020)
27. Katarzyna (Kasia) Mol-Wolf. Working Mum – aber keine Rabenmutter! LinkedIn, July 9 2019. Online abrufbar unter: https://de.linkedin.com/pulse/working-mum-aber-keine-rabenmutter-dr-katarzyna-kasia-mol-wolf (Zuletzt abgerufen am 22. Oktober 2020)
28. Carsten Pohlmann. Thought Leadership – Erfolg durch Gewinnung der Meinungshoheit. Deutsches Institut für Marketing, 19. April 2019. Online verfügbar unter: https://www.marketinginstitut.biz/blog/thought-leadership/. (Zuletzt abgerufen am 22. Oktober 2020)
29. BrainyQuote. Online verfügbar unter: https://www.brainyquote.com/quotes/chris_hadfield_637159 (Zuletzt abgerufen am 22. Oktober 2020)
30. Information Factory. Deutschland führt?! 2015. Seite 8. Online verfügbar unter: https://www.information-factory.com/fileadmin/user_upload/

studien/Deutschland_fuehrt_Studie_2015.pdf (Zuletzt abgerufen am 14. Oktober 2020)

31. Doris Märtin. Habitus. Sind Sie bereit für den Sprung nach ganz oben. Campus 2019, Seite 75 f.
32. Dorothea Assig, Dorothee Echter. Ambition. Wie große Karrieren gelingen. Campus 2012, 2019. Seite 113 f.
33. Hannes Ametsreiter. Ihr geht jeden Tag raus. LinkedIn. Online verfügbar unter: https://www.linkedin.com/posts/hannes-ametsreiter_ihr-geht-jeden-tag-raus-f%C3%BCr-unsere-kundinnen-ugcPost-6650666746485-309440-e-Xq (Zuletzt abgerufen am 22. Oktober 2020)

Von der Erfüllung, das Beste zu geben

1. Anderson Cooper: Trump an »obese turtle on his back, flailing in the hot sun«. Youtube, Nov 5, 2020. Online verfügbar unter: https://www.youtube.com/watch?v=_bltIRGApig (Zuletzt abgerufen am 9. November 2020)
2. Tom Peters. The Excellence Dividend. Meeting the Tech Tide with Work That Wows and Jobs That Last. Vintage Books 2018. Seite 28 ff.

Register